텐서플로우 2.X 기반의 인공지능 이론과 실습

고병철 · 정미라 지음

저자소개

고병철

2004.02 연세대학교 컴퓨터과학과에서 박사를 마쳤다. 2004.03부터 2005.08까지 삼성전자 통신연구소에서 책임연구원으로 근무하다가 2005.09 계명대학교 컴퓨터공학과 교수로 자리를 옮겼다. 머신러닝 기반의 다양한 연구를 수행하였고 특히 랜덤포레스트 분류기에 매력을 느껴 고집스럽게 랜덤포레스트를 심층 신경망처럼 만들기 위해 애쓰고 있다. 설명가능한 인공지능, 경량(Tiny) 인공지능에도 관심을 갖고 있다. 언젠가는 인공지능 모델이 지금의 심층신경망 구조를 벗어날 것을 확신하며 연구에 매진하고 있다. 인공지능과 연관된 교재로 '영상처리프로그래밍', '영상처리기반의 인공지능 입문', '머신러닝 알고리즘 마스터'등이 있다. 교내 AI융합연구소 소장도 겸하고 있다.

정미라

2018. 02 계명대학교 컴퓨터공학과에서 박사학위를 취득하고 같은 연구실에서 박사후 과정(PostDoc)을 밟고 있다. 박사졸업식에서는 최우수 논문상을 수상했다. 석사 졸업 후 IT기업에서 4년의 실무경력을 쌓고 배움의 열정을 주체할 수 없어 다시 박사과정에 도전했다. 박사과정 동안 임신과 출산을 하면서도 제일 늦게까지 연구실에 남아 있어서 공대 등대라는 별명도 있다. 박사과정 4년동안 IEEE Transaction을 포함해서 인공지능관련 국제논문지에 5편의 논문을 제출했다. 2014년에는 정보과학회 최우수논문상과 젊은 여성과학자상을 받았고, 2020년 11월에는 여성과학기술단체 총연합회에서 수여하는 '2020 미래인재상'을 수상했다. 머신러닝 파이썬 코드를 C++코드로 프로그램하는게 취미이고 지도교수를 닮아 고집이 쎄다.

텐서플로우 2.X 기반의 인공지능 이론과 실습

고병철 · 정미라 지음

도서출판 홍릉

텐서플로우 2.X 기반의 인공지능 이론과 실습

인 쇄 : 2021년 2월 8일 초판 1쇄
발 행 : 2021년 7월 27일 수정판 1쇄

저자와의
협의하에
인지생략

저 자 : 고병철 · 정미라
발행인 : 송 준
발행처 : 도서출판 홍릉
주 소 : 01093 서울시 강북구 인수봉로 50길 10
등 록 : 1976년 10월 21일 제5-66호

전 화 : 02-999-2274~5, 903-7037
팩 스 : 02-905-6729
e-mail : hongpub@hongpub.co.kr
http://www.hongpub.co.kr
ISBN : 979-11-5600-843-9(93000)

정 가 : 27,000원

텐서플로우 2.X 기반의 인공지능 이론과 실습의 소스코드는 다음 사이트에서 내려받을 수 있습니다.
https://github.com/nniceko/AI-Book/tree/main

머리말

2015년에 개봉했던 **뷰티 인사이드**라는 영화가 있습니다. 매일 얼굴과 몸이 바뀌는 남자에 대한 영화로 하루하루 바뀌는 외모로 인해 주인공이 아침마다 혼란에 빠지는 로맨스 영화입니다. 개인적으로는 현재의 인공지능 연구자들은 (약간 과장해서) 모두 **뷰티 인사이드**의 주인공과 같다고 표현할 수 있습니다. 인공지능 분야의 세계적인 컨퍼런스인 CVPR이나 NeurIPS등에서는 매년 새로운 논문이 쏟아지고 있고 연구자들은 채택율이 25%미만인 컨퍼런스에 논문을 내기 위해 밤낮없이 연구에 매달립니다. arXiv에 접속하면 매일 전 세계 수 많은 연구자들의 논문들이 업로드됩니다. 이런 사이트에 접속할 때마다 **누군가 또 만들어냈구나**하는 생각에 한숨을 쉽니다. 정신건강을 위해 이런 사이트에 접속하지 말아야지 마음먹지만 쉴새 없이 Facebook, ResearchGate, LinkedIn, Medium등 에서 알람을 울려댑니다. 새 논문이 올라왔다고..... **인공지능에 발을 들인 이상 이러한 스트레스는 피할수 없어~!!**라고 이제는 스스로 위로할 수밖에 없습니다.

지금처럼 좋은 인공지능 프레임워크가 없었던 시절에 C와 C++로 힘들게 작성했넌 프로그램들이 이제는 단 몇 줄의 코드만으로 훨씬 더 정확하고 빠르게 동작합니다. 2년 전에 출판했던 **영상처리기반의 인공지능 입문**에서는 고집스럽게 C와 C++언어로 코딩을 실습하도록 했었습니다. 그때 매 수업시간 고개를 떨구던 학생들 얼굴이 아직도 눈에 선합니다. 일종의 고집이었는데, 이제는 시대의 흐름에 따라가야 할 것 같습니다.

이번 교재는 현재까지 가장 핫(hot)한 인공지능 프레임워크인 구글의 텐서플로우(Tensorflow) 2.x 버전으로 작성하였습니다. 구글은 텐서플로우 1.0이 나온 지 4년만에 대폭적으로 프레임워크를 수정하였습니다. 이에 따라 2.x 버전에 가장 충실하도록 교재를 작성했습니다. 교재의 완성도를 위해 먼저 가(假)출판된 교재로 1학기 수업을 진행하면서 교재의 오류를 수정했습니다. 교재의 완성도를 높이기 위해 모르모트가 되어준 인공지능 수업 수강생들에게 감사와 미안한 마음을 같이 전합니다.

교재는 1장부터 인공지능 기본개념부터 8장 Generative Adversarial Network(GAN) 영상 생성하기까지 총 8장으로 구성됩니다. 이 교재는 구글의 Colaboratory(코랩)을 활용하여 실습할 수 있도록 작성되었습니다. 2장에서는 **코랩을 기반으로 하는 텐서플로우 환경 구축**에 대한 내용을 강의합니다. 3장에서는 **텐서플로우의 기초 이론과 문법**을 학습합니다. 4장에서는 회귀모델의 이론을 공부하고 그 내용을 코랩환경에서 실습합니다. 5장에서는 신경망의 기초 이론을 공부합니다. 6장에서는 Convolutional Neural Network (CNN)를 공부하고 영상의 경우 기본 신경망보다 CNN이 얼마나, 또

왜 우수한 인식성능을 보여주는지를 공부합니다. 7장에서는 Recurrent Neural Network(RNN)이 시계열 시퀀스 데이터를 어떻게 처리하는지 공부합니다. 8장에서는 앞서 설명한 GAN에 대해 배워봅니다.

이 교재는 이론을 설명하고 코드를 직접 실습해보도록 구성되어 있으므로 15주 강의로 적절하게 배분해서 수업을 진행하면 됩니다. 교재의 내용은 많은 학생들이 중도에 포기하지 않고 인공지능에 흥미를 끌 수 있도록 최대한 쉽게 (?) 작성했습니다. 부디 이 교재가 더 많은 학생이 깊이 있는 인공지능을 공부시작할 수 있도록 만드는 마술피리가 되었으면 합니다.

부록 1에는 수학을 좋아할지도 모르는 학생들을 위해 오류 역전파 알고리즘에 대한 자세한 수식 전개 과정을 기술하였습니다. 부록 2에서는 요즘 유행하는 플립 러닝(Flipped learning)을 위한 실습문제를 담았습니다. 교수자의 경우 학생들에게 실습문제로 제시하면 좋을 것입니다. 개인적으로 공부하는 학습자도 시간을 제한시켜놓고 빠르게 문제를 풀어보도록 추천합니다.

교재의 실습코드는 https://github.com/nniceko/AI-Book/tree/main에서 내려받을 수 있습니다. 하지만 본인이 학생이라면 교재의 코드를 직접 타이핑해보세요. 레퍼런스를 참고하지 않더라도 바로 네트워크 구조도만 보면 코드 가 눈앞에 보이는 영화 **매트릭스**의 주인공 **네오**가 될 수 있도록 반복적으로 연습해보기를 권합니다.

완성도 있는 교재 집필을 위해 한 학기를 초안으로 작성된 교재로 강의를 진행하였고, 결과를 바탕으로 교재를 수정하는데 시간을 보냈지만 여전히 오류가 있을 수 있습니다. 강의를 진행하시는 교수님들은 교재에서 발견되는 오류가 있을 때는 언제든지 수정내용을 출판사나 저자에게 문의해 주시기 바랍니다.

지금 이 서문을 보고 있는 여러분은 이제 인공지능 세계에 발을 담근 것입니다. 처음에는 어렵고 이해가 되지 않을 수 있지만 포기하지 말고 계속 도전해 보세요. 그럼 어느 순간 본인도 모르게 출발선을 한참 벗어나 있을 겁니다. 하지만 이 교재는 기본서라는 것을 잊지 마십시오. 앞으로 여러분이 재야의 고수가 되기 위해서는 더 공부할 것이 많습니다. 부디 이 책을 통해 더 많은 학생이 인공지능에 관심을 갖고 우리나라의 인공지능 기술력을 세계적인 수준으로 향상시키는데 일조할 수 있기를 기대합니다.

2021년 1월

저 자 고병철, 정미라

목차

CHAPTER 1 인공지능 기본 개념

CHAPTER 2 텐서플로우 환경 구축하기

CHAPTER 2 텐서플로우 기초학습

CHAPTER 4 회귀분석(Regression analysis)

CHAPTER 5 인공신경망의 기초

CHAPTER 6

Convolutional Neural Network

CHAPTER 7

순환 신경망(Recurrent Neural Network)

1

인공지능 기본 개념

CHAPTER 1

인공지능 기본 개념

1.1 인공지능의 역사

인공지능의 기초 연구들은 1940년 초반부터 이루어져 왔다. 1943년 워렌 매컬로크(Warren McCulloch)와 월터 피츠(Walter Pitts)는 뉴런(neuron, 신경세포)의 '합산 및 발화' 모형으로 최초의 인공 뉴런을 개발하였다. 이것은 어떤 뉴런을 흥분(excited)되게 하려면 2개 이상의 고정된 수의 시냅스(synapse, 뉴런과 뉴런을 연결하는 부위)가 일정한 시간내에 활성화(발화) 되어야 한다는 것이다.[1] 이후, 1949년 도널드 헵(Donald Hebb)은 '동시에 발화되는 뉴런끼리 서로 연결된다'라는 신경망 학습법칙을 제안하였다. 이것은 하나의 뉴런이 다른 뉴런으로부터 입력을 받으면 두 뉴런 모두 활성화 된 상태에서 연결강도가 더 강해진다는 이론이다. 1950년 앨런 튜링(Alan Turing)은 '계산하는 기계와 지능(Computing Machinery and Intelligence)'이라는 논문을 통해 '컴퓨터가 학습을 할 수 있는가'와 '그렇다면 어떻게 컴퓨터가 생각할 수 있다는 것을 알아 낼 수 있는가'라는 문제를 다루었다. 이 논문의 핵심은 다음 한 문장으로 요약될 수 있다.

"A computer would deserve to be called intelligent if it could deceive a human into believing that it was human"

피 실험자가 두 개의 방에 누가 있는지 모르는 상태에서 단말기를 통해 대화를 나눈다고 가정하자(실제로 한 방에는 사람이, 다른 방에는 튜링 기계가 있다). 대화 후에 피 실험자가 두 대상 중 누가 컴퓨터이고 누가 사람인지를 구분하지 못한다면 빈방에 있는 컴퓨터는 지능을 갖추었다고 정의할 수 있다는 것이 이 논문의 핵심이다.

1) 초기의 신경망 이론 및 모델, http://www.aistudy.com/neural/model_kim.htm

앨런 튜링의 지능을 갖춘 계산 기계에 대한 개념은 6년 후인 1956년 다트머스 학회에서 마빈 민스키(Marvin Minsky)와 존 매카시(John McCarthy)에 의해 인공지능(Artificial Intelligence) 이라는 용어로 처음 사용되었다.

1957년 프랭크 로젠블라트(Frank Rosenblatt)는 도널드 헵의 이론을 발전시켜 '퍼셉트론(Perceptron)'을 발표하였다. 퍼셉트론은 인간 뇌의 뉴런(신경세포) 동작 방식을 흉내 내어 만든 알고리즘이기 때문에 인공신경망(Artificial Neural Network)으로 불린다. 그림 (1-1)에서 보는 것과 같이 퍼셉트론에서 하나의 뉴런은 복수의 입력을 받아서 하나의 출력을 계산하는 구조를 갖는다. 입력값들은 각 입력마다 다른 가중치(weight)를 곱한 값을 모두 더하고 여기에 바이어스(bias, 편향)라고 불리는 값을 더하게 되는데, 더해진 총합은 활성화 함수라 불리는 함수 f에 적용되어, 결과값을 출력한다. 출력값은 입력값의 목표값과 오차(error)를 계산하고 오차가 클 경우 오차를 반영하여 새롭게 가중치를 갱신한다. 이러한 과정을 목표값과 출력값 사이의 오차가 작아질 때까지 계속한다.

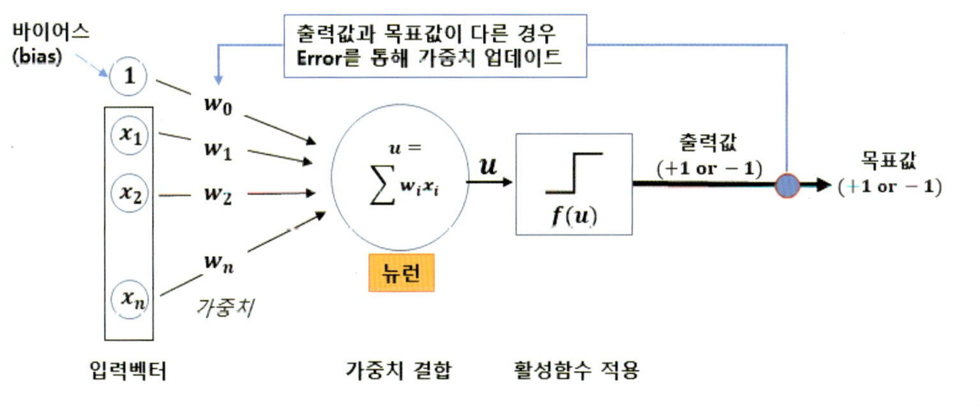

그림 1-1 퍼셉트론의 기본 구조

퍼셉트론 이론이 발표된 1950년 후반부터 60년대 초반까지 인공지능은 컴퓨터 연구자들의 큰 관심을 받게 된다. 하지만 하나의 뉴런으로만 구성된 초기 퍼셉트론은 선형분류만 가능하다는 단점으로 인해 침체기를 겪는다. 이러한 침체기에 1965년 미국 버클리 대학교의 로피티 자데(Lotfi A. Zadeh) 교수는 퍼지로직(fuzzy logic) 이론을 발표한다. 퍼지로직은 전문가를 대신 할 수 있는 여러 가지 컨트롤 시스템들에 현재까지도 사용되고 있으며, 실험실 연구에만 머물던 인공지능을 실제 상업적인 제품으로 연결되도록 하는 성과를 끌어냈다.

초기 인공신경망은 1970년대부터 1980년대에 이르러 Hopfield network, Boltzmann machines, 그리고 데이비드 루멜하트(Davide Rumelhart)가 제안한 다층 퍼셉트론으로 발전하였다. 이 시기에 인공지능 연구자들은 인공신경망이 많은 양의 데이터가 필요하고 그에 따르는 계산능력을 가진 컴퓨터가 필요함을 인식하고, 문제 해결의 범위를 줄여 전문지식이 필요한 전형적인 영역으로 문제를 제한해야 원하는 결과를 얻을 수 있음을 깨닫게 된다. 또한, 오류 역전파 알고리즘을 통해서 다양한 비선형분리가 가능한 분류 문제를 해결할 수 있다는 연구가 발표되면서 인공신경망은 다시 주목을 받기 시작한다. 다층 퍼셉트론의 등장과 함께 인공신경망은 여러 개의 층으로 구성되게 되었으며 이러한 구조를 심층 신경망(deep neural network, 또는 deep learning)의 초기 연구라고 생각하면 된다.

80년대 후반에는 얀 르쿤(Yan LeCun)에 의해 컴퓨터 비전 분야에 적용 가능한 Convolutional neural network(CNN)이 개발되었다. 최근에는 CNN 기반의 딥 러닝(deep learning) 알고리즘이 컴퓨터 비전 분야에서 가장 주목받는 딥 러닝 알고리즘이지만 초창기에는 관심을 받지 못하고 2010년 중반 이후에서야 다시 연구자들의 주목을 받기 시작한다. 현재의 인공지능은 딥 러닝 알고리즘으로 대표되며 영상, 음성, 의학, 자율주행 등 다양한 분야에서 적용되어 우수한 성능을 보여주고 있다.

1.2 인공지능의 정의

위키 피디아에서는 인공지능을 "이상적인 지능을 갖춘 존재, 혹은 시스템에 의해 만들어진 지능, 즉 인공적인 지능"으로 정의하고 있다. 실제 인공지능은 학문적인 측면에서 봤을 때, 그림 (1-2)와 같이 '머신러닝(Machine Learning)', '패턴인식(Pattern recognition)', '인공신경망(Artificial Neural Network)'을 모두 포함하는 광범위한 개념이다.

인공지능과 포함관계를 갖는 각 학문분야들을 정리해 보면 다음과 같다.

① **머신러닝(Machine Learning, 기계학습)**: 머신러닝은 명시적인 프로그램 없이도 컴퓨터가 스스로 학습을 할 수 있도록 하는 학문 분야[2)]를 의미한다. 여기서 머신이라는 것은 단순히 기계를 의미하는 것이 아니라 프로그래밍이 가능한 컴퓨터를 의미한다.

2) Arthur Samuel, 1959

그림 1-2 인공지능, 머신러닝, 딥 러닝의 연관성

② 패턴인식(Pattern Recognition): 패턴인식은 데이터로부터 중요한 특징이나 속성을 추출하여 입력 데이터를 식별할 수 있는 부류로 분류하는 것[3]으로 머신러닝의 한 부분이다.

③ 인공신경망(Artificial Neural Network): 인간의 뇌가 패턴을 인식하는 방식을 모사한 알고리즘으로 시각, 청각 입력 데이터를 퍼셉트론이나 분류, 군집을 이용하여 해석하는데, 이렇게 해석한 결과를 이용하여 영상, 소리, 문자, 시계열 데이터에서 특정 패턴을 인식하는 학문[4]이다.

④ 딥 러닝(Deep Learning): 딥 러닝 또는 심층 학습(deep structured learning, deep learning 또는 hierarchical learning)은 여러 비선형 변환 기법의 조합을 통해 높은 수준의 추상화(abstractions, 다량의 데이터나 복잡한 자료들 속에서 핵심적인 내용 또는 기능을 요약하는 작업)를 시도하는 머신러닝 알고리즘의 부분 집합으로 정의되며, 큰 틀에서 사람의 사고 방식을 컴퓨터에게 가르치는 머신러닝의 한 분야[5]이다.

3) 패턴인식의 원리, 이성환

4) 심층신경망 소개 https://deeplearning4j.org/kr/neuralnet-overview

5) 위키백과 https://ko.wikipedia.org/wiki/딥 러닝

1.3 전통적인 인공지능과 딥 러닝의 차이

1.3.1 규칙기반 전문가 시스템(Rule-based Expert System)

규칙기반 전문가 시스템은 문제 해결을 위해 미리 전문가가 만들어 놓은 규칙을 기반으로 의사결정을 하는 시스템을 말한다. 규칙기반 전문가 시스템은 1970년 초반 카메기 멜론 대학의 앨런 뉴월(Allen Newell)과 허버트 사이먼(Herbert Alexander Simon)이 제안한 것으로 '인간이 자신의 지식을 적용해서, 제시된 문제를 관련 정보로 해결한다' 라는 아이디어에 기반한 생성 시스템 모델이다. 그림 (1-3)과 같이 사용자는 사용자 인터페이스(User interface)를 통해 추론 엔진(Explanation facilities)에 접근한다. 추론엔진은 어떻게 특정 결론에 이르렀는지, 왜 특정 사실이 필요한지를 설명하는 기능을 한다. 기억장치는 단기기억 장치(Short-term memory)와 장기기억 장치(Long-term memory)로 나뉘는데 여기에는 문제 해결에 필요한 특정 분야에 대한 지식이 저장되며 이러한 지식들은 IF-THEN 구조의 규칙형태로 프로그램 된다. 단기기억장치는 특정 정보나 사실을 저장하고 추론 엔진에서 규칙들과 결합하여 사용자에게 결과를 해석해준다. 전문가 시스템은 좁고 전문화된 분야에서 전문가 수준으로 작동하도록 설계되었기 때문에 결과에 대한 신뢰성을 준다는 장점이 있지만 전문가가 모든 규칙을 만들어야 하고 규칙에서 벗어나는 예외적인 상황이 발생하면 이러한 오류를 효과적으로 해결할 수 없다는 문제점이 있다.[6]

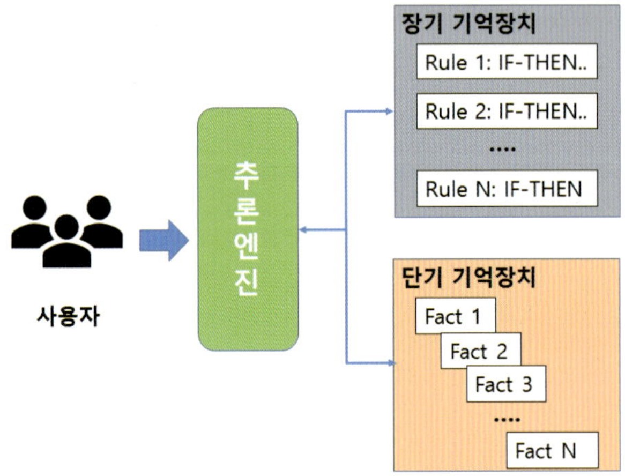

그림 1-3 규칙기반 전문가 시스템 구성 및 동작과정

6) Proglam, http://mcheleplant.blogspot.com/2019/01/blog-post 29.html

1.3.2 머신러닝 시스템

머신러닝은 전문가 시스템과 다르게 의사결정에 필요한 규칙 생성을 사람이 하는 것이 아니라 학습을 통해 만들어내는 작업을 포함한다. 사람이 직접 규칙을 만들 필요 없이 대량의 데이터로부터 얻어낸 특징을 이용해서 스스로를 수정하여 원하는 모델을 만들어내는 학습을 수행하고 학습 후에 새로운 데이터를 입력하면 원하는 결과를 얻을 수 있다. 그림 (1-4)는 머신러닝의 학습과 테스트에 대한 일반적인 과정을 표현한 것이다. 학습과정에서 훈련데이터(텍스트, 영상, 소리 등등)가 입력되면 데이터를 가장 잘 표현할 수 있는 특징(길이, 크기, 무게, 색상 등)을 추출한다. 이러한 특징들은 숫자로 표현되며 모든 훈련데이터로부터 특싱들을 추출하고 나양한 수학적 통계 및 확률 기법을 이용하여 머신러닝 알고리즘을 만들어낸다. 학습과정이 끝나면 우리가 알고 싶은 입력 데이터를 학습된 머신러닝 알고리즘에 입력한다. 학습과 마찬가지로 특징이 먼저 추출되고 머신러닝 알고리즘에 입력되면 미리 학습된 규칙에 의해 출력 결과를 얻어 낸다.

그림 1-4 머신러닝 시스템 학습 및 동작과정

1.3.3 딥러닝 시스템

딥 러닝(deep learning, 심층 학습)은 다량의 데이터나 복잡한 자료에서 핵심적인 특징들을 추출하여 이를 잘 분류할 수 있는 모델을 학습하는 머신러닝 시스템과 기본 구조는 동일하다. 기존의 머신러닝과 딥 러닝의 가장 큰 차이점은 그림 (1-5)와 같이 학습과정에서 데이터의 특징을 어떻게 추출하느냐에 있다. 기존의 머신러닝은 특징 추출단계부터 프로그래머가 최적의 특징을 추출할 수 있는 특징 추출기를 명시적으로 설계해 주어야 한다. 분류기의 성능은 특징에 따라 차이가 날 수 있기 때문에 어떤 특징 추출기를 사용했느냐에 따라 분류 성능이 달라질 수 있다. 하지만 딥 러닝에서는 특징 추출단계마저 모델이 자율적으로 결정한다. 학습과정에서 딥 러닝 모델은 최적의 결과를 낼 수 있는 특징 추출기를 포함하여 전체 모델을 동시에 자동적으로 구축하는 종단학습(end-to-end learning)방법을 사용한다.

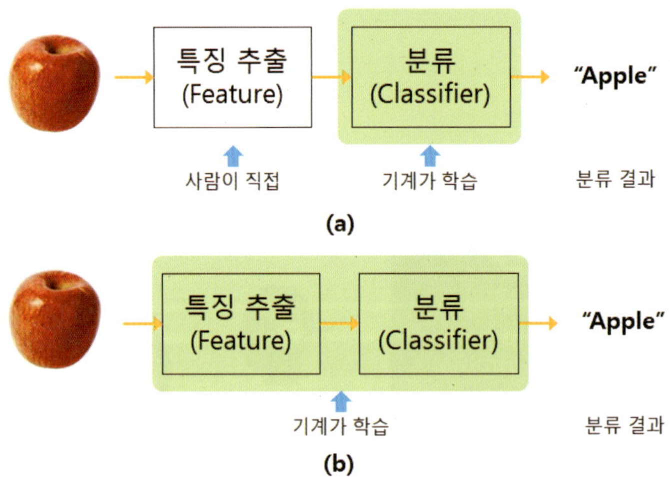

그림 1-5 (a) 머신러닝과 (b) 딥 러닝의 학습 방법 차이

딥 러닝 모델은 1989년 얀 르쿤(Yan LeCun)이 기존의 다층 신경망을 오류역전파 알고리즘(Backpropagation algorithm)으로 학습시켜 필기체 우편번호를 인식하는 네트워크를 소개한 것을 시초로 보는 것이 일반적이다. 하지만 이 모델은 그림 (1-6)과 같이 여러개의 노드와 은닉층으로 구성되어 있어 학습시간이 너무 오래걸리는 문제점이 있다. 또한, 학습과정에서 초기 상태에 따라 모델이 수렴되지 않고 진동 또는 발산하는 문제, 훈련 데이터에 너무 가깝게 맞추어 학습되는 과적합(ovefitting)문제등이 발생하여 큰 주목을 받지 못했다. 딥 러닝이 본격적으로 관심을 받기 시작한 것은 2006년 제프린 힌튼(Geoffrey Everest Hinton)교수가 기존 신경망의 과적합문제를 해결하기 위한 알고리즘을 소개하면서부터다. 딥 러닝이

암흑기를 넘어 다시 주목을 받게 된 이유는 알고리즘의 개선 이외에도 아래와 같은 공통적인 요인으로 정리할 수 있다.

① **새로운 알고리즘의 개발**: 기존 심층신경망에서 학습 문제를 해결 할 수 있는 새로운 알고리즘인 사전학습(Pre-training), 드롭아웃(dropout) 등이 제안되었다.

② **빅 데이터(Big data)**: 딥 러닝은 말 그대로 네트워크의 네트워크로, 여러 개로 구성된 뉴런들을 여러 층으로 쌓아 올린 모델이다. 따라서 네트워크의 길이가 길어질수록 더 많은 훈련데이터가 있어야 과적합에 빠지지 않고 올바르게 학습이 될 수 있다. 하지만 인공지능 분야에서 오랜 연구결과로 쌓인 방대한 훈련데이터와 구글, 아마존과 같은 공룡 IT기업에서 축적한 데이터를 통해 풍부한 훈련데이터를 확보할 수 있게 되었다.

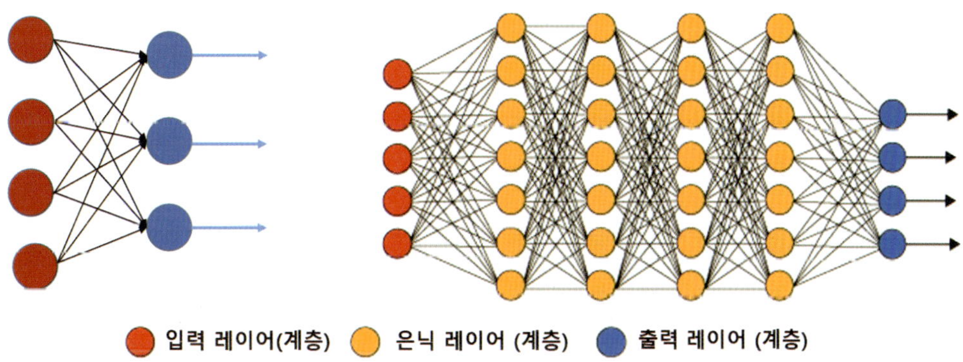

(a) 단층신경망 (b) 심층 신경망

그림 1-6 단층으로 연결된 신경망과 다층으로 연결된 딥 러닝 모델의 예

③ **하드웨어의 발달**: 얀 르쿤의 딥 러닝의 초창기 모델은 알고리즘이 성공적으로 동작했음에도 불구하고, 신경망 학습(10개의 필기체 숫자 인식 문제)에 거의 3일이라는 시간이 소요되었다고 한다. 이러한 이유는 알고리즘 측면에서도 문제가 있었지만, 외적으로는 CPU만을 이용하여 연산을 했기 때문이다. 최근에는 강력한 행렬 및 벡터연산이 가능한 GPU가 개발되어 딥 러닝 학습에 필요한 복잡한 행렬 연산에 걸리는 시간을 크게 단축시켰다.

1.4 인공지능을 위해 알아야 할 개념들

인공지능에서 가장 기본이 되는 개념이 학습(learning)이다. 학습이라는 것은 무엇인가를 배워 이것을 기반으로 새로운 것을 구분해 내는 능력이다. 인공지능에서의 학습 방법은 크게 지도학습(supervised learning)과 비 지도학습(unsupervised learning)으로 나뉜다. 본 장에서는 인공지능 학습방법과 학습과정에 발생하는 과적합, 과소적합의 차이점을 설명하고 특징 추출방법, 정규분포와 확률밀도 함수에 대해 알아본다.

1.4.1 지도학습(Supervised Learning)

지도학습은 미리 훈련 데이터를 클래스 별로 분류 시켜 놓고 분류 함수를 계산하여 새로운 데이터를 분류 함수에 따라 특정 클래스로 분류하는 방법이다. 대부분의 패턴인식 및 머신러닝 문제는 훈련데이터를 이용하여 분류함수를 미리 계산하여 인식에 활용하는 지도학습에 기반을 두고 있다.

지도학습은 세부적으로 분류(classification)와 회귀(regression)로 나누어 볼 수 있다.

① 분류(classification)

분류란 기존에 존재하는 데이터와 클래스와의 관계를 학습하여 새로 관측된 데이터의 클래스 레이블을 판별하는 알고리즘이다. 분류의 방법론은 아래 그림 (1-7)과 같다. 훈련데이터와 훈련데이터의 클래스 레이블이 주어지면 훈련데이터로부터 특징을 선택하고 이를 기반으로 분류 알고리즘을 학습한다. 이렇게 학습된 모델에 새로운 데이터가 입력되면 동일한 특징이 추출되고 학습된 분류 알고리즘에 따라 클래스 레이블을 할당한다.

대표적인 분류 방법에는 베이즈 추론(Bayesian inference), 최대우도(Maximum likelihood), 최대 사후(Maximum A Posterior), 퍼지로직(Fuzzy logic), 결정트리(Decision tree), 인공신경망 등의 방법이 있다.

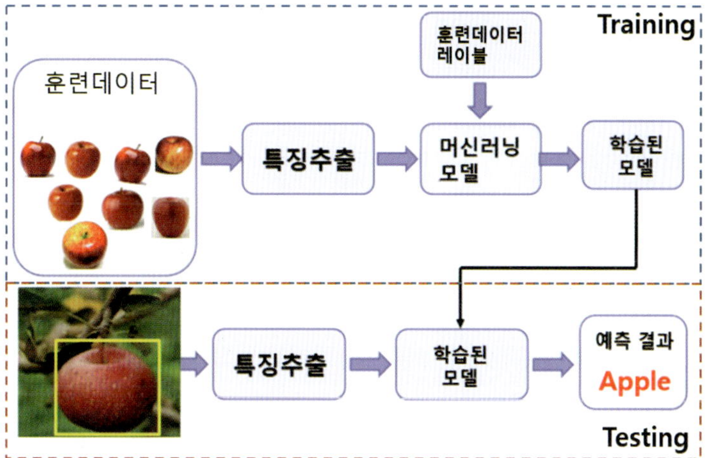

그림 1-7 지도학습에서 분류 학습 및 테스트 과정

② 회귀(regression) 분석

회귀분석이란 둘 또는 그 이상의 변수들 간의 상관관계를 모델링하여 어떤 특정한 변수(종속변수, dependent variable) y의 값을 다른 하나 또는 그 이상의 변수(독립변수, independent variable) x 들로부터 설명하고 예측하는 통계적 기법이다. 예를 들어 기온대비 아이스크림 판매량에 대한 상관관계를 그림 (1-8)과 같이 회귀함수로 나타낼 수 있다. 도표에서 가로축의 기온을 독립변수 x라 하고 세로축의 아이스크림 판매량을 종속변수 y라 할 경우 주어진 훈련데이터를 통해 1차함수 $y = 2.5x + 147$ 또는 2차함수 $y = (x-7)x^2 + 100$ 과 같은 회귀식을 구할 수 있고 이 회귀식을 통해 기온 변화에 따른 아이스크림 판매량을 예측 해 볼 수 있다.

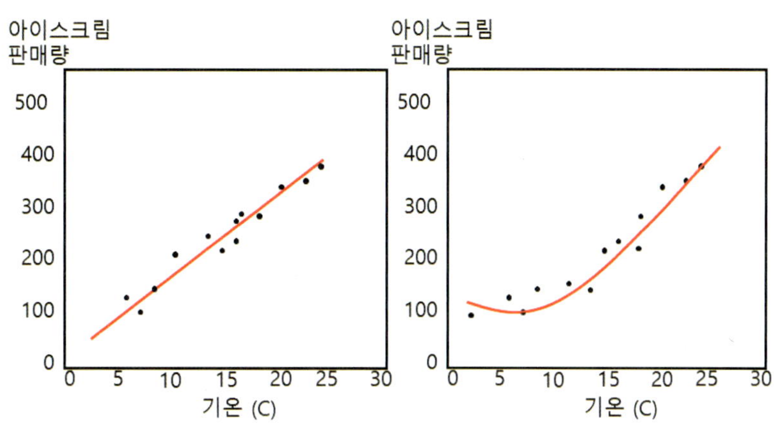

그림 1-8 기온 대비 아이스크림 판매량에 대한 1차 선형 회귀함수와 2차 비선형 회귀함수

1.4.2 비 지도 학습(Unsupervised Learning)

비 지도학습은 미리 훈련 데이터의 클래스를 분류시켜 놓지 않고 입력된 훈련 데이터의 특성을 분석하여 특성이 비슷한 몇 개 군집(클러스터, cluster)으로 분류하는 학습방법이다. 학습이 끝난 뒤에 새롭게 입력되는 테스트 데이터를 K개의 군집 중 하나로 분류한다.

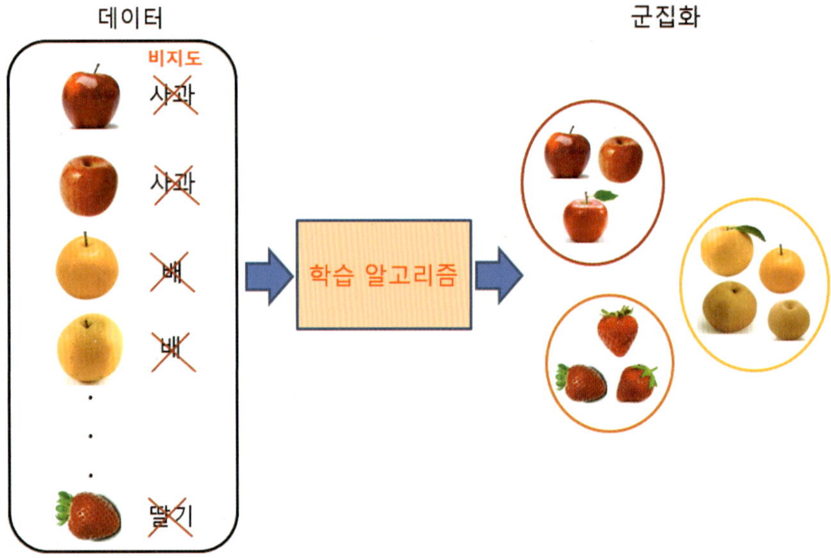

그림 1-9 비 지도학습의 예

이 과정을 그림 (1-9)로 설명하면 다음과 같다. 비 지도 학습기반의 군집화 알고리즘은 주어진 훈련데이터의 특성(색상, 크기, 무게, 길이 등등)을 파악하여 유사성을 검사하고 훈련데이터의 유사성에 따라 자동으로 K개의 군집으로 분류하는 분류 함수를 만들어 낸다. 대표적인 군집화 알고리즘으로는 K-mean 군집화, 계층적 군집화, fuzzy C-mean 군집화, mean-shift 군집화 방법들이 있다.

1.4.3 강화학습(Reinforcement Learning)

지도학습과 비 지도학습이 인공지능의 대표적인 학습 방법이지만 최근에는 강화학습(Reinforcement learning) 방법에 대해서도 연구가 많이 진행되고 있다. 강화학습은 자율로봇이나 게임 등에 많이 사용되는 학습방법으로 자신(에이전트, agent)과 환경의 상호관계에 따라 자신의 행동을 개선해 나가는 학습방법이다. 예를 들어 로봇(에이전트)이 행동을 시행하고 나면 로봇의 다음 상태가 정의된다. 만약 성공적으로 행동을 했다면 +1점을 주고(reward) 그렇지 않다면 -1점을 주는 (penalty) 방식을 통해 매 행동에서의 보상(reward)을 정의할 수 있다(그림 1-10). 지도학습과 비 지도학습과 다르게 고정된 다량의 훈련 데이터 집합을 이용하여 학습하는 대신에, 직접 매 순간 행동을 실행해 보상 받으면서 최종적으로 맨 마지막에 모든 보상의 합이 가장 좋게 만드는 행동 규칙을 학습하는 방식이다.

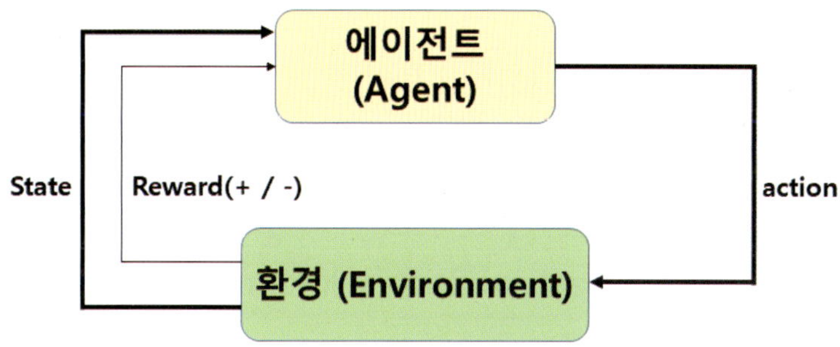

그림 1-10 강화학습의 예

1.4.4 과적합(overfitting)과 과소적합(underfitting)

분류 모델이 훈련 데이터의 각 샘플에 너무 가깝게 맞춰져서 새로운 데이터에 일반화되기 어려울 때(잘 분류하지 못할 때) 분류기가 훈련 데이터에 과적합 되었다고 부른다. 과적합은 훈련 데이터에 대해서는 정확도가 100%에 가깝게 수렴하지만 새로운 데이터에 대해서는 분류 성능이 현저히 떨어진다(그림 1-11 (a)). 반대로 과소적합은 훈련 데이터에 대해 학습이 부족하여 데이터의 다양성을 반영하지 못하는 분류 모델이 선택되는 현상을 말한다(그림 1-11 (b)).

인공지능에서 지향하는 학습은 과적합이나 과소적합이 아닌 일반화 능력이 우수한 적정 수준의 학습이다. 이를 위해서는 다양한 훈련 데이터를 충분히 확보하고 일반화 성능이 우수한 분류 알고리즘을 사용하여 분류기를 설계하도록 해야 한다.

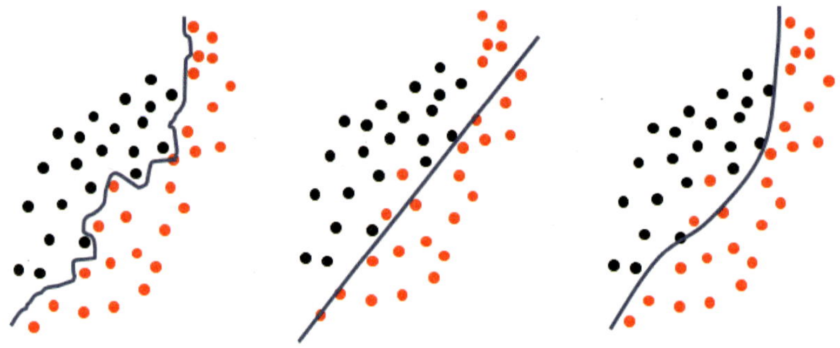

그림 1-11 과적합과 과소적합

1.4.5 특징 추출(Feature extraction) 및 정규화(Normalization)

특징이라는 것은 어떤 사물이나 대상체를 표현할 수 있는 두드러진 특성(형태, 질감, 색상, 소리 등등)을 말한다. 예를 들어 물고기로부터 특징을 추출한다고 한다면, 물고기 특성을 잘 나타낼 수 있는 '길이, 밝기, 색상, 지느러미 수, 지느러미 모양, 입의 위치'와 같은 특징들을 뽑아 낼 수 있다. 이렇게 추출된 특징들은 벡터로 표현할 수 있는데 만약 특징의 수가 6개라고 하면 6차원의 특징벡터 **x**가 만들어질 수 있다.

$$\mathbf{x} = \begin{bmatrix} x_1 \\ x_2 \\ x_3 \\ x_4 \\ x_5 \\ x_6 \end{bmatrix}$$

샘플 데이터에서 얻은 특징들은 분류에 적용되기 전에 정규화 과정이 필요하다. 예를 들어 연어와 농어의 길이와 몸무게 상태를 구분해서 양품과 불량품을 구분하는 기계가 있다고 가정해 보자. 길이의 경우 연어는 20cm ~ 60cm, 농어는 15cm ~ 80cm의 범위를 갖고, 무게의 경우 연어는 500g ~ 1,500g, 농어는 600g ~ 1,800g의 범위를 가진다면 무게의 단위와 길이의 단위가 크게 차이가 남으로 두 개의 특징을 같이 비교하는 것은 문제가 있다. 이러한 문제를 해결하기 위해 특징 정규화(feature normalization)가 필요하다. 일반적으로 특징 정규화는 각 단위를 특정 범위(주로 0~1) 안에 존재하도록 선형 또는 비선형 변환하는 것을 말한다.

본 교재에서는 특징을 정규화하는 방법 중에서 일반적으로 많이 사용하는 2가지 방법에 대해서 설명하기로 한다.

① 최대-최소 정규화(max-min normalization)

이 방법은 단순하게 샘플데이터의 특징 값을 추출한 후에 그 중 최솟값과 최댓값을 찾고 이를 이용하여 모든 샘플데이터의 특징 값을 재계산하는 방식이다. 이렇게 되면 샘플 데이터의 최댓값은 1을 갖게 되고 나머지 값들은 0~1미만의 값을 갖게 된다.

$$\tilde{x_i} = \frac{x_i - \min_i}{\max_i - \min_i} \tag{1.1}$$

이 방법은 단순한 연산이 장점이지만 샘플 데이터의 값이 차이가 큰 경우에는 올바른 정규화 값을 얻을 수 없다. 예를 들어 다음과 같은 5개의 샘플 집합 F가 주어졌다고 가정하자.

$$F = \{1.0, 1.1, 1.2, 1.3, 100.0\}$$

만약 최대-최소 정규화 방법을 이용한다면 우선 최댓값 100.0과 최솟값 1.0을 찾아 수식에 적용하면 집합 F는 $F' = \{0.0, 0.001, 0.002, 0.003, 1.0\}$으로 정규화된다. 이 경우 만약 100이라는 최댓값이 잡음에 의해 잘못 측정된 값이라면 어떤가? 실제 1.0과 1.3은 꽤 큰 차이 값이지만 노이즈 최댓값 100에 의해 둘 사이의 거리는 매우 좁아져서 거의 차이가 없는 값이 되어 버린다. 이와 같이 최대-최소 정규화 방법은 잡음에 매우 민감한 문제점이 있다.

② 가우시안 정규화(Gaussian normalization)

최대-최소 정규화의 문제점은 하나의 잘못된 잡음에 의해 전체 데이터의 배열이 흐트러지는 것이다. 이 문제점을 해결하기 위해 패턴 분류 문제에서는 가우시안 정규화 방법을 많이 사용한다. 이 방법은 우선 샘플데이터의 특징이 가우시안 분포를 따른다고 가정한다. 먼저 샘플 데이터로부터 평균 μ과 표준편차 σ을 계산한다. 그런 뒤에 아래 수식을 이용하여 모든 샘플 데이터의 특징이 표준 정규분포 N (0,1)을 따르도록 재계산한다.

$$x_i' = \frac{x_i - \mu_i}{K \times \sigma_i} \tag{1.2}$$

파라미터 K는 정규화된 특징 값의 범위 조정을 위한 파라미터로 K가 3일 경우 그림 (1-12)와 같이 99%의 샘플 데이터가 [-1, 1] 사이에 포함될 수 있다. 우리는 [0, 1] 사이의 범위를 갖는 특징값이 필요하므로 수식 (1.2)는 아래 수식과 같이 변형되어 적용될 수 있다.

$$\tilde{x}_i = \frac{x_i' + 1}{2} \tag{1.3}$$

가우시안 정규화에 의해 특징 정규화를 한 경우는 $F = \{0.424, 0.425, 0.425, 0.426, 0.798\}$로 정규화 값은 최대-최소 정규화 방법보다 잡음에 의한 영향을 덜 받게 된다.

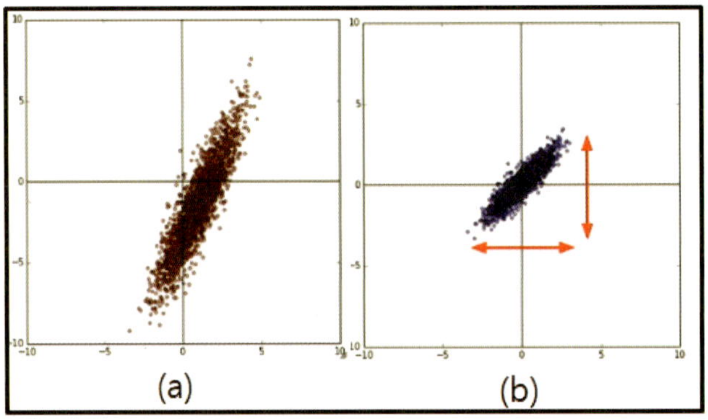

그림 1-12 특징 정규화 패턴
(a) 가우시안 분포를 갖는 샘플 특징, (b) 가우시안 정규화 후에 0을 중심으로 정규화된 특징 분포[7]

1.4.6 정규분포와 확률밀도 함수

인공지능 기말고사가 끝나고 학생들의 성적분포를 점수별로 누적하면 주로 종모양의 분포를 보인다. 이러한 분포형태는 학생들의 키, 몸무게 등등 여러 가지 현상에서도 유사한 패턴을 갖는다. 종모양의 분포는 평균을 중심으로 대칭을 이루는데 데이터의 표준편차에 따라 완만한 종 모양이 되거나 급격한 경사를 보이는 종 모양 분포가 될 수 있다. 이렇게 데이터가 종 모양을 보이는 분포를 정규분포(normal distribution, Gaussian distribution)라고 부른다. 정규분포는 평균과 표준편차라는 두 종류의 매개변수만으로 표현이 가능하다.

만약 특징벡터가 1차원일 경우(예, 키 또는 몸무게) 아래 수식과 같이 평균 μ와 표준편차 σ가 정해지면 정규분포에 대한 가우시안 확률밀도 함수(probability density function, PDF) $p(x)$를 구할 수 있다.

$$p(x) = \frac{1}{\sqrt{2\pi}\,\sigma} e^{-\frac{(x-\mu)^2}{2\sigma^2}} \tag{1.4}$$

7) CS231n: Convolutional Neural Networks for Visual Recognition, Spring 2017, http://cs231n.stanford.edu/

그림 (1-13)은 1차 가우시안 확률밀도 함수와 2차 가우시안 확률밀도 함수의 예를 보여주고 있다.

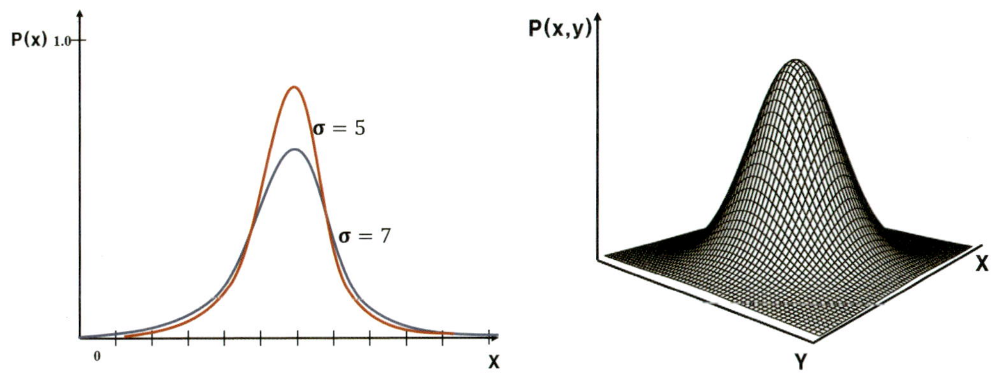

그림 1-13 1차 가우시안 확률밀도 함수(좌)와 2차 가우시안 확률 밀도함수(우)의 예. 확률밀도 함수는 표준편차의 크기에 따라 봉우리의 경사가 달라진다.

1.5 머신러닝을 위한 학습 알고리즘

본 교재는 인공지능 알고리즘 중에서 인공신경망과 딥 러닝을 중심으로 설명하고 있다. 하지만 두 알고리즘을 더 잘 이해하기 위해서는 전통적으로 연구되어온 머신러닝의 다양한 이론을 먼저 알아두는 것이 좋다. 따라서 1.5장에서는 머신러닝에서 사용되고 있는 주요 학습 알고리즘들을 간단히 소개하도록 한다.

1.5.1 퍼지로직(Fuzzy Logic)

퍼지로직은 인간의 행동을 해석 할 수 있는 인공지능과 머신러닝의 한 파트이다. 퍼지 모델은 인간의 행동을 해석 할 수 있어서 지능 시스템(intelligent system)이라고도 불린다. 이전의 논리 집합들이 0과 1로 떨어지는 값을 갖는 크리습 집합(crisp set)이었다면 퍼지 논리 집합은 0과 1 사이의 값을 갖는 연속적 집합(continuous set)이라고 할 수 있다. 퍼지 집합의 경계는 이렇게 연속적인 경계를 가짐으로 퍼지 집합의 원소들은 입력에 대해 '참'과 '거짓' 이외에 '참의 정도(degree of truth)', '거짓의 정도(degree of falseness)'와 같은 연속적 값을 가질 수 있다.

퍼지로직 이론이 처음으로 적용된 예는 1977년 덴마크의 시멘트 가마의 온도를 조절하는 시스템이었다. 일본에서는 자동차의 브레이크 시스템과 세탁기 제어시스템 등의 여러 가지 전자제품에 퍼지 로직 이론을 적용하여 큰 성공을 거두었다. 퍼지 로직은 전문가를 대신 할 수 있는 여러 가지 컨트롤 시스템들에서 현재까지도 사용되고 있다.

실제 퍼지 시스템은 지식을 기반으로 전문가에 의해 만들어진 여러 규칙을 결합하여 만들어진다. 각 규칙들에서는 선행부로부터 얻어진 값을 후행부의 출력 멤버십 함수에 각각 적용하고 이렇게 만들어진 각 규칙의 출력 함수들을 결합한다. 결합된 최종 함수에 대해 역퍼지화(연속적인 함수의 결합을 하나의 숫자 출력으로 만드는 방법)를 적용하여 의사결정을 위한 출력값을 생성하게 된다.

그림 (1-14)는 이렇게 n개의 규칙이 적용되었을 때의 동작과정을 그림으로 표현한 것이다.

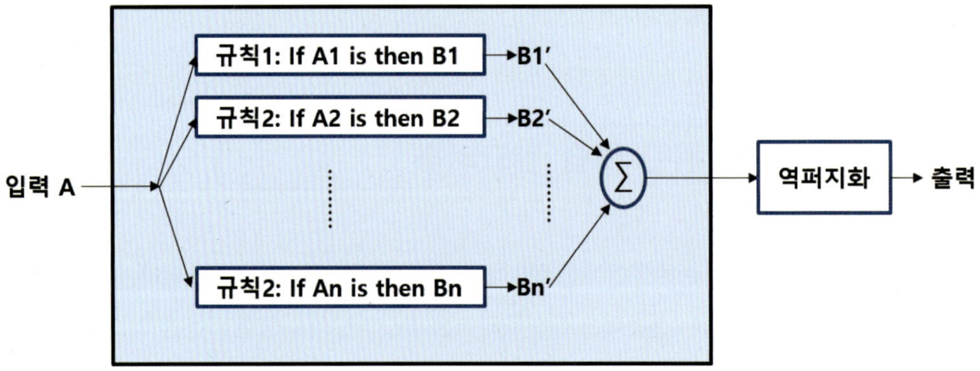

그림 1-14 다중 규칙에 대한 출력결합 및 역퍼지화 과정

1.5.2 결정트리(Decision Tree)

결정트리는 귀납적 추론[8]을 위한 실제적인 방법으로 의학 진단에서부터 대출 심사서의 신용 위험도 평가에까지 이르는 다양한 응용분야에서 광범위하게 사용되고 있는 학습 알고리즘이다. 결정 트리 학습 방법은 잡음(noisy) 데이터에 강하고 선언적 표현(예, x>10, y<3.5)들을 포함하는 함수로 구성된다. 학습된 결정트리들은 사용자의 가독성을 높이기 위해 IF-THEN 규칙 집합으로도 표현할 수 있다.

결정트리의 여러 알고리즘은 주로 top-down 방식과 탐욕 탐색(greedy search) 알고리즘을 이용하여 학습된다. 가장 대표적인 결정트리 학습방법은 브레이만(Breiman) 등에 의해 1993년도에 제안된 CART (Classification and Regression Tree)방식이다. CART는 이진트리 방식으로 결정트리를 만들고 분류 이외

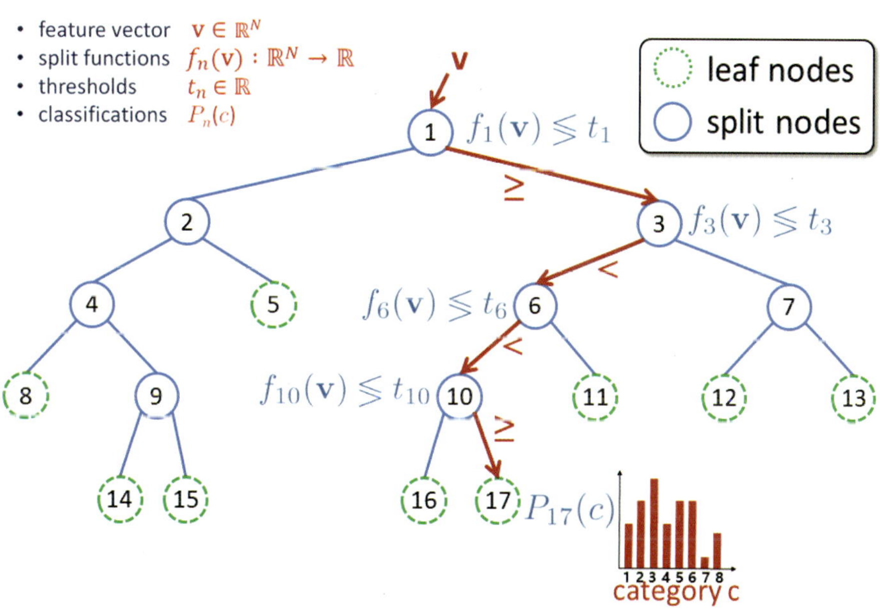

그림 1-15 이진 결정트리의 예. 각 노드는 결정함수와 임계값으로 구성되며 리프 노드들은 클래스별 확률분포를 갖게 됨. 17번 노드의 그래프는 학습과정에서 결정된 각 클래스별 확률 분포를 보여줌. 입력 샘플 V가 17번으로 분류 되었다면 이 샘플은 클래스 3으로 분류할 수 있음

8) 귀납적 추론(induction)이란 구체적 사실(개별 사실, 사례)로부터 보편적 사실을 추론해 내는 방식으로, 예를 들어 '연필을 던지면 떨어진다', '지우개를 공중에 던져도 떨어진다'와 같은 구체적 사실로부터 '따라서 물체는 공중에 던지면 떨어진다'와 같은 일반적, 보편적 사실을 추론해 내는 방식이다. 연역적 추론(deduction)은 반대로 보편적, 일반적 사실로부터 구체적(개별적) 사실을 추론해 내는 방식이다. 예를 들어 '사람은 모두 죽는다' 따라서 '나는 사람임으로 나도 죽는다'와 같은 결론을 도출해 내는 방식이다.

에도 회귀가 가능한 것이 특징이다. CART는 또한 실수 데이터를 취급하여 결정함수를 위해 부등호 질문이 가능하도록 하였으며 가지치기 방식을 통해 리프 노드를 병합할 수 있다. 이외에도, 결정함수를 위해 하나의 변수만을 사용하는 것이 아니라 다수의 변수를 동시에 사용하여 결정함수를 만듦으로써 트리의 깊이를 줄 일 수 있는 장점이 있다. 그림 (1-15)는 결정트리를 이용한 특징벡터 분류의 예를 보여주고 있다.

1.5.3 서포트벡터 머신(Support Vector Machine, SVM)[9)]

다층 신경망이 많은 훈련데이터를 요구하고 과적합에 빠지면서 역전파(Back-propagation) 방법을 이용하는 인공신경망은 일반화(generalization)[10)] 성능이 떨어지는 문제점이 있었다. 따라서 제한된 데이터 양을 가지고 일반화 성능을 높일 수 있는 알고리즘의 필요성이 대두되었는데, 이것이 바로 뱁닉(Vapnik)에 의해 1995년에 발표된 서포트벡터 머신이다. 서포트벡터 머신은 딥러닝이 본격적으로 출현하기 전인 1990년대 후반부터 2000년 초반까지 가장 많이 사용된 머신러닝 기법이다. 서포트벡터 머신은 알려지지 않은 확률 분포를 갖는 데이터에 대해 잘못 분류하는 확률을 최소화하는 구조적인 위험 최소화(Structural Risk Minimization) 방법에 기초하며 일반화 에러를 최소화 하도록 분류기를 학습시킨다. 학습하는 과정에서는 그림 (1-16)과 같이 경계면(분류 함수)을 만들고 경계면으로부터 각 클래스의

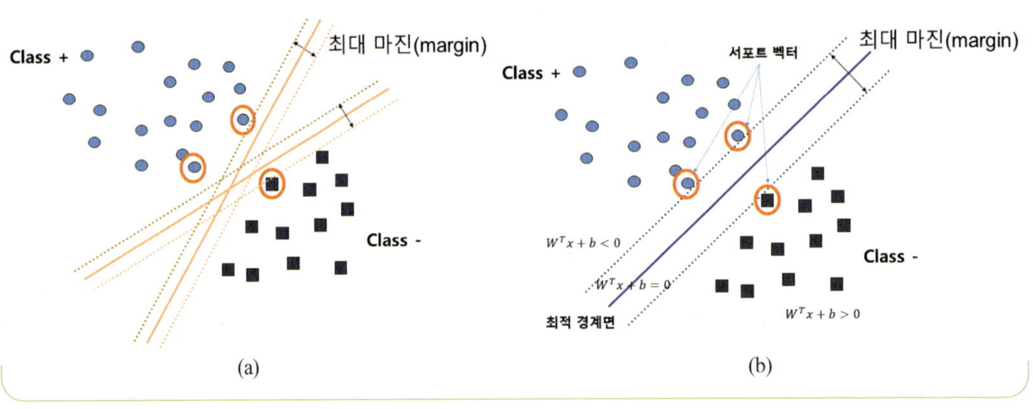

그림 1-16 서포트벡터 머신에서 +클래스와 -클래스를 분류할 수 있는 최적 경계면 결정 방법
(a) 두 개의 클래스를 분류할 수 있는 다양한 분류기 테스트
(b) 마진이 최대화되는 경계면을 갖는 분류 함수를 선택

9) Cortes, C.; Vapnik, V. (1995). "Support-vector networks". 《Machine Learning》 20 (3): 273. doi:10.1007/BF00994018.

10) 일반화 성능이란 학습에 사용되지 않은 데이터, 즉 테스트 데이터에 대한 올바른 분류 능력을 의미한다.

최소거리점(서포트벡터)간의 거리인 마진이 최대화 되는 함수를 선택하도록 학습한다. 그림 (1-16 (a))는 두 개의 클래스를 분류 할 수 있는 경계면과 각 마진의 거리를 구한 것으로 이들 중에서 마진이 최대가 되는 그림 (1-16 (b))의 경계면을 최적 경계면으로 결정한다. 학습 후에는 새로운 데이터 x가 입력될 경우 최적 경계면 함수에 적용하여 < 0이면 'class +'로 분류하고 > 0이면 'class -'로 분류한다.

1.6 인공지능의 응용분야의 예

인공지능은 영상인식, 음성인식, 로봇제어, 자율주행 자동차, 의료분석 등 다양한 분야에서 적용되어 오고 있다.

1.6.1 음성인식 스피커

2000년도 초반까지는 음성인식 알고리즘의 한계가 있었지만, 최근에는 딥 러닝 기술의 개발과 대용량 음성 데이터베이스의 활용을 통해 음성인식 기술이 사람의 인식 능력을 능가하는 수준까지 도달 하였다. 음성인식 기술은 지능형 자동차, 스마트 홈, 스마트 오피스, 의료, 번역 서비스 등의 다양한 분야에서 활용되고 있다. 음성인식 소프트웨어의 선두주자는 애플의 'Siri'나 구글의 'Now'이었지만, 최근에는 세계 최대의 전자제품 전시회인 CES 2017에서 선보인 아마존 음성인식 소프트웨어 'Alexa'의 음성인식 기술이 단연 돋보이고 있다. Alexa 음성인식 기술은 사람이 대화하는 것과 같은 자연어를 이해하고 처리하는 기능을 지원한다. 또한, 클라우드 기반으로 음성인식 서버에 축적된 사람들 간의 대화패턴, 특이한 단어, 개인적 취향 등을 반영하여 스스로 학습해 나가는 과정에서 더욱 똑똑해지는 특성을 가지고 있다. Alexa는 아마존 에코(Echo) 스피커에 적용되어 2016년에만 500만대가 판매되었다. 에코의 주요 특징은 음성인식을 통한 음악재생 기능, 온라인 주문 기능, 스마트 홈 기능 등이 있다. 아마존은 Alexa를 에코 스피커용으로만 사용하는 것이 아니라 Alexa 보이스 서비스(Alexa Voice Service)라는 클라우드 기반 서비스를 통해 인터넷에 연결되어 있는 모든 기기에서 Alexa음성인식 기술을 사용할 수 있도록 지원하고 있다. 이렇게 함으로써 가전, 자동차, 스마트폰 등 다양한 기기들에서 Alexa음성인식 응용프로그램인터페이스(API)를 자신의 목적에 맞춰 수정 및 재가공 하여 적용할 수 있다.

그림 1-17 다양한 음성인식 스피커(아마존 '알렉사', 구글 '어시스턴트', SK텔레콤 '누구')

1.6.2 자율주행 자동차

자율주행 자동차란 운전자가 차량을 조작하지 않아도 스스로 주행하는 자동차로, 컴퓨터비전, 충돌 방지 및 거리 센서, GPS, 주행상황 인지 및 대응기술이 포함된 포괄적 기술이다. 초기에는 운전자 주행에 도움을 줄 수 있는 차선 감지, 보행자 감지, 운전자 졸음 감지와 같은 운전자 보조 시스템, ADAS (Advanced Driving Assistant System) 개발에 초점을 맞추었지만, 최근에는 완전 자율 주행을 위한 연구를 구글을 비롯해 NVDIA와 같은 IT업체가 선도적으로 연구를 이끌고 있다. 미국교통안전국(NHTSA)에서 설정한 자율주행 자동차 기술 4단계를 살펴보면, 1단계에서는 특정 기능만을 자동화하는 선택적 능동제어 단계로 차선이탈 경보장치등의 간단한 운전자 보조 기능에 해당한다. 2단계는 통합적 능동제어 단계로 기존의 ADAS 기술들이 포함된다. 3단계는 운전자의 개인이 필요한 제한적 자율주행 단계에 해당하고 구글의 자율주행 자동차가 여기에 포함된다. 4단계는 운전자의 개입이 필요 없는 완전자율주행 단계를 의미한다.

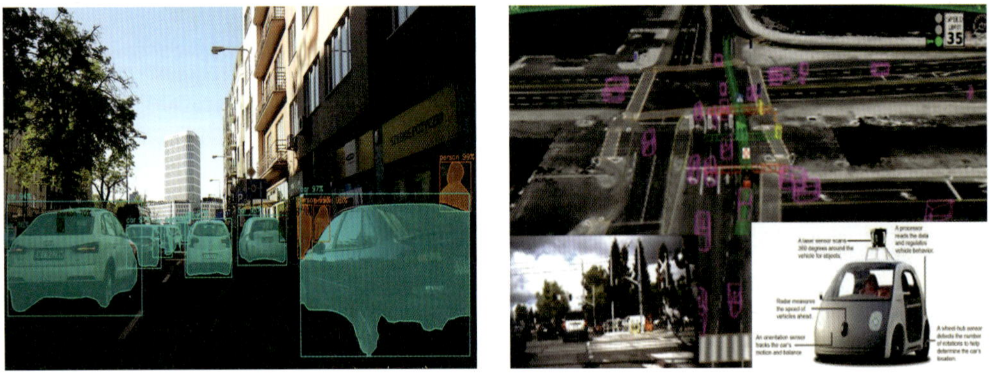

(a) (b)

그림 1-18 자율자동차 관련 기술 (a) 딥 러닝을 이용한 자동차 및 보행자 검출 연구, (b) 구글 카의 자율주행 시뮬레이션

1.6.3 생체인식 및 의료 · 헬스케어

생체인식(Biometrics)은 인간의 신체특성(생물학적 특성)이나 행동특성을 이용하여 자동적으로 신원을 인식하고자 하는 연구 분야이다. 인간의 신체적 특성정보를 이용하는 생체인식기술로는 지문인식, 얼굴 인식, 홍채 인식, 망막 인식, 정맥 인식, 귀모양 인식, 목소리 인식 등이 있으며, 생리학적 특성인 혈액DNA를 분석을 통해 신원을 인식하는 연구 또한 진행되고 있다. 행동 특성을 이용한 생체인식기술로는 걸음걸이(gait) 인식, 음성 인식, 서명 인식 등이 활발히 연구되고 있다. 최근 생체인식연구가 진일보한 계기는 인공지능의 한 기술인 딥 러닝의 역할이 크다. 딥 러닝 기술은 뛰어난 인식 성능과는 달리 많은 양의 연산으로 인해 아직 소형화되지 못하고 있나. 하지만 이러한 기술들은 조만간 하드웨어에 적용할 수 있을 정도로 경량화 될 것이며 곧 스마트폰뿐만 아니라 지능형 자동차를 포함한 각종 전자장치에 적용되어 다양한 인식 문제를 해결할 수 있을 것으로 기대한다.

의료진의 의사결정을 돕기 위한 인공지능 기반의 임상 의사결정 시스템 개발 또한 과거 수십 년 동안 꾸준히 연구되어온 분야이다. 의료진단 시스템 연구에서 가장 선두위치에 있는 시스템이 바로 IBM의 왓슨(Watson)이다. 왓슨은 자연어 처리 기술과 인공지능 기술을 기반으로 개발되었으며 인간의 언어를 분석, 이해하고 많은 양의 데이터베이스를 스스로 학습하고 분석할 수 있을 뿐만 아니라 이를 기반으로 복잡한 환자의 질환에 대한 치료 방법을 제시한다. 왓슨은 현재 암환자 진단, 유전정보 분석, 의료영상 판독, 임상시험 보조, 전자의무기록 분석, 건강보험 적용 여부를 판단하는 등 복잡하고 다량의 데이터를 다루어야 하는 분야에서 효과적으로 적용되고 있다. 하지만 앞으로 인공지능 기술이 더 발전한다면 의사의 진단 업무까지 대신할 수 있는 날도 멀지 않을 것이다.

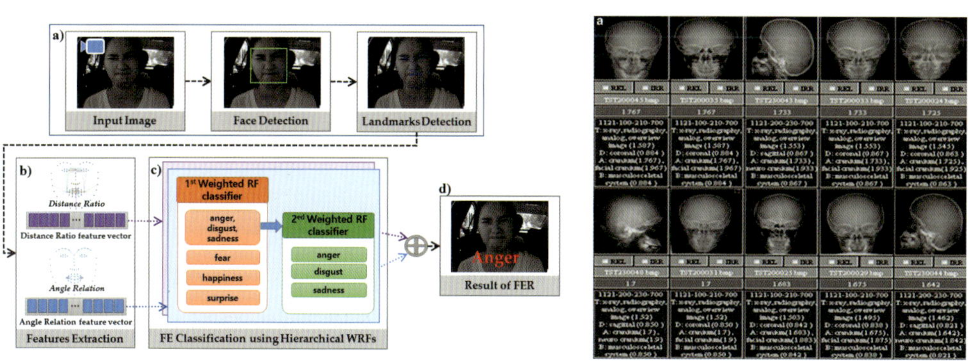

그림 1-19 인공지능을 이용한 (a) 운전자 표정 인식과, (b) 의료 영상 검색 기술[11]

11) 계명대 CVPR연구실, https://cvpr.kmu.ac.kr

1.6.4 오프라인 자동 판매 시스템, 아마존 고(Amazon Go)

2016년 아마존에서는 컴퓨터비전, 딥러닝, 센서융합 기술을 융합하여 오프라인 식료품 매장인 '아마존 고(Amazon Go)'를 오픈하였다. 아마존 고에서는 고객이 전용 앱을 동작시키고 선반에 서서 물건을 담아 계산대를 통과하면 자동으로 고객을 인식하여 계산이 이루어진다. 카메라와 센서로 고객이 진열대에 물건을 들어 올리는 동작을 인식하여 가상의 장바구니에 등록하고 만약 고객이 물건을 다시 내려놓으면 장바구니에서 삭제가 된다. 아마존 고에서 핵심 기술은 카메라와 센서만을 이용해 물건과 사람의 동작을 인식하는 인공지능, 머신러닝 기술이다.

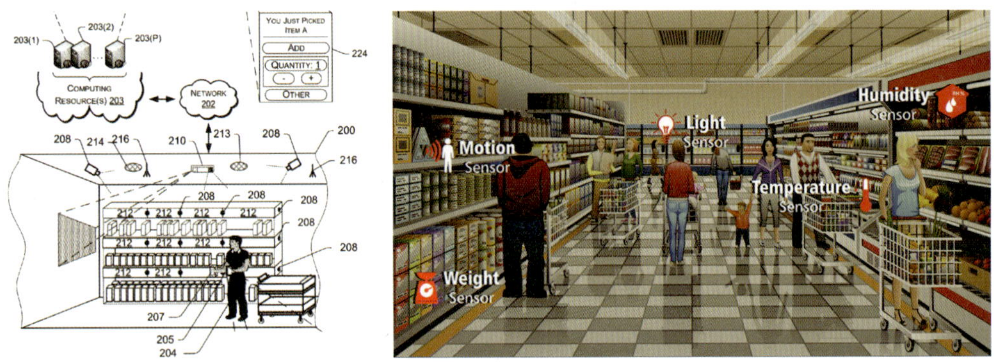

그림 1-20 아마존 고(Go)에 사용된 (a) 특허 개념도와[12] (b) 다양한 센서들[13]

여기서 잠깐~!

설명가능한 인공지능(Explainable AI)

인공지능에서 딥 러닝 기술의 발전은 학문적으로나 상업적인 면에서 놀라운 성공을 거두고 있다. 하지만 딥 러닝 기술의 한계점은 인식 성능에 의해 간과되고 있다. 딥 러닝 알고리즘에 대한 다양한 회의론은, '1) 많은 훈련 데이터가 필요하다는 점에서 딥 러닝 체계는 탐욕스러우며, 2) 훈련 단계에서 사용된 시나리오와 다른 시나리오를 직면할 경우 상황에 맞게 이를 고려해 변형하지 못한다는 점에서 불안하고, 3) 딥 러닝의 출력은 블랙박스를 통해 산출되어 설명될 수 없다는 점과, 4) 적은 양의 지식에 기초해 프로그램화되어 있고, 세계와 인간 심리에 대한 상식을 가지고 있지 않다는 점에서 피상적이다'라는 것이다.[14] 하지만 이러한 회의론에도 불구하고 딥 러닝의 우수한 성능과 일반화 능력은 많은 머신러닝 연구자들이 포기하기 어려운 뛰어난 알고리즘이 분명하다.

12) Digital Retail Trend - 디지털리테일 전략 및 트렌드, "아마존고(Amazon Go)는 어떤 기술이 적용되었나?", 2016.12.19

13) http://easyreach.co.in/portfolio/easy-sensors/

14) Newspeppermint, https://newspeppermint.com/2019/02/26/shallow_deep_learning/ [Viewed 2019-09-17]

최근에는 딥 러닝의 여러 문제점 중에서 가장 화두가 되고 있는 훈련과정의 블랙박스 모델 한계점을 개선하기 위해 설명가능한 인공지능(eXplainable AI, XAI)에 대한 연구가 활발히 이루어지고 있다. 설명 가능한 AI는 그림 (1-22)와 같이 사용자가 인공지능 시스템의 동작과 최종결과를 이해하고 올바르게 해석하여 결과물이 생성되는 과정을 설명 가능 하도록 해주는 기술로써,[15] 사용자는 최종 결정을 내리기 전에 AI 시스템이 내린 결정이 최선의 결정이었는지를 확인할 수 있다.

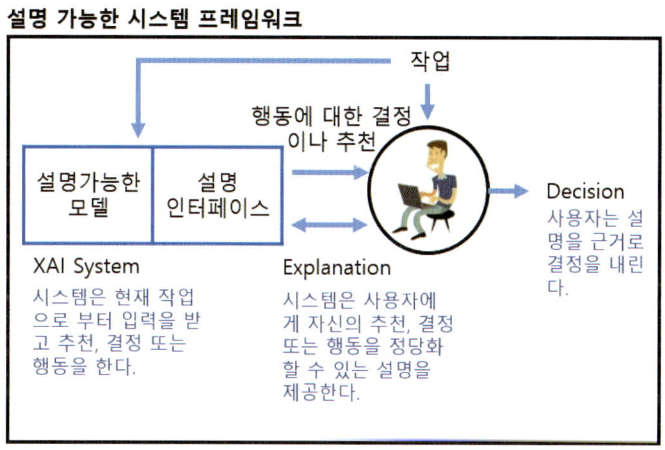

그림 1-21 설명가능한 AI 시스템 프레임워크. 설명가능한 모델로부터 제시된 결정에 대해 사용자가 확인을 하고 합당하다고 판단된다면, 모델의 결정 근거를 통해 최종 결정을 내리는 데 도움을 받을 수 있다.[16]

[위 내용은 저자의, 'KOSEN분석자료, 설명가능한 인공지능(explainable AI, XAI)의 필요성과 연구 동향, 2019-09-25'을 요약 정리한 것임]

15) 금융보안원, 설명가능한 인공지능(eXplainable AI, XAI)소개, 금융보안원 보안기술팀 보고서2018-020: 1-8. 2018

16) Defense Advanced Research Projects Agency, Explainable Artificial Intelligence(XAI), DARPA presentation. DARPA: 1-18. July.

CHAPTER 1 정리

1 앨런 튜링(Alan Turing)은 1950년 '계산하는 기계와 지능(Computing Machinery and Intelligence)'이라는 논문을 통해 '컴퓨터가 학습을 할 수 있는가'와 '그렇다면 어떻게 컴퓨터가 생각할 수 있다는 것을 알아 낼 수 있는가'라는 문제를 다루었다.

2 1957년 프랭크 로젠블라트(Frank Rosenblatt)는 도널드 헵의 이론을 발전시켜 '퍼셉트론(Perceptron)'을 발표하였다. 퍼셉트론에서 하나의 뉴런은 복수의 입력을 받아서 하나의 출력을 계산하는 구조를 갖는다.

3 인공지능을 "이상적인 지능을 갖춘 존재, 혹은 시스템에 의해 만들어진 지능, 즉 인공적인 지능"을 뜻한다고 정의하고 있다. 실제 인공지능은 학문적인 측면에서 봤을 때, '머신러닝(Machine Learning)', '패턴인식(Pattern recognition)', '인공신경망(Artificial Neural Network)'을 모두 포함하는 광범위한 개념이다.

4 규칙기반 전문가 시스템은 문제 해결을 위해 미리 전문가가 만들어 놓은 규칙을 기반으로 의사결정을 하는 시스템을 말한다.

5 머신러닝은 전문가 시스템과 다르게 의사결정에 필요한 규칙 생성을 사람이 하는 것이 아니라 학습을 통해 만들어내는 작업을 포함한다.

6 딥 러닝(deep learning, 심층 학습)은 기본적으로 다량의 데이터나 복잡한 자료에서 핵심적인 특징들을 추출하여 이를 잘 분류할 수 있는 모델을 학습하는 머신러닝 시스템과 기본 구조는 동일하다. 기존의 머신러닝과 딥 러닝의 가장 큰 차이점은 특징은 학습과정에서 데이터의 특징을 어떻게 추출하느냐에 있다.

7 딥 러닝이 1989년 이후 2000년 초반까지의 암흑기를 넘어 다시 주목을 받게 된 이유는, 새로운 알고리즘의 개발, 빅 데이터, 하드웨어 발달에 기인한다.

8 지도학습은 미리 훈련 데이터를 클래스 별로 분류 시켜 놓고 분류 함수를 계산하여 새로운 데이터를 분류 함수에 따라 특정 클래스로 분류하는 방법이다.

9 비 지도학습은 미리 훈련 데이터의 클래스를 분류시켜 놓지 않고 입력된 훈련 데이터의 특성을 분석하여 특성이 비슷한 몇 개 군집(클러스터, cluster)으로 분류한다.

10 강화학습은 로봇이나 게임 등에 많이 사용되는 학습방법으로 자신과 환경의 상호관계에 따라 자신의 행동을 개선해 나가는 학습방법이다.

11 분류 모델을 학습하게 되는데 분류 모델이 훈련데이터의 각 샘플에 너무 가깝게 맞춰져서 새로운 데이터에 일반화되기 어려울 때(잘 분류하지 못할 때) 분류기가 훈련데이터에 과적합 되었다고 부른다. 반대로 과소적합은 훈련데이터에 대해 학습이 부족하여 데이터의 다양성을 반영하지 못하는 분류 모델이 선택되는 현상을 말한다.

12 군집화는 미리 훈련데이터의 클래스를 분류시켜 놓지 않고 입력된 훈련데이터의 특성을 분석하여 특성이 비슷한 K개의 군집(클러스터, cluster)으로 분류한다. 학습이 끝난 뒤에 새롭게 입력되는 테스트 데이터를 K개의 군집 중 하나로 분류한다.

13 두 확률 변수의 사전 확률과 사후 확률 사이의 관계를 나타내는 정리를 베이즈 정리(규칙)(Bayes' theorem, rule)라 하고, 베이즈 정리는 베이지언 이론(Bayesian theorem)으로도 불린다. 본문에 두 가지 용어가 혼동되어 사용되더라도 같은 베이즈 정리를 나타내는 것으로 이해하면 된다.

14 퍼지 로직은 인간의 행동을 해석할 수 있는 인공지능과 머신 러닝의 한 파트이다. 퍼지 모델은 인간의 행동을 해석할 수 있기 때문에 지능 시스템(intelligent system)이라고도 불린다.

15 결정 트리는 귀납적 추론 귀납적 추론(induction)이란 구체적 사실(개별 사실, 사례)로부터 보편적 사실을 추론해 내는 방식이다. 결정트리의 여러 알고리즘들은 주로 top-down 방식과 탐욕 탐색(greedy search) 알고리즘을 이용하여 학습된다.

16 서포트벡터 머신은 알려지지 않은 확률 분포를 갖는 데이터에 대해 잘못 분류하는 확률을 최소화하는 구조적인 위험 최소화(Structural Risk Minimization) 방법에 기초하며 일반화 에러를 최소화하도록 분류기를 학습시킨다.

17 인공지능은 영상인식, 음성인식, 로봇제어, 자율주행 자동차, 의료분석 등 다양한 분야에서 적용되어 오고 있다.

18 설명가능한 인공지능(eXplainable AI, XAI)은 사용자가 인공지능 시스템의 동작과 최종결과를 이해하고 올바르게 해석하여 결과물이 생성되는 과정을 설명 가능하도록 해주는 기술이다.

연습문제

01 1960년대후반 인공지능이 어려움을 겪었던 주된 이유에 대해 조사해 보자.

02 인공지능 초기에는 튜링 테스트를 통과하면 컴퓨터가 인간과 같은 지능을 가진 것으로 간주 했지만, 최근에는 단순한 튜링 테스트만으로는 컴퓨터가 실제 사고력과 감정을 가진 인공지능이라고 판단할 수 없다는 비판을 받고 있다. 그 이유를 생각해보자.

03 2006년 제프린 힌튼(Geoffrey Everest Hinton)이 인공지능의 중흥기를 이끌게 된 결정적인 알고리즘들이 무엇인지 조사해 보자.

04 미국의 브레인 이니셔티브(Brain Initiative) 프로젝트를 비롯하여 다양한 국가에서 뇌 지도를 만들기 위한 노력을 기울이는 이유를 찾아보자.

05 책에 소개된 인공지능 응용 분야 외에 2가지를 찾아보도록 하자.

06 아마존 고에서 사용된 센서들과 컴퓨터 비전(computer vision), 인공지능 기술들에 대해 조사하여 보자.

07 설명가능한 인공지능(Explainable AI)의 응용 사례를 조사하라.

참고문헌

[1] 초기의 신경망 이론 및 모델, http://www.aistudy.com/neural/model_kim.htm

[2] 이성환, 패턴인식의 원리

[3] 심층신경망 소개 https://deeplearning4j.org/kr/neuralnet-overview

[4] 위키백과 https://ko.wikipedia.org/wiki/딥_러닝

[5] Proglam, http://mchcleplant.blogspot.com/2019/01/blog-post_29.html

[6] CS231n: Convolutional Neural Networks for Visual Recognition, Spring 2017, http://cs231n. stanford.edu/

[7] https://www.google.com/intl/ko/photos/

[8] Cortes, C.; Vapnik, V. (1995). "Support-vector networks". 《Machine Learning》 20 (3): 273. doi:10.1007/BF00994018.

[9] 계명대 CVPR연구실, http:cvpr.kmu.ac.kr

[10] 고병철, "영상처리 기반의 인공지능 입문(Image Processing Based Artificial Intelligence)," 그린출판사, 2018.

[11] Digital Retail Trend - 디지털리테일 전략 및 트렌드, "아마존고(Amazon Go)는 어떤 기술이 적용되었나?", 2016.12.19.

[12] http://easyreach.co.in/portfolio/easy-sensors/

[13] Newspeppermint, https://newspeppermint.com/2019/02/26/shallow_deep_learning/ [Viewed 2019-09-17]

[14] 금융보안원, 설명가능한 인공지능(eXplainable AI, XAI)소개, 금융보안원 보안기술팀 보고서2018-020: 1-8. 2018

[15] Defense Advanced Research Projects Agency, Explainable Artificial Intelligence(XAI), DARPA presentation. DARPA: 1-18. July.

[16] 고병철, KOSEN분석자료, 설명가능한 인공지능(explainable AI, XAI)의 필요성과 연구 동향, 2019-09-25

2

텐서플로우 환경 구축하기

CHAPTER 2

텐서플로우 환경 구축하기

2.1 딥러닝 프레임워크 비교

딥 러닝 프레임워크(Deep Learning Framework)란 딥 러닝과 관련된 프로그램을 작성하기 쉽게 만들어 놓은 라이브러리를 의미한다. 최근 딥 러닝관련 알고리즘은 과거와 같이 C 또는 C++로 작성하지 않고 미리 C나 C++로 만들어놓은 딥 러닝 핵심 라이브러리 위에서 파이썬과 같이 일반사용자가 쉽게 접근할 수 있는 범용 프로그램언어로 구성된 딥 러닝 전용 프레임워크를 사용한다. 그림 (2-1)은 딥 러닝 연구에서 주로 사용하는 프레임워크들의 연도별 출시 타임라인을 보여주고 있다. 2010년의 Theano를 시작으로 가장 최근에는 구글의 텐서플로우(TensorFlow) 2.0이 2019년 10월에 출시되었다.[1] 딥 러닝 프레임

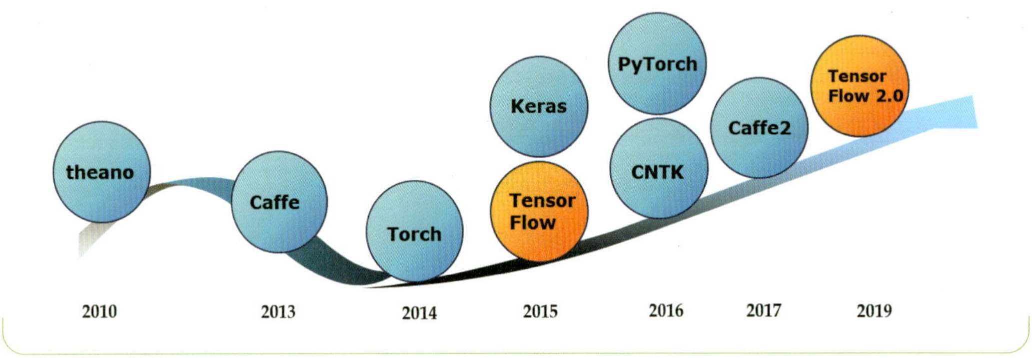

그림 2-1 딥 러닝 프레임워크 타임라인(Timeline)

1) 새로운 프레임워크의 출시가 그림처럼 빠르게 증가하므로 이 책이 출판되는 시점에 또 다른 프레임워크가 추가 되었을지도 모른다.

워크는 딥 러닝에 대한 전공자들의 관심과 더불에 급속하게 성장하고 있는 것을 알 수 있으며 다양한 글로벌 IT기업에서는 자기 회사만의 프레임워크를 개발하기 위해 끊임없이 노력하고 있다.

우리가 배울 프레임워크는 텐서플로우 2.x이지만 이 장에서는 먼저 기존의 딥 러닝 프레임워크에 대해 간단히 살펴보기로 한다.

① theano: 캐나다 몬트리올 대학의 James Bergstra, Frederic Bastien등에 의해 만들어졌다. Linux, Mac, Windows 플랫폼에서 동작하고 파이썬 언어로 제작되었다. 인터페이스도 파이썬으로 프로그래밍하며 OpenMP, CUDA, 멀티 GPU를 지원한다. 파이썬으로 프로그래밍하지만 low-level을 제어할 수 있는 API를 갖추고 있으며 텐서플로우와 같이 추상화된 그래프 모델을 지원한다. 빠르고 유연함이 장점이며 Keras, Lasagne, Blocs와 같은 오픈소스 딥 러닝 라이브러리가 Theano기반으로 탄생했다. 하지만 복잡하고 대형 모델에 대한 컴파일 시간이 오래 걸리며 잦은 버그 등의 문제로 지금은 사용자가 많지는 않다.

어기서 잠깐~!

GPU(Graphic Processing Unit) 연산이란?

GPU는 컴퓨터 그래픽스, 이미지 및 비디오처리에 매우 효율적인 수많은 병렬프로세서를 가진다. GPU는 칩 내의 수백~수천 개의 이상의 코어(Core)를 활용하여 연산을 병렬적으로 처리한다. CPU는 복잡한 고차원적인 연산이 가능한 대신 반복작업을 하는 작업에는 최적화되어 있지 않지만, GPU는 고차원적인 연산은 못하지만 단순한 반복작업을 하는 것에 최적화된 구조를 가진다.

GPU 활용 시 라이브러리가 필요한데 대표적인 라이브러리들은 CUDA, OpenCL, C++AMP, Open ACC 등이 있다.

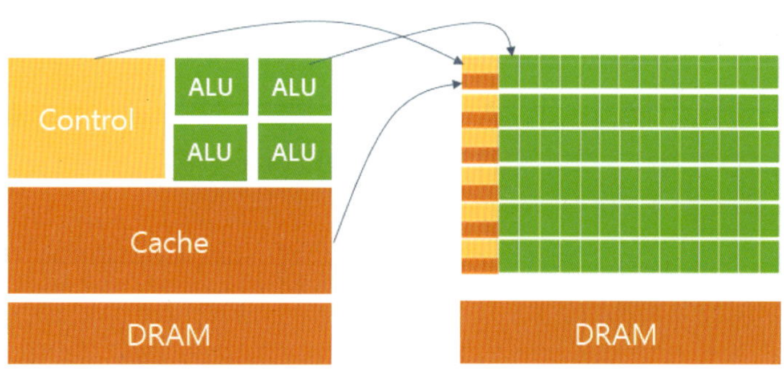

(a) CPU (b) GPU [2]

2) D. B. Kirk and W. H. Wen-mei, Programming massively parallel processors: a hands-on approach. Morgan Kaufmann, 2010.

② **Caffe** : Caffe는 2013년 10월 UC 버클리의 Yangqing Jia와 Evan Shellhamer에 의해 만들어졌다. Linux와 Mac 플랫폼에서 동작하며 C++로 프로그램되었다. 인터페이스는 파이썬과 MATLAB언어를 사용한다. OpenMP, CUDA, 멀티 GPU를 지원한다.[3] Caffe는 영상처리에 특화되어 있으며 프로그래밍하는 대신에 설정파일로 학습방법을 정의한다. Caffe Model Zoo(네트워크 모델 공유 커뮤니티)를 통해 다양한 Pre-trained Model을 제공하기 때문에 새로운 데이터를 학습시킬 때 기존의 파라미터를 그대로 사용하고 fine-tuning(미세조정)만 시키면 된다. 하지만 영상이외에 텍스트, 사운드 등의 데이터 처리에는 부적합하며 유연하지 못한 API로 인해 새로운 기능을 추가하려면 C++와 CUDA로 직접 구현한다. 문서화가 잘 안되어 있다는 것도 단점이다.

③ **Caffe2**: Facebook과 Nvidia를 비롯한 여러 회사가 협력하여 개발하였으며 모바일과 대용량 스케일의 사용제품을 위한 프레임워크에 초점을 맞추어 개발되었다. Caffe2 개발자인 Yangqing Jia이 Facebook으로 이직하면서 대부분의 기능이 Pytorch에 흡수되었다.

④ torch: Torch는 2014년 7월, Facebook, Twitter, Google DeepMind사의 연구원들이 모여 개발하였으며 역시 Facebook, Google, Twitter 등의 자사 제품의 딥 러닝 관련 제품에 적용되었다. Caffe가 실용적 제품 개발보다는 연구자들을 위한 도구였다면 Torch는 제품개발에 편리한 환경을 제시한다. Theano와 달리 심볼릭(symbolic)모델이 아닌 C언어와 명령형(imperative) 모델에 기반하여 이해와 사용이 쉽다는 장점이 있다. 플랫폼은 Linux, Mac, Windows를 모두 지원하며 Android, iOS의 모바일 환경도 지원한다. 기반 프레임워크는 C언어와 스크립트 언어인 루아(Lua)로 작성되었으며 인터페이스도 루아(Lua) 언어로 개발한다. OpenMP, CUDA, OpenCL, 멀티 GPU 등을 지원한다. Torch의 가장 큰 장점은 알고리즘 모듈화가 잘 되어있어 사용이 편리하고 다양한 데이터 전처리 및 시각화 유틸리티를 지원하며 명령형 프로그램 모델 기반의 직관적인 API를 제공하는 것이다. 단점은 최근에 많이 사용되는 파이썬 인터페이스가 제공되지 않고 문서화 및 사용자 커뮤니티가 발달되어 있지 않다는 것이다. 이러한 장점들을 살리면서 단점을 개선한 PyTorch가 개발되어 최근에는 텐서플로우의 아성을 위협하고 있다.

3) • OpenMP(Open Multi-Processing): 공유 메모리 다중 처리 프로그래밍 API
• CUDA(Compute Unified Device Architecture): 그래픽 처리 장치(GPU)에서 수행하는 병렬 처리 알고리즘을 프로그래밍 할 수 있는 GPGPU 기술
• OpenCL(Open Computing Language): 개방형 범용 병렬 컴퓨팅 프레임워크. CPU, GPU, DSP 등의 이종 플랫폼에서 실행되는 프로그램을 작성할 수 있게 해 줌

⑤ PYTORCH : PyTorch는 Facebook 인공지능 연구팀이 기존의 Torch를 기반으로 만든 프레임워크이다. PyTorch는 파이썬을 기반으로 하므로 파이썬 라이브러리(Numpy, Scipy, Cython)와 높은 호환성을 갖고 코드 이해와 디버깅이 쉬우며 직관적이고 간결한 코드로 구성된다. 또한 'Define by Run' 방식을 기반으로 하여 실시간 결과값을 시각화 할 수 있고 강력한 GPU 가속화를 통한 Tensor 계산 가능하며 동적 그래프 방식이라 유연성과 속도를 지닌 딥 러닝 연구 플랫폼이 필요한 경우 적합하다.

⑥ TensorFlow : 딥 러닝 연구자들이 가장 많이 사용하는 프레임워크로 2015년 11월 구글 브레인에서 개발하였다. Linux, Mac, Windows 플랫폼과 Android, iOS 모바일 플랫폼을 동시에 지원한다. 프레임워크의 API는 C++와 파이썬으로 제작되었으며, 인터페이스는 파이썬, C/C++, Java, Go언어 등을 지원한다. 이 밖에도 CUDA와 멀티 GPU, 분산 환경을 지원한다. 또한 학습 디버깅을 위한 시각화 도구인 TensorBoard를 제공하고 있다. 텐서플로우는 구글의 거의 모든 AI제품과 서비스에 사용되고 있으며 오픈소스의 개방성, 다양한 언어 지원, 폭넓은 사용자층으로부터 생산되는 다양한 결과물(오픈소스, 문서)에서 생성된 다양한 자료를 기반으로 현재 가장 많이 사용되고 있는 프레임워크다. 하지만 PyTorch와 다르게 'Define-and-Run' 모델이므로 런타임에 그래프 변경이 안되고 PyTorch에 비해 복잡하고 느리다는 단점이 있다.

표 2-1 Pythorch와 TensorFlow의 비교

구분	Pythorch	TensorFlow
개발회사	Facebook	Google Brain
패러다임	Define by Run	Define and Run
그래프 형태	Dynamic Graph(동적)	Static Graph(정적)
현재 사용자	적음	많음
커뮤니티	https://pytorch.org/	https://www.tensorflow.org/

⑥ TensorFlow 2.0 : 2019년 10월에 새롭게 업데이트 된 텐서플로우 2.0은 사용자의 코드 생산성을 향상시키기 위해 많은 변화를 가져왔다. 불필요한 API를 줄이고 API들의 일관성을 높였으며 파이썬 런타임(runtime)과 즉시실행(eager execution)을 통합하였다. 이 외에도 텐서플로우 2.0에서는 다음 네 가지 주요 구성 요소를 제공하고 있다.

- 텐서플로우 코어(TensorFlow core): 머신러닝 모델을 개발하고 학습시키기 위한 오픈소스 라이브러리
- TensorFlow.js: 브라우저와 Node.js에서 모델을 학습 및 배포하기 위한 자바스크립트 라이브러리
- 텐서플로우 라이트(TensorFlow Lite): 모바일 및 임베디드 디바이스에 모델을 배포하기 위한 가벼

운 라이브러리

• 텐서플로우 익스텐디드(TensorFlow Extended, TFX): 대규모 프로덕션 환경에서 데이터를 준비하고 모델을 학습, 검증, 배포하기 위한 플랫폼

사용자는 개발 목적에 맞게 라이브러리나 플랫폼을 선택하여 개발하면 된다. 텐서플로우의 공식 사이트인 https://www.tensorflow.org/에는 텐서플로우 2.0과 관련된 다양한 설명서나 리소스, 커뮤니티를 제공하고 있다.

여기서 잠깐~!

텐서(Tensor)란?

텐서란 수학적 정의와 동시에 물리학적으로 정의할 수 있지만 여기서는 수학적 정의에 대해서만 살펴보자. 텐서는 수학적으로 정의하면 단순히 다차원 숫자 배열(Multidimensional array)이다. 배열의 차원에 따라 1개의 값은 스칼라(scalar)라고 부르고, 스칼라가 여러개 연속 나열된 것을 벡터(vector), 이러한 벡터의 집합을 행렬(matrix), 행렬의 집합을 텐서(tensor)라고 부른다. 즉, 랭크가 3인 행렬부터 텐서라고 부른다.

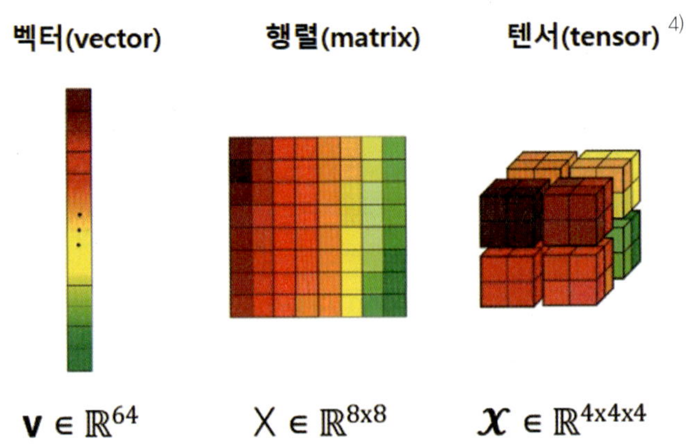

⑦ K Keras: 케라스는 2015년 3월, 구글의 엔지니어 Francois Chollet에 의해 개발된 파이썬기반의 오픈소스 딥 러닝 라이브러리다. Linux, Mac, Windows 플랫폼을 지원하고 있다. 텐서플로우, CNTK, Torch 등의 다양한 딥 러닝 프레임워크 위에서 동작(import기능을 제공)하고 있고 문서화가 잘되어 있다. 딥 러닝 알고리즘의 빠른 실험을 가능하게 하도록 설계되었으며 최소한의 모듈 방식의 확장 가능성에 초점을 두고 있다.

4) Favio Vázquez, Deep Learning made easy with Deep Cognition, https://becominghuman.ai/

⑧ CNTK : CNTK(Computational Network Toolkit)는 2016년 마이크로소프트사의 리서치 팀이 만든 딥 러닝 프레임워크이다. Linux와 Windows 플랫폼을 지원하며 C++로 개발되었다. 인터페이스 언어로는 파이썬과 C++을 지원하고 OpenMP, CUDA, 멀티 GPU와 분산처리를 지원한다. CNTK는 다른 딥 러닝 프레임워크에 비해 속도와 확장성이 좋다고 알려졌지만 사용자가 적고 커뮤니티가 활성화되어 있지 않다는 것이 단점이다.

표 (2-2)는 지금까지 설명한 주요 딥 러닝 프레임워크에 대한 주요 기능들을 비교한 표이다.

표 2-2 주요 딥 러닝 프레임워크의 비교[5)]

프레임워크	플랫폼	개발언어	인터페이스	OpenMP 지원	CUDA 지원	병렬처리
Theano	Linux, Mac, Windows	Python	Python	○	○	○
Caffe	Linux, Mac, Windows	C++	Python, MATLAB, C++	○	○	?
Torch	Linux, Mac, Windows, Android, iOS	C, Lua	Lua, LuaJIT, C, C++	○	○	○
TensorFlow	Linux, Mac, Windows, Android, iOS	C++, Python	Python(Keras), C/C++, Java, Go, JavaScript, R, Julia, Swift	×	○	○
Keras	Linux, Mac, Windows	Python	Python, R	Theano(○) TF(×)	○	○
CNTK	Windows, Linux, Mac	C++	Python(Keras), C++	○	○	○
PyTorch	Linux, Mac, Windows	Python, C, C++, CUDA	Python, C++	○	○	○

5) "Comparison of deep-learning software", Wikipedia.2020

2.2 구글 텐서플로우 설치하기

텐서플로우를 사용하여 프로그래밍하는 방법은 크게 두 가지가 있다. 1) PC에 과학 계산용이면서 범용적으로 가장 인기 있는 파이썬 배포판인 아나콘다(Anaconda)와 텐서플로우 패키지를 설치하고 IPython 쉘과 주피터 노트북(Jupyter Notebook)을 실행하여 프로그래밍하는 방법과, 2) 구글 클라우드 환경의 Colaboratory(Colab, '코랩'으로 줄여 부름)을 사용하는 방법으로 코랩은 설치가 필요 없으며 완전히 클라우드에서 실행되는 무료 주피터 노트 환경이다. 이 방법은 크롬과 같은 웹 브라우저를 통해 텐서플로우 코드를 작성, 실행, 분석, 저장 및 공유할 수 있고 구글 클라우드 서버의 강력한 컴퓨팅 리소스를 무료로 이용할 수 있다.

본 교재에서는 구글 코랩을 기반으로 텐서플로우 프로그램 작성 방법을 설명할 예정이므로 먼저 구글 코랩 환경 설정 방법을 설명하고 추가로 PC에서 텐서플로우 설치 방법에 대해 설명하기로 한다.

2.2.1 구글 코랩(Colab) 설치하기

구글 코랩은 구글 드라이브에 연결하여 사용할 수 있는 주피터 노트북 호환 서비스이다. 주피터 노트북(Jupyter Notebook)은 크롬이나 엣지, 익스플로어 같은 웹 브라우저에서 코드를 작성하고 실행이 가능한 오픈소스 웹 어플리케이션(https://jupyter.org/)로써 파이썬, R, Julia 등의 언어를 지원한다. 코랩에서는 기본적인 프로그램 개발 툴로 동작하기 때문에 추가적으로 설치할 필요는 없다. 코랩은 2017년 10월에 공개되었고, 별다른 설치 없이 웹 브라우저 만을 이용해 주피터 노트북으로 작업을 할 수 있고 다른 사용자들과 공유가 쉬워 연구 및 교육용으로 많이 사용된다.

여기서 잠깐~!

아나콘다와 주피터노트북

ANACONDA. 아나콘다(Anaconda, https://www.anaconda.com/)는 과학 계산용이면서 범용적으로 가장 인기 있는 파이썬 배포판으로 Linux, Windows Mac OS를 모두 지원한다. 캐노피(Canopy)나 액티브파이썬(ActivePython) 등도 있지만 아나콘다가 안정적이고, 피드백이 빠른 편이다. Windows PC버전에서는 아나콘다와 텐서플로를 설치하고 IPython 쉘과 주피터 노트북(Jupyter Notebook)을 실행하여 프로그램 하면 된다. 파이썬만 설치되어 있는 경우 'pip' 명령을 통해 필요한 패키지들을 모두 개별 설치해야 하지만 아나콘다를 설치하면 'pip'를 비롯한 'sklearn', ' pandas', 'numpy', 'scipy' 패키지들을 자동으로 설치해 준다.

jupyter 주피터 노트북은 손쉽게 프로그램을 작성하도록 라이브 코드, 수식, 그래프 등의 시각화, 텍스트 자료와 같은 내용 포함하는 도큐먼트를 작성하고 공유하게 도와주는 오픈소스 웹 어플리케이션이다(우리가 알고 있는 노트북 PC가 아님). 주피터 노트북은 파이썬이나 아나콘다를 설치하면 동시에 설치가 되고 홈페이지에서도 다운로드 받아 설치가 가능하다. 현재 주피터 노트북의 기능을 확장한 주피터 랩(JupyterLab: Jupyter's Next-Generation Notebook Interface)이 출시되었지만 본 교재에서는 더 대중적으로 많이 사용되는 주피터 노트북을 기준으로 설명하도록 한다.

구글 코랩을 사용하기 위해서는 먼저 구글 계정을 생성해야 한다. 아래 그림 (2-2)와 같이 계정이 생성되었다면 구글 메인 페이지에서 '구글 드라이브(https://drive.google.com/)'에 접속해보자.

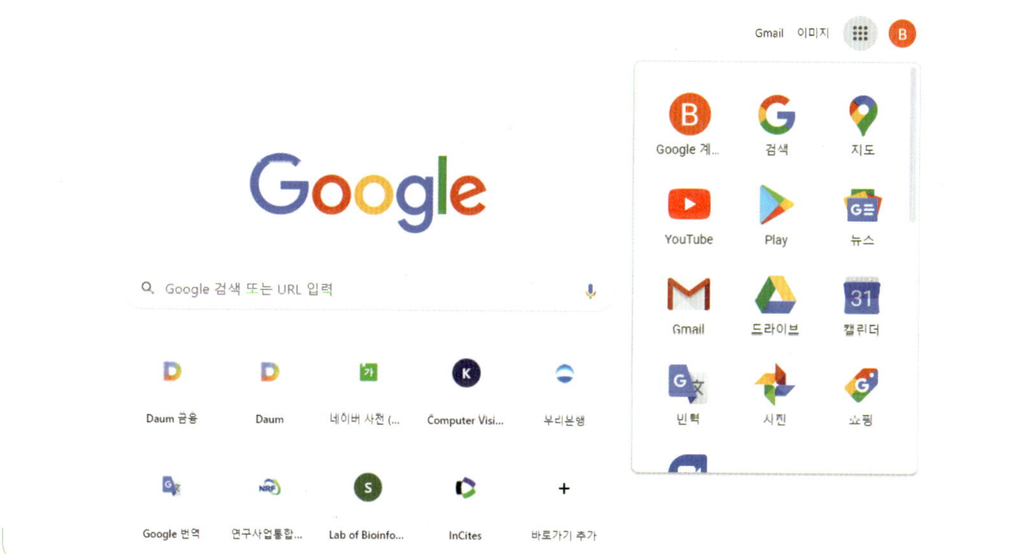

그림 2-2 구글 계정 생성 및 드라이브 메뉴 선택하기

메뉴에서 "새로 만들기" > "더보기" > "Colaboratory"를 클릭한다. 설치되지 않았을 경우 '연결'을 눌러 코랩을 설치하자.

설치가 끝났다면 + 새로 만들기 를 다시 클릭해보자. 아래와 같이 코랩을 선택하면 그림 (2-4)와 같이 새로운 파일(주피터 노트북)이 생성될 것이다.

자 이제 코랩을 사용하기 위한 기본 준비과정이 끝났다.

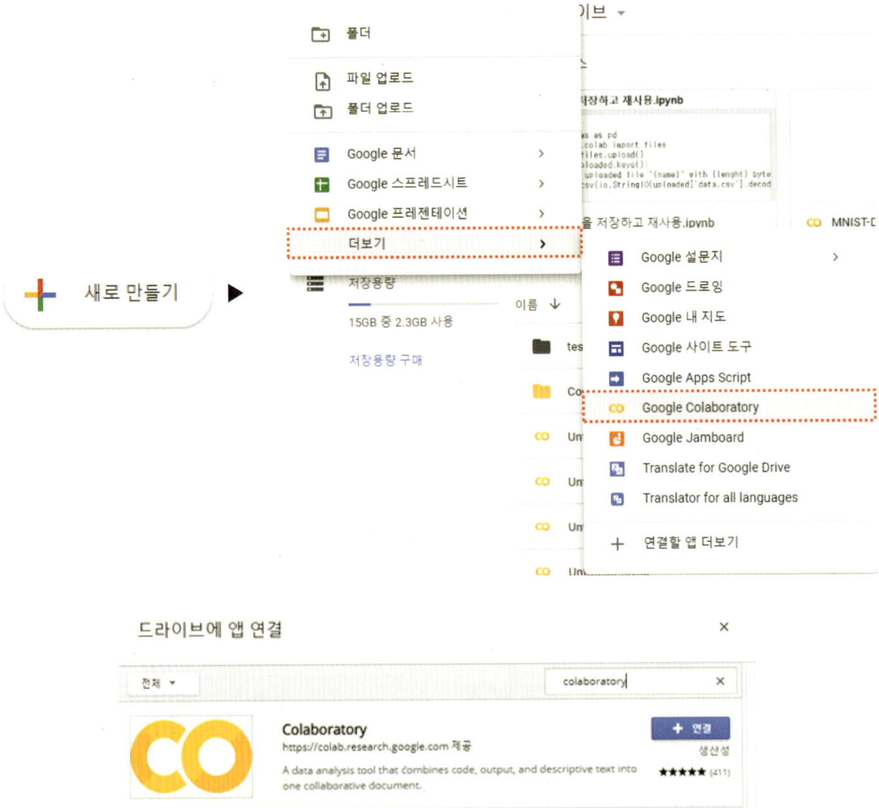

그림 2-3 새로 만들기에서 구글 colaboratory 생성하기

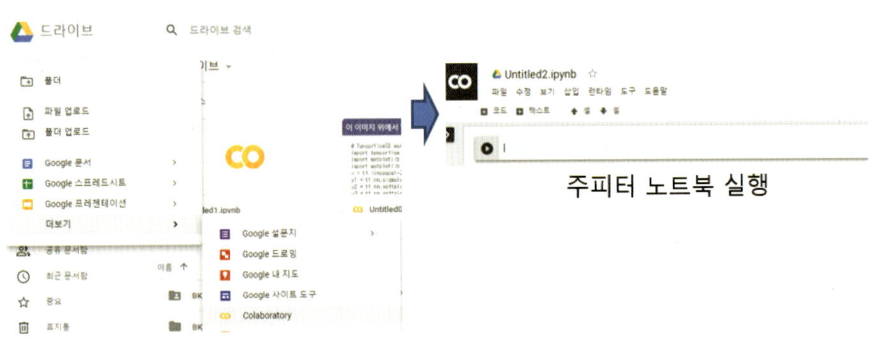

그림 2-4 구글 코랩에서 주피터 노트북 실행하기

먼저 주피터 노트북 명령창에서 미리 설치되어 있는 파이썬의 버전을 알아보기 위해 아래와 같이 명령을 입력하고 실행 버튼 ● 를 누르자. 현재 구글 코랩에서 사용하고 있는 파이썬의 버전이 아래와 같이

결과값으로 보여질 것이다.

```
!python --version
Python 3.6.9
```

이번에는 구글 코랩의 운영체제와 하드웨어 사용을 확인해보자. 새로운 코드라인을 만들고 싶으면 '+ 코드'를 선택하면 된다.

```
# 운영체제 사양
!cat /etc/issue.net
Ubuntu 18.04.3 LTS
```

여기서 잠깐~!

패키지를 설치하기 위한 명령어 pip

pips는 파이썬으로 작성된 패키지 소프트웨어를 설치 및 관리하는 패키지 관리 시스템 명령어이다(The Python Package Installer). 명령어 형식은

pip 명령어(예, Installs) "Package 이름"

으로 파이썬 2.7.9 이후 버전과 파이썬 3.4 이후 버전은 pip를 기본적으로 포함하고 있다. 코랩에서는 명령어 앞에 ! 표기해야 한다.

```
# CPU 사양
!head /proc/cpuinfo

processor: 0
vendor_id: GenuineIntel
cpu family       : 6
model            : 63
model name       : Intel(R) Xeon(R) CPU @ 2.30GHz
.....
cpu MHz          : 2300.000
cache size       : 46080 KB
```

```
# 메모리 사양
!head -n 3 /proc/meminfo

MemTotal:        13335188 kB
MemFree:         10541676 kB
MemAvailable:    12525172 kB
--- 중략 ---
```

코랩에서는 프로그램 동작을 위한 CPU와 GPU환경을 미리 설정할 수 있다. 코랩에서 GPU를 사용하기 위해서는 런타임 유형을 변경하면 되는데 그림 (2-5)와 같이 코랩 화면 상단의 툴바에서 "런타임" ⇨ "런타임 유형 변경" ⇨ "하드웨어 가속기" 설정을 None에서 GPU로 변경하면 된다.

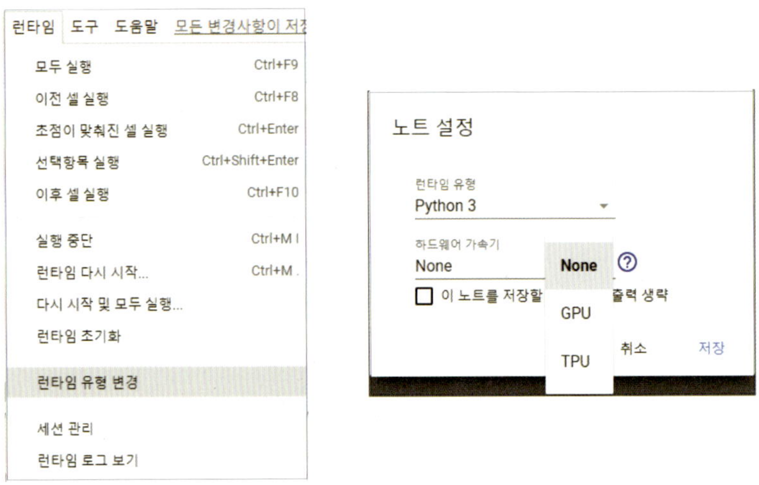

그림 2-5 구글 코랩 런타임 유형에서 GPU 선택하기. TPU(Tensor Processing Unit)는 2017년 4월에 구글에서 개발되었으며, 딥 러닝 추론에 특화된 가속기

코랩에서 제공하는 GPU는 사양은 Tesla K80로 !nvidia-smi 명령어로 확인해보자.

```
!nvidia-smi

Mon Mar 30 07:30:13 2020
+-----------------------------------------------------------------------------+
| NVIDIA-SMI 440.64.00    Driver Version: 418.67       CUDA Version: 10.1     |
|-------------------------------+----------------------+----------------------+
| GPU  Name        Persistence-M| Bus-Id        Disp.A | Volatile Uncorr. ECC |
| Fan  Temp  Perf  Pwr:Usage/Cap|         Memory-Usage | GPU-Util  Compute M. |
|===============================+======================+======================|
|   0  Tesla P100-PCIE...  Off  | 00000000:00:04.0 Off |                    0 |
--- 중략 ---
```

2.2.2 구글 코랩 환경설정

구글 코랩 환경에는 데이터 분석에 자주 사용되는 패키지들이 이미 설치되어 있다. 명령창에 아래와 같은 패키지들을 import 시켜보고 에러가 없다면 문제없이 코랩에서 해당 패키지들을 지원하고 있다는 것을 의미한다. 패키지에는 tensorflow와 같이 익숙한 명칭도 있지만 그렇지 않은 명칭들이 대부분일 것이다. 본 교재에서 모든 패키지를 모두 다룰 수는 없고 챕터별로 기능 구현에 필요한 패키지들을 소개하도록 할 것이다.

```
import matplotlib.pyplot as plt
import seaborn as sns
import statsmodels as sm
import sklearn as sk
import tensorflow as tf
import pandas as pd
import numpy as np
import keras
import scipy
import sympy
import datetime
import xgboost as xgb
```

새로운 패키지가 필요하다면 '!'와 Shell 명령어를 실행하여 설치하면 된다. 만약 머신 러닝에서 영상 처리를 위해 필요한 OpenCV패키지를 설치한다고 한다면 아래와 같이 명령어를 입력하여 설치할 수 있다.

```
!pip install opencv-contrib-python

Collecting opencv-contrib-python
  Downloading https://files.pythonhosted.org/packages/b7/b9/26ddaf22a96b61f90c80305446db65a44a95273b9bcfa088(
    100% |████████████████████████████████| 31.0MB 1.4MB/s
Requirement already satisfied: numpy>=1.11.3 in /usr/local/lib/python3.6/dist-packages (from opencv-contrib-|
Installing collected packages: opencv-contrib-python
Successfully installed opencv-contrib-python-3.4.4.19
```

코랩을 사용하여 프로그램을 개발할 때 유의할 점이 있다. 먼저 코랩의 코드는 계정 전용 가상머신에서 실행되는데, 이 가상 머신은 한동안 유휴 상태가 되면 다시 리셋된다. GPU를 사용하여 딥 러닝 모델을 학습할 때는 학습시간이 꽤 길어질 수 있는데 오랫동안(보통 12시간 이상) 연산이 실행되다 보면 학습 도중에 가상머신이 리셋 될 수도 있다. 따라서 긴 학습을 할 때는 주피터를 통해 로컬이나 GPU가 있는 환경과 연결하여 사용하는 것이 낫다. 만약 본인의 PC에 GPU가 있고 학습시간이 오래 걸려 로컬 런타임을 사용하고 싶다면 링크(https://research.google.com/colaboratory/local-runtimes.html)를 참고하여 로컬 런타임 설정한다.

이제 구글 드라이브와 연동을 해보도록 하자.

2.2.3 구글 드라이브 연동

구글 코랩을 사용할 때 구글 드라이브와 연동하면 구글 드라이브에 저장된 데이터나 모델을 불러오거나 저장할 수 있고 필요할 때 로그를 구글 드라이브에 저장할 수 있다. 구글 드라이브와 연동하려면 다음 코드를 실행하고 출력되는 URL에 접속하여 verification code를 발급받아 다시 이를 입력해 주어야 한다. 위 코드를 일일이 타이핑 하는 것은 시간 낭비이므로 https://github.com/nniceko/AI-Book/에 접속하여 'colab drive connection' 페이지의 내용을 copy & paste하자.

```
!apt install -y -qq --fix-broken python-pycurl python-apt 2> /dev/null
!apt install -y -qq software-properties-common module-init-tools 2> /dev/null
!add-apt-repository -y ppa:alessandro-strada/ppa 2>&1 > /dev/null
!apt update -qq 2>&1 > /dev/null
!apt install -y -qq google-drive-ocamlfuse fuse 2> /dev/null
```

```
from google.colab import auth
from oauth2client.client import GoogleCredentials

auth.authenticate_user()
creds = GoogleCredentials.get_application_default()

!google-drive-ocamlfuse -headless -id={creds.client_id}
-secret={creds.client_secret} < /dev/null 2>&1 | grep URL

from getpass import getpass

vcode = getpass()

!echo {vcode} | google-drive-ocamlfuse -headless -id={creds.client_id}
-secret={creds.client_secret}
```

이제 아래와 같이 출력되는 URL을 클릭하여 verification code를 발급받고 이를 빈칸에 입력해 보자

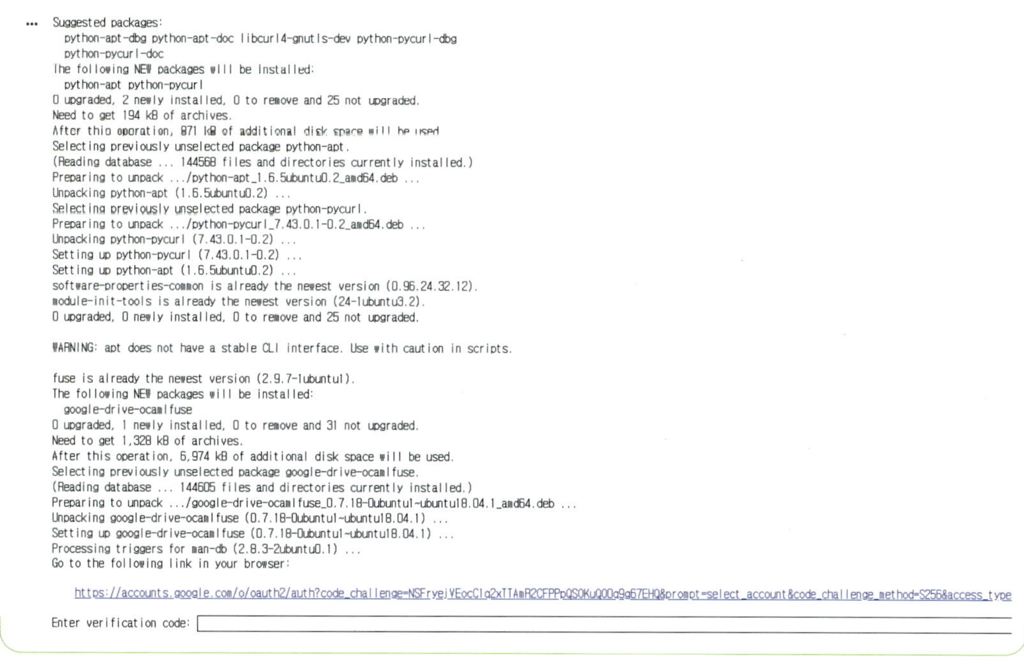

```
... Suggested packages:
      python-apt-dbg python-apt-doc libcurl4-gnutls-dev python-pycurl-dbg
      python-pycurl-doc
    The following NEW packages will be installed:
      python-apt python-pycurl
    0 upgraded, 2 newly installed, 0 to remove and 25 not upgraded.
    Need to get 194 kB of archives.
    After this operation, 871 kB of additional disk space will be used
    Selecting previously unselected package python-apt.
    (Reading database ... 144568 files and directories currently installed.)
    Preparing to unpack .../python-apt_1.6.5ubuntu0.2_amd64.deb ...
    Unpacking python-apt (1.6.5ubuntu0.2) ...
    Selecting previously unselected package python-pycurl.
    Preparing to unpack .../python-pycurl_7.43.0.1-0.2_amd64.deb ...
    Unpacking python-pycurl (7.43.0.1-0.2) ...
    Setting up python-pycurl (7.43.0.1-0.2) ...
    Setting up python-apt (1.6.5ubuntu0.2) ...
    software-properties-common is already the newest version (0.96.24.32.12).
    module-init-tools is already the newest version (24-1ubuntu3.2).
    0 upgraded, 0 newly installed, 0 to remove and 25 not upgraded.

    WARNING: apt does not have a stable CLI interface. Use with caution in scripts.

    fuse is already the newest version (2.9.7-1ubuntu1).
    The following NEW packages will be installed:
      google-drive-ocamlfuse
    0 upgraded, 1 newly installed, 0 to remove and 31 not upgraded.
    Need to get 1,328 kB of archives.
    After this operation, 6,974 kB of additional disk space will be used.
    Selecting previously unselected package google-drive-ocamlfuse.
    (Reading database ... 144605 files and directories currently installed.)
    Preparing to unpack .../google-drive-ocamlfuse_0.7.18-0ubuntu1~ubuntu18.04.1_amd64.deb ...
    Unpacking google-drive-ocamlfuse (0.7.18-0ubuntu1~ubuntu18.04.1) ...
    Setting up google-drive-ocamlfuse (0.7.18-0ubuntu1~ubuntu18.04.1) ...
    Processing triggers for man-db (2.8.3-2ubuntu0.1) ...
    Go to the following link in your browser:

      https://accounts.google.com/o/oauth2/auth?code_challenge=NSFryejVEocClq2xTTAmR2CFPPpQSOKuQ0Oq9g67EHQ&prompt=select_account&code_challenge_method=S256&access_type

    Enter verification code:
```

그림 2-6 사용자 인증 코드 발급 및 입력 화면

그림 2-7 사용자 인증 코드 발급

이 과정은 총 2번 반복한다.

```
Please, open the following URL in a web browser: https://accounts.google.com/o/oauth2/auth?client_id=32555940559.apps.googleusercontent.com&redirect_uri=urn%3Aiet
. . . . . . . . . . .
Please, open the following URL in a web browser: https://accounts.google.com/o/oauth2/auth?client_id=32555940559.apps.googleusercontent.com&redirect_uri=urn%3Aiet
Please enter the verification code: Access token retrieved correctly.
```

그 다음 자신의 구글 드라이브(▸ 내 드라이브)와 코랩을 연결하여 사용할 수 있게 됐다. 구글 드라이브가 My Drive라는 이름의 폴더로 생성이 되고 코랩을 통해 이 폴더에 새로운 폴더나 파일을 생성해서 넣을 수 있다.

이제 My Drive폴더 밑에 colab_test라는 새로운 폴더를 만들어 보자.

```
!mkdir -p '/content/drive/My Drive/colab_test'
!ls -Fcal '/content/drive/My Drive/colab_test'
```

'mkdir'은 경로에 새로운 폴더를 만들라는 명령이고 'ls'는 해당 폴더 안의 내용을 보여주는 명령이다. 만약 My Drive폴더 안에서 colab_test폴더를 다시 삭제하고 싶다면 아래처럼 'rm'명령을 사용한다.

```
!rm -r '/content/drive/My Drive/colab_test'
```

파일을 지우고 싶을때는 아래 명령을 사용한다.

```
!rm -rf "/content/drive/My Drive/colab_test/aa.csv"
```

이제 새로운 '+코드'를 눌러 새로운 명령 셀을 만들고 아래와 같이 코드를 작성해 보자. 아래 코드는 'colab_test'폴더 밑에 dfs.csv[6] 데이터 파일을 생성한다. 이 파일은 10행 5열의 구조를 갖고 0~1 사이의 랜덤 값이 초기화된다.

```
import numpy as np
import pandas as pd

# 10행 5열짜리 데이터 파일을 만들고 랜덤 값으로 초기화한다.
df = pd.DataFrame(np.random.rand(10, 5))
# dfs.csv 데이터 파일 만들기
df.to_csv("/content/drive/My Drive/colab_test/dfs.csv")
# 파일이 잘 만들어 졌는지 폴더를 다시 한번 살펴보자.
!ls -Fcal '/content/drive/My Drive/colab_test'
```

결과는 아래와 같이 dfs.csv파일이 잘 만들어 진 것을 볼 수 있다.[7]

```
total 16
drwxr-xr-x 2 root root 4096 Apr  8 11:19 ./
drwxr-xr-x 6 root root 4096 Apr  8 11:02 ../
-rw-r--r-- 1 root root  990 Apr  8 11:19 dfs.csv
```

6) CSV(comma-separated values)는 몇 가지 필드를 쉼표(,)로 구분한 텍스트 데이터 및 파일

7) numpy, pandas 라이브러리를 모른다고 좌절하지 말라. 이 책에서는 3장 이후에부터 다양한 라이브러리들을 차근차근 설명할 것이다.

이제 dfs.csv의 파일 내용을 확인해보도록 하자.

```
pd.read_csv("/content/drive/My Drive/colab_test/dfs.csv")
```

	Unnamed: 0	0	1	2	3	4
0	0	0.863037	0.609203	0.284306	0.127304	0.141648
1	1	0.583795	0.326870	0.031854	0.485368	0.357027
2	2	0.872450	0.473533	0.793699	0.089268	0.354374
3	3	0.273142	0.425970	0.716555	0.929527	0.834647
4	4	0.131674	0.606482	0.899965	0.381053	0.071285
5	5	0.754560	0.666846	0.259768	0.557484	0.926381
6	6	0.961225	0.851024	0.151119	0.898990	0.230175
7	7	0.191185	0.834493	0.858102	0.080077	0.956110
8	8	0.794396	0.722527	0.996102	0.910018	0.948381
9	9	0.791862	0.433185	0.716766	0.425159	0.540250

2.3 텐서플로우, Windows PC에 설치하기

2.3.1 윈도우즈에 아나콘다, 텐서플로우 설치하기

코랩에서 설명한 것과 같이 텐서플로우(TensorFlow)를 사용하려면 파이썬(Python) 개발 환경을 설치해야 한다. 파이썬은 공식 사이트에서 인스톨 파일을 내려받아 설치할 수 있지만, 과학 계산을 위한 여러 파이썬 패키지를 따로 설치하는 것이 더 효율적이다. 대표적인 파이썬 패키지에는 이전에 언급한 것과 같이 SciPy, NumPy, Scikit-Learn 등이 있다. 이제 운영체제 환경에 맞게 패키지들을 미리 준비해 놓은 배포판을 설치하자. 본 교재에서는 과학 계산용이거나 범용적으로 가장 인기 있는 파이썬 배포판인 아나콘다(Anaconda)를 사용한다. 캐노피(Canopy)나 액티브파이썬(ActivePython) 등도 있지만 아나콘다가 안정적이고 피드백이 빠른 편이다.

Windows에 아나콘다와 텐서플로우를 설치하고 IPython 쉘과 주피터 노트북(Jupyter Notebook)을 실행하자.

① 윈도우즈에 아나콘다, 텐서플로우 설치하기

우선 아래 사이트에서 윈도우즈용 아나콘다를 설치하자.

https://www.anaconda.com/distribution/#download-section

현재 버전은 Python 3.7 번과 2.7버전을 지원하고 있는데, 최신 버전인 3.7(또는 그 이상)을 설치하자.

그림 2-8 파이썬 버전별 아나콘다 설치 파일

텐서플로우 윈도우 버전은 파이썬 3.x 버전으로 64비트를 지원하므로 '64-Bit Graphical Installer'를 설치하자. 인스톨러 설치는 보통의 윈도우 설치 프로그램과 비슷하다. 설치 과정을 마치면 시작버튼에 아나콘다 폴더가 추가된다.

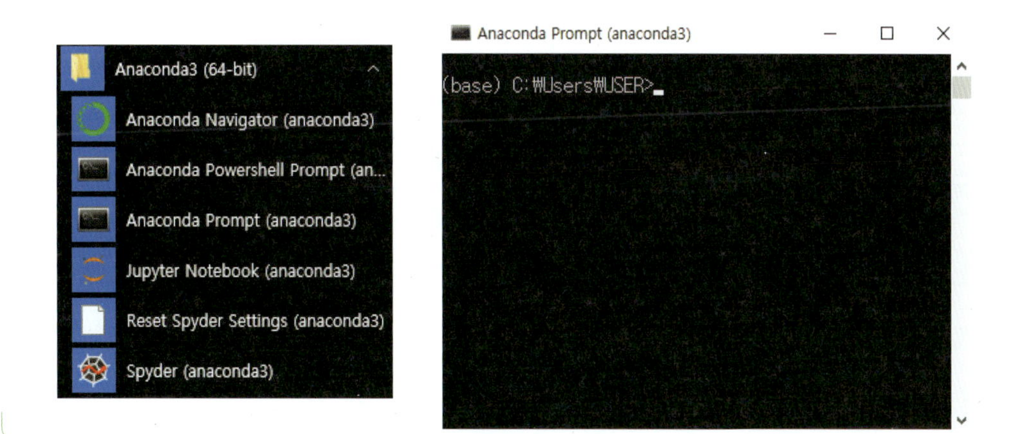

그림 2-9 아나콘다 설치 후 메뉴 창 및 명령행 인터페이스 실행 창

Anaconda Prompt에서 명령행 인터페이스를 사용해서 conda 패키지 관리자를 사용할 수 있다. 먼저 아래와 같은 명령어를 입력하여 기본 conda 자체를 업데이트하자.

```
(base) C:\Users\USER>conda update -n base conda
```

다음과 같은 메시지가 나오면 'y'를 눌러 설치를 시행하자.

```
The following packages will be UPDATED:

  conda                                  4.8.2-py37_0 --> 4.8.3-py37_0


Proceed ([y]/n)? y


Downloading and Extracting Packages
conda-4.8.3          | 2.8 MB    | ############################################################ | 100%
Preparing transaction: done
Verifying transaction: done
Executing transaction: done
```

이제는 설치된 파이썬 패키지를 모두 최신 버전으로 업데이트하자.

```
(base) C:\Users\USER>conda update —all
```

아래와 같이 업데이트할 패키지를 설치하도록 역시 'y'를 눌러 설치를 진행하자.

```
The following packages will be downloaded:

    package                    |            build
    ---------------------------|-----------------
    _anaconda_depends-2019.03  |           py37_0           6 KB
    anaconda-custom            |           py37_1           3 KB
    astropy-4.0.1.post1        |   py37he774522_0         7.2 MB
    backports.os-0.1.1         |           py37_0          15 KB
    bokeh-2.0.1                |           py37_0         5.4 MB
    certifi-2020.4.5.1         |           py37_0         156 KB
    click-7.1.1                |             py_0          71 KB
    curl-7.69.1                |       h2a8f88b_0         126 KB
    dask-2.14.0                |             py_0          14 KB
    dask-core-2.14.0           |             py_0         571 KB
    decorator-4.4.2            |             py_0          14 KB
    distributed-2.14.0         |           py37_0         972 KB
    flask-1.1.1                |             py_1          73 KB
    fsspec-0.7.1               |             py_0          56 KB
    idna-2.9                   |             py_1          49 KB
    imageio-2.8.0              |             py_0         3.0 MB
```

이하 생략

```
The following packages will be DOWNGRADED:

  anaconda                              2020.02-py37_0 --> custom-py37_1


Proceed ([y]/n)?
```

아나콘다 배포판에는 텐서플로우 최신 버전이 늦게 포함되므로 파이썬 기본 패키지 관리자인 pip로 텐서플로우를 설치해보자. 만약 시스템 환경이 노트북등과 같이 GPU가 없는 경우 tensorflow GPU버전이 아닌 CPU버전을 설치한다.

```
(base) C:\Users\USER>pip install tensorflow-cpu
```

아래와 같이 가장 최신 버전의 텐서프로우가 설치된다(현재는 텐서플로우 2.2.0 버전).

설치가 완료된 후 IPython 쉘을 실행하여 tensorflow 모듈을 임포트해 보자. 아무런 메시지가 뜨지 않으면 정상적으로 설치에 성공한 것이다(IPython 종료는 'exit'를 타이핑 하다).

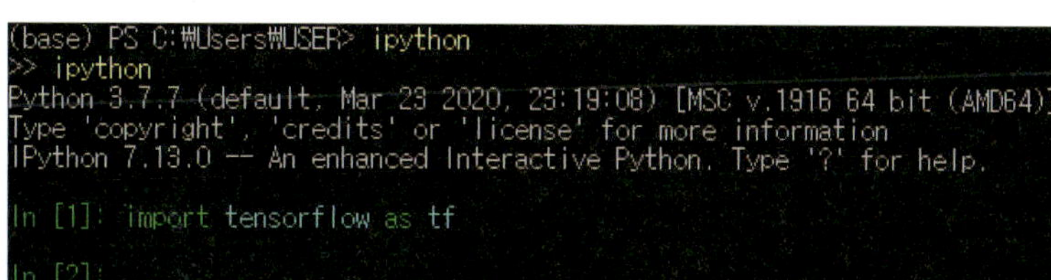

여기서 잠깐~!

tensorflow GPU버전을 설치하려면

본 교재는 구글 콜랩을 기반으로 코드 실습을 진행하므로 PC설치 방법은 CPU기반의 텐서플로우 설치 방법만 설명하였다. GPU 설치는 간단히 설명하도록 한다. 우선 CUDA 프로그램이 가능한 NVIDIA 그래픽 카드가 설치되어있어야 한다. CUDA에는 NVIDIA 그래픽 드라이버가 내장되어 있다.

1) 텐서플로우 2.0에 맞는 CUDA버전을 설치해야 한다. 이를 위해 https://developer.nvidia.com/cuda-10.0-download-archive에서 윈도운 버전을 다운로드 한다. 현재 CUDA 11.x버전까지 출시되었으며, 여기서는 10.0버전을 다운받도록 하겠다.
2) Architecture는 x86_64, Version 10, installer Type은 exe(local)을 선택하고 'Download Installer for Windows 10 x86_64'를 다운 받고 설치를 시작한다.
3) 설치할 때 '사용자 정의 설치'를 선택하고 'CUDA' → 'Visual Studio Integration'을 선택 해제한다.
4) 설치 완료 후 시스템을 재부팅한다.
5) cuDNN을 설치한다. http://bit.ly/34or6X2(회원가입 필요)
6) CUDA 버전과 맞는 파일을 내려 받음
7) 내려받은 압축파일 안에 있는 cuda폴더 안의 'bin', 'include', 'lib' 3개 폴더를 복사해서 CUDA설치 폴더에 붙여 넣기 한다. 경로는 C:₩Program Files₩NVIDIA GPU Computing Toolkit₩CUDA₩v10.0이다. 겹치는 내용은 덮어 쓰기 한다.

이제 CUDA와 cuDNN설치가 모두 끝났다.

② 주피터 노트북 이용하기

데이터 분석을 위해 IPython 쉘도 좋지만 이보다 코드와 실행 결과를 함께 관리할 수 있는 주피터 노트북을 사용하도록 하자. 주피터 노트북은 로컬 컴퓨터에서 실행되는 웹 서버 프로그램과 유사한데, 브라우저로 코드를 실행하면 IPython 커널에게 실행을 명령하고 그 결과를 브라우저로 전달해 준다. 아나콘다를 설치하면 기본적으로 주피터 노트북이 같이 설치되므로, 아나콘다 프롬프트에서 jupyter notebook 명령으로 주피터 노트북을 실행하면 된다.

```
(base) PS C:\Users\USER> jupyter notebook
```

주피터 노트북이 실행되면 자동으로 기본 브라우저가 실행되어 주피터 노트북 서버에 접속된다. 이때 로컬 컴퓨터의 주피터 노트북 서버 주소는 http://localhost:88**/이다. 주피터 노트북을 실행한 현재 폴더를 기본 홈페이지로 설정하고 이 폴더 하위에 파이썬 주피터 노트북을 만들고 실행한다.

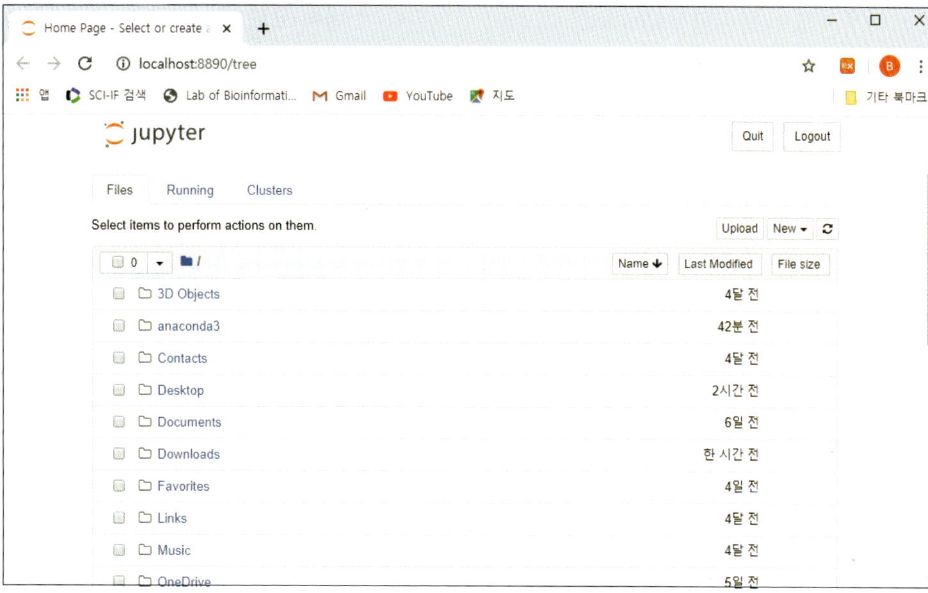

그림 2-10 아나콘다 설치 후 메뉴 창 및 명령행 인터페이스 실행 창

이제 Documents 폴더로 들어가서 새로운 파이썬 노트북을 만들어 보자. 오른쪽 위에 있는 New 버튼을 누르면 새로운 파이썬 3 주피터 노트북을 생성하자.

그림 2-11 주피터 노트북에서 새로운 파이썬 3 파일 생성

새로운 브라우저 탭이 열리면서 Untitled 노트북이 생성된다. 첫번째 코드 셀(cell)에 IPython 쉘에서 했던 것처럼

```
import tensorflow as tf
print(tf.__version__)
```

를 입력하고 Shift+엔터 키(or run)를 입력하자. "2.1.0"과 같은 메시지가 나오면 텐서플로를 주피터 노트북에서 사용할 수 있도록 설치에 성공했다는 의미이다.

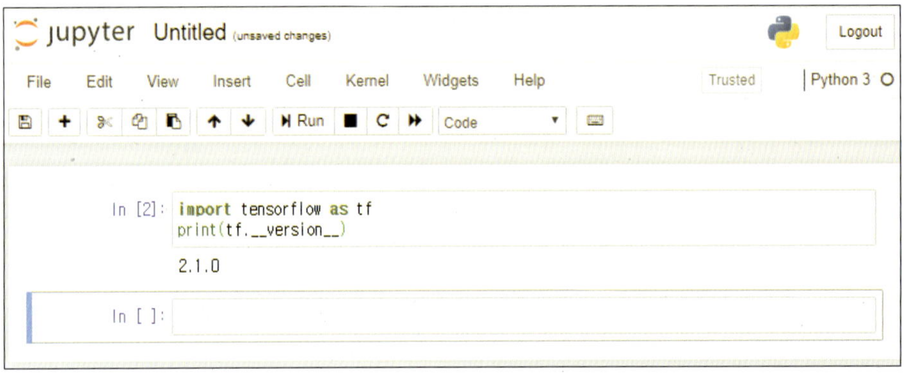

그림 2-12 주피터 노트북 코드셀 프로그램 테스트

CHAPTER 2 정리

1 딥 러닝 프레임워크(Deep Learning Framework)란 딥 러닝과 관련된 프로그램을 작성하기 쉽게 만들어 놓은 라이브러리를 의미한다.

2 Theano는 캐나다 몬트리올 대학의 James Bergstra, Frederic Bastien등에 의해 만들어졌다. Linux, Mac, Windows플랫폼에서 동작하고 파이썬 언어로 제작되었다. 인터페이스도 파이썬으로 프로그램하며 OpenMP, CUDA, 멀티 GPU를 지원한다.

3 Caffe는 Linux와 Mac 플랫폼에서 동작하며 C++로 만들어졌다. 인터페이스는 파이썬과 MATLAB언어를 사용한다. OpenMP, CUDA, 멀티 GPU를 지원한다. Caffe2는 이후 개발자인 Yangqing Jia이 Facebook으로 이직하면서 대부분의 기능이 Pytorch에 흡수되었다

4 Torch는 2014년 7월, Facebook, Twitter, Google DeepMind사의 연구원들이 모여 개발하였다. Caffe가 실용적 제품 개발보다는 연구자들을 위한 도구였다면 Torch는 제품개발에 편리한 환경을 제한다.

5 PyTorch는 Facebook 인공지능 연구팀이 기존의 Torch를 기반으로 만든 프레임워크이다. PyTorch는 파이썬을 기반으로 하기 때문에 파이썬 라이브러리(Numpy, Scipy, Cython)와 높은 호환성을 갖고 코드 이해와 디버깅이 쉬운 직관적이고 간결한 코드로 구성된다.

6 Tensorflow는 딥 러닝 연구자들이 가장 많이 사용하는 프레임워크로 2015년 11월 구글 브레인에서 개발하였다. Linux, Mac, Windows 플랫폼과 Andoid, iOS 모바일 플랫폼을 동시에 지원한다. 프레임워크의 API는 C++와 파이썬으로 제작되었으며, 인터페이스는 파이썬, C/C++, Java, Go언어등을 지원한다.

7 Tensorflow 2.0은 사용자의 코드 생산성을 향상시키기 위해 많은 변화를 가져왔다. 불필요한 API를 줄이고 API들의 일관성을 높였으며 파이썬 런타임(runtime)과 즉시실행(eager execution)을 통합하였다. 이 외에도 Tensorflow 2.0의 네 가지 주요 구성 요소를 제공하고 있다.

8 Keras는 텐서플로우, CNTK, Torch 등의 다양한 딥 러닝 프레임워크 위에서 동작(import기능을 제공)하고 있고 문서화가 잘되어 있다. 딥 러닝알고리즘의 빠른 실험을 가능하게 하도록 설계되었으며 최소한의 모듈 방식의 확장 가능성에 초점을 두고 있다.

9 텐서플로우를 사용하여 프로그래밍 하는 방법은 크게 두 가지가 있다. 1) PC에 과학 계산용이면서 범용적으로 가장 인기 있는 파이썬 배포판인 아나콘다(Anaconda)와 텐서플로우 패키지를 설치하고 IPython쉘과 주피터 노트북(Jupyter Notebook)을 실행하여 프로그램하는 방법과, 2) 구글 클라우드 환경의 Colaboratory를 사용하는 방법으로 코랩은 설치가 필요 없으며 완전히 클라우드에서 실행되는 무료 Jupyter 노트 환경이다.

10 구글 코랩(Colab)은 구글 드라이브에 연결하여 사용할 수 있는 주피터 노트북 호환 서비스이다. 주피터 노트북(Jupyter Notebook)은 크롬이나 엣지, 익스플로어 같은 웹 브라우저에서 코드를 작성하고 실행이 가능한 오픈소스 웹 어플리케이션로써 파이썬, R, Julia 등의 언어를 지원한다.

11 아나콘다는 과학 계산용이면서 범용적으로 가장 인기 있는 파이썬 배포판으로 리눅스, 윈도우즈, Mac OS를 모두 지원한다.

12 주피터 노트북은 손쉽게 프로그램을 작성하고 라이브 코드, 수식, 그래프 등의 시각화, 텍스트 자료와 같은 내용 포함하는 도큐먼트를 공유하게 도와주는 오픈소스 웹 어플리케이션이다.

13 pips는 파이썬으로 작성된 패키지 소프트웨어를 설치 및 관리하는 패키지 관리 시스템 명령어이다.

14 TPU(Tensor Processing Unit)는 2017년 4월에 구글에서 개발되었으며, 딥 러닝 추론에 특화된 가속기이다.

15 대표적인 파이썬 패키지에는 SciPy, NumPy, Scikit-Learn 등이 있다.

16 주피터 노트북은 로컬 컴퓨터에서 실행되는 웹 서버 프로그램과 유사한데, 브라우저로 코드를 실행하면 IPython 커널에게 실행을 명령하고 그 결과를 브라우저로 전달해 준다.

연습문제

01 그림 (2-1)에서 소개한 딥 러닝 프레임워크 타임라인(Timeline) 이외에 어떤 딥 러닝 프레임워크가 존재하는지 조사해 보자.

02 코랩에서 로컬 런타임을 사용(코랩이 로컬에서 실행되는 Jupyter 서버에 연결하도록 허용)하기 위해, 아래 사이트를 참고하여 로컬 런타임 설정을 해보고 실제로 간단한 실습문제를 로컬 런타임에서 실행해보도록 하자.

https://research.google.com/colaboratory/local-runtimes.html

설치 후에 Colaboratory에서 원하는 프로그램에서 '연결' 버튼을 클릭하고 '로컬 런타임에 연결...'을 선택하자. 대화상자가 표시되면 이전 단계에서 저장한 URL을 입력하고 '연결' 버튼을 클릭한다. 로컬 런타임에 연결하여 동작시켜 보도록 하자.

03 PC에서 GPU기반의 텐서플로우 2.0을 설치하고 IPython을 통해 텐서플로우가 제대로 깔렸는지 테스트해 봤더니 아래와 같은 에러가 나타났다. 그 이유를 찾아보고 해결책을 알아보자.

```
>>> import tensorflow as tf
2019-12-29 18:39:37.326960:
W tensorflow/stream_executor/platform/default/dso_loader.cc:55] Could not load dynamic
library 'cudart64_100.dll'; dlerror: cudart64_100.dll not found
```

04 다음 용어에 대해 자세히 조사해 보자.

① OpenMP(Open Multi-Processing)

② OpenCL(Open Computing Language)

③ CUDA(Compute Unified Device Architecture)

④ GPGPU(General-Purpose computing on Graphics Processing Units)

⑤ TPU(Tensor Processing Unit)

⑥ Lua언어

⑦ OpenCV

참고문헌

[1] 프레임 워크 비교 – TensorFlow, Keras, PyTorch, Caffe, MxNet 및 CNTK, https://pathmind.com/kr/wiki/compare-dl4j-tensorflow-pytorch

[2] Theano, http://deeplearning.net/software/theano/

[3] Caffe, http://caffe.berkeleyvision.org/

[4] 이건한, Do you develop AI? 딥러닝 프레임워크 6선, Techworld, 2019. 08.28

[5] 송준이, 딥러닝 프레임워크(Deeplearning Framework) 비교 정리, 2017

[6] 텐서플로우 공식 홈페이지 https://www.tensorflow.org/

[7] 리뷰–텐서플로우 2, "더 쉬워진 머신러닝", http://www.itworld.co.kr/news/125595#csidx7e4d4009147ece19ec85e7b3fd87161

[8] 데이터 사이언스 스쿨, https://datascienceschool.net/

[9] https://sdc-james.gitbook.io/onebook/4.-and/5.3.-mnist-dataset/5.4.1.-tensorflow

[10] 김환희, 텐서플로우 2.0 프로그래밍, 위키북스

3

텐서플로우 기초학습

CHAPTER 3

텐서플로우 기초학습

2015년 텐서플로우 1.0 버전이 출시된 이후로 텐서플로우 1.X 버전에서 발견된 여러 가지 문제점들을 개선해서 2019년말 텐서플로우 2.0이 출시되었다. 2장에서 설명한 것처럼 텐서플로우 2.0 버전에서 가장 눈에 띄는 변화는 불필요한 API를 줄이고 API들의 일관성을 높였으며 파이썬 런타임(runtime)과 즉시실행(eager execution)을 통합하였다는 것이다. 또한 1.x버전에서는 저수준 텐서플로우 API를 주로 이용하여 프로그램을 작성하였지만, 2.0이후 버전에서는 저수준의 API가 아니라 고수준의 tensoflow.keras API를 사용하여 프로그램 작성에 필요한 코드의 수가 줄어들어 프로그램 개발 속도가 향상되었다는 것이다. 본 장에서는 먼저 텐서플로우의 기본 구조와 저수준 API를 학습해보고 다음장에서 케라스를 이용한 고수준 API프로그래밍 방식을 학습하도록 할 것이다.

3.1 텐서플로우 패키지 소개

텐서플로우 패키지는 데이터 그래프를 수치적으로 연산하기 위해 구글에서 만든 오픈소스 라이브러리이다. 텐서(tensor)라는 의미는 배열(array)와 동일한 의미로 생각하면 이해가 쉬울 것이다. 텐서플로우 자체는 기본적으로 C++로 작성했지만 파이썬, Java, Go언어 등 다양한 언어를 지원하고 있다. 대다수의 기능이 파이썬 라이브러리로 구현되어 있으므로 텐서플로우 프로그램을 위해서는 기본적인 파이썬 문법의 구조를 이해하고 있으면 좋다(파이썬을 모른다고 걱정할 필요는 없다. 다른 고급언어를 자유자재로 다루고 있다면 파이썬을 굳이 따로 배우지 않아도 된다). 우리는 윈도우즈 기반으로 텐서플로우 코딩을 학습하고 있지만 텐서플로우는 윈도우즈 뿐만 아니라 맥, 리눅스, 안드로이드, iOS 등 다양한 시스템에서 쉽게 사용할 수 있는 환경을 제공하고 있다.

다양한 인공지능 패키지에서 사용자 측면으로 볼 때 현재까지는 텐서플로우 사용자가 파이토치 사용자를 압도하는데 그 이유는 역시 커뮤니티에 있다. 실무에서 프로그램 중간에 라이브러리의 문제점이 발견되었을 때 텐서플로우의 엄청난 개발자들이 모인 커뮤니티를 통해 즉시 패키지에 반영이 되고 새로운 코드를 업로드하여 다른 개발자들이 쉽게 사용할 수 있는 환경이 다음의 텐서플로우 공식 사이트에 마련이 되어 있다. (https://www.tensorflow.org/)

그림 3-1 텐서플로우 공식 사이트

이제부터 코랩을 기반으로 하는 텐서플로우 2.x버전을 기초부터 공부해 보도록 하자.

3.2 텐서플로우 맛 보기

이제 코랩을 실행시켜 빈 코드창을 만들고 아래와 같이 코드를 입력하여 텐서플로우의 버전을 다시 한 번 알아보자.

```
import tensorflow as tf
print(tf.__version__)
```

```
2.2.0-rc3
```

코드에서 import는 텐서플로우 라이브러리를 메모리로 임포트(불러오는)하는 명령이다. as는 긴 텐서플로우 라이브러리 이름을 줄이기 위한 명령으로 이제 tensorflow라는 긴 모듈 대신에 tf로 줄여 사용할 수 있다. print는 () 안에 지정된 명령을 출력하는 함수이다. 결과에서 보는것과 같이 현재 코랩에서 동작하고 있는 텐서플로우의 버전은 2.2 버전이다.

이제 또 다른 간단한 예제를 코딩해 보자.

연습 3-1

```
# 가장먼저 텐서플로우 라이브러리를 임포트 하자
import tensorflow as tf
# constant 함수로 문장을 상수로 변환하여 hello변수에 저장한다.
hello = tf.constant('Hello, TensorFlow!')
# 지금까지 코드를 화면에 출력한다.
print(hello)
```

```
tf.Tensor(b'Hello, TensorFlow!', shape=(), dtype=string)
```

코드 실행결과를 살펴보자. hello는 텐서플로우의 텐서 자료형으로 문자열을 담고 있고, shape=()은 배열의 차원이 0인 것을 의미하며 dtype=string은 해당 텐서에 담긴 요소들의 자료형이 문자열임을 의미한다.

이제 조금 더 복잡한 코드를 작성해보자. 아래의 코드는 간단하게 3, 2, 1의 정수 값을 입력받는 텐서변수를 선언하고 각 텐서의 값들에 대한 곱셈과 덧셈 결과를 출력하는 코드이다.

연습 3-2

```
# 가장 먼저 텐서플로우 라이브러리를 임포트 하자
import tensorflow as tf
# 'a'라는 별명과 정수 3의 값을 갖는 변수 tensor_a 선언
tensor_a = tf.constant(3, name='a')
tensor_b = tf.constant(2, name='b')
tensor_c = tf.constant(1, name='c')
# 각 텐서의 곱과 합을 계산하여 tensor_d와 tensor_e에 할당
tensor_d = tensor_a * tensor_b
tensor_e = tensor_d + tensor_c

# sess = tf.Session()
# print(sess.run(tensor_e))
# sess.close()

# tensor_e의 텐서 구조 출력
print(tensor_e)
# tensor_e의 상수값만 출력
print("{}".format(tensor_e))
```

```
tf.Tensor(7, shape=(), dtype=int32)
7
```

코드의 동작 과정은 매우 직관적이다. 이것은 텐서플로우 2.0버전으로 업그레이드 되면서 크게 변화된 부분이다.

텐서플로우 1.x버전에서는 텐서를 만들고 실행하는 과정이 별개로 나누어져 있었다. 이러한 방식을 **지연실행(lazy evaluation)**이라고 한다. 지연실행은 텐서와 텐서의 연산들을 먼저 정의하여 그래프를 만들고, 이후 필요할 때 연산을 실행하는 코드를 넣어 '원하는 시점' 에 실제 연산을 수행하도록 하는 방식으로 함수형 프로그램에서 많이 사용한다. 이러한 방식은 실제 계산은 C++로 구현한 코어 라이브러리에서 수행하고 모델 구성과 실행을 분리하여 프로그램을 깔끔하게 작성하는 장점이 있다.

텐서플로우는 모든 연산을 자체적으로 CPU에서 하는게 아니라 외부(다른 컴퓨터)에 분산되어있는(distributed) GPU에서 처리한다고 가정한다. 따라서 텐서(Tensor) 계산 과정은 그림 (3-2)와 같은 그래프(Graph)라고 부르는 객체 내에 저장된다. 그래프는 노드(node)와 간선(edge)으로 이루어진다. 뒤에서 설명할 상수형 텐서, 변수형 텐서, 연산(operation) 등은 노드가 되고 이 노드로부터 나오는 데이터인 텐서(tensor) 자료형은 간선(화살표)이 된다.

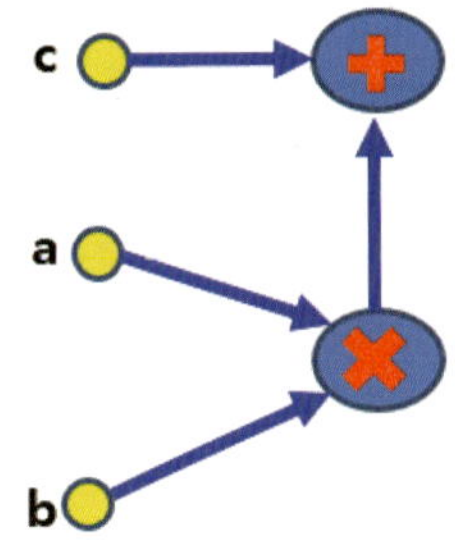

그림 3-2 'a×b+c' 연산을 위한 그래프 구조

그래프를 계산하려면 외부 컴퓨터에 이 그래프 정보를 전달하고 그 결과값을 받아야 한다. 그 통신과정을 담당하는 것이 세션(Session)이라고 부르는 객체가 담당한다(우리가 통신에서 세션을 설정하는 것과 동일한 의미이다). 이제 모든 텐서 계산은 해당하는 텐서를 포함하는 그래프를 세션 객체에 전달하는 run() 함수를 통해 원격 실행한 후에야 값을 볼 수 있다. 변수에 상수를 할당하는 아주 간단한 연산조차도 동일한 과정으로 작동되는데 이러한 과정은 일관성을 위해 GPU를 사용하지 않거나 분산처리를 하지 않더라도 동일한 방식으로 처리된다. 아래 그림은 이러한 그래프 구조와 세션을 이용한 실행과정을 그림으로 보여준다. 1에서 텐서플로우 동작과정에 대한 그래프를 만들고 2에서 세션을 만든 뒤 run()함수를 이용하여 그래프를 실행시킨다. 마지막으로 3에서 run()의 실행결과에 따라 그래프 내의 변수를 갱신하고 값을 출력한다.

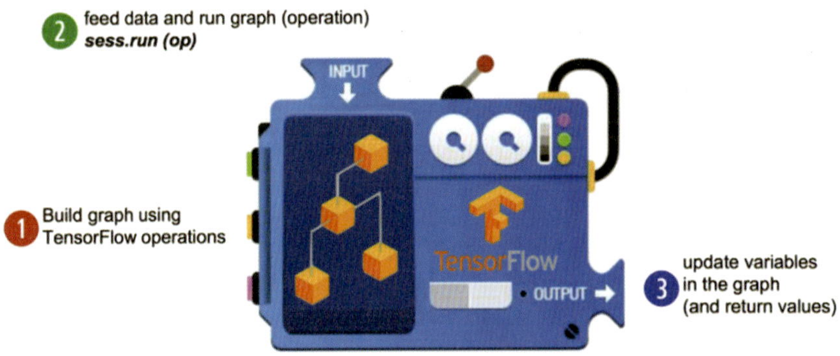

그림 3-3 텐서플로우 동작과정(출처 www.mathwarehaouse.com)

다시 코드로 돌아가자. 코드에서 우리는 아래부분을 블록 처리하였다. 아래 코드는 그래프가 구성된 다음 세션을 만들고 run()를 통해 그래프를 동작시키는 부분이다. 텐서플로우 1.x 버전에서는 당연히 이렇게 해야 코드가 동작된다. 현재 2.x버전의 코랩에서 이 블록의 주석을 제거하고 코드를 동작시켜 보자.

```
# sess = tf.Session()
# print(sess.run(tensor_e))
# sess.close()
```

아마도 아래와 같은 코드 에러가 발생할 것이다. 이것은 2.x 버전의 텐서플로우에서는 더 이상 Session을 지원하지 않는다는 것을 의미한다.

```
---> 11 sess = tf.Session()
     12 print(sess.run(tensor_e))
     13 sess.close()

AttributeError: module 'tensorflow' has no attribute 'Session'
```

텐서플로우 2.x 버전에서는 **즉시 실행(eager execution)**이 기본 모드이다. 이 기능은 그래프의 내용을 바로바로 실행시켜 결과를 확인할 수 있는 기능이다. 이것은 지금껏 C, C++, 파이썬등의 언어에 익숙한 프로그래머들에게는 매우 당연한 기능이다.

텐서 자료형을 만들거나 연산자를 연결하면 모두 그래프에 들어가야 하는데 만약 그래프를 명시적으로 지정하지 않으면 기본 그래프(default graph)에 할당된다. tf.Graph 클래스로 명시적으로 그래프를 생성할 수도 있다. 사용자가 생성한 그래프를 사용하려면 as_default 함수로 with 블록을 만들어 사용하면 된다.

연습 3-3

```
# 텐서플루우 라이브러리를 인포트
import tensorflow as tf
# 그래프 생성
my_graph = tf.Graph()
# 생성된 그래프를 디폴트 그래프로 사용
with my_graph.as_default():
    # float값 3.0, 4.0을 갖는 텐서 변수 선언
    node1 = tf.constant(3.0, dtype=tf.float32)
    node2 = tf.constant(4.0) # 암시적으로 tf.float32 타입으로 선언
    print(node1, node2)
```

```
# 그래프에는 차원이 0인 float32 타입 상수 0번과 상수 1번 텐서가 생성되어 있음
Tensor("Const:0", shape=(), dtype=float32) Tensor("Const_1:0", shape=(), dtype=float32)
```

3.3 Tensor 자료형

이번 장에서는 텐서플로우에서 사용하는 tensor 자료형에 관해 공부해보도록 하자. 우리는 이전 연습(3-3)에서 이미 tensor를 만들어 보았다.

```
node1 = tf.constant(3.0, dtype=tf.float32)
```

이 코드에서 상수값 3.0은 tf.float32 타입의 tensor로 변형되어 텐서변수 node1에 대입되었다. 이 텐서 변수를 출력해보면 'shape=()'으로 스칼라이며 타입이 'float32'라는 것을 알 수 있다. 이렇게 하나의 숫자만 담고 있는 텐서를 스칼라 텐서(0차원 텐서, 0D텐서)라고 부른다.

텐서플로우는 모든 데이터를 표현 할 수 있는 tensor라는 데이터 구조를 사용한다. tensor는 다차원 배열(multi-dimensional array)을 나타내는 말로 텐서플로우의 기본 데이터 타입이다. 결국 텐서플로우의 tensor 는 n-차원 배열 또는 리스트라고 할 수 있다. 하지만 위의 예에서 본 것처럼 n차원이라는 것은 0차원인 스칼라까지를 포함한다. 이러한 정의는 수학에서 랭크가 3 이상인 행렬부터 텐서로 부르는 것과는 약간의 개념상의 차이가 있다.

일반적으로 파이썬과 같은 인터프리터 언어들은 대체적으로 상세 자료형이 존재하지 않는다. 하지만 텐서플로우는 일반 컴파일 언어나 바이트 코드 언어처럼 자료형이 존재한다. 텐서플로우에서 사용하는 자료형은 일반적인 C++, Java 등에서 사용하는 자료형과 유사하므로 자료형에 대한 설명은 따로 하지 않도록 한다.

표 3-1 텐서플로우의 자료형

자료형	상세 설명
tensorflow.int8	8비트 정수
tensorflow.int16	16비트 정수
tensorflow.int32	32비트 정수
tensorflow.int64	64비트 정수
tensorflow.uint8	8비트 0을 포함한 자연수
tensorflow.string	문자열
tensorflow.bool	boolean(True, False)
tensorflow.complex64	복소수
tensorflow.qint8	양자화 명령어용 8비트 정수
tensorflow.qint32	양자화 명령어용 32비트 정수
tensorflow.quint8	양자화 명령어용 8비트 0을 포함한 자연수
tensorflow.float32	32비트 실수
tensorflow.float64	64비트 실수

텐서플로우에서 데이터의 기본이 되는 자료형의 종류는 크게 상수형(Constant) 텐서와 변수형(Variable)로 나눌 수 있다.[1] 두 개의 자료형은 우리가 일반적으로 사용하고 있는 프로그래밍 언어와 유사하다. 상수형 텐서는 미리 주어진 값으로 고정된 텐서를 말하고 변수형 텐서는 값이 바뀔 수 있는 텐서를 말한다. 그럼 먼저 상수형 텐서에 대해서 살펴보도록 하자.

3.3.1 상수형 텐서

① tf.constant(): 이 함수는 숫자나 파이썬 리스트, 넘파이(numpy) 배열을 텐서로 변환한다. 일반적으로 변수나 파이썬 리스트, 넘파이 배열로 값을 표현해도 되지만 텐서플로우에서 사용하는 다양한 클래스와 함수를 사용하기 위해서는 텐서 구조로 변환하는 것이 필요하다.

1) 텐서플로우 1.X버전에서는 텐서의 종류 중 하나로 플레이스홀더(placeholder)라는 것이 존재했다. 이것은 고정된 값을 가지지만 값이 미리 주어지지 않고 나중에 넣도록 하는 기능을 가진다. 하지만 즉시 실행 기능으로 인해 플레이스홀더 텐서는 2.0이상 버전에서는 사용되지 않고 있다.

여기서 잠깐~!

Numpy(넘파이)란?

"POWERFUL N-DIMENSIONAL ARRAYS"

NumPy

NumPy(넘파이)는 Numerical Python의 줄임말로 C언어로 구현된 파이썬 라이브러리로 고성능 수치계산을 위해 만들어졌다. NumPy는 array 단위로 벡터 및 행렬 연산에 있어서 매우 편리한 기능을 제공하며 데이터분석에 사용되는 라이브러리인 pandas와 matplotlib의 기반 라이브러리로 사용되기도 한다.
NumPy를 사용을 예를 보면

```
import numpy as np
arr = np.array([1,2,3,4])
print(arr)
print(type(arr))
# [1,2,3,4]
# <class 'numpy.ndarray'>과 같다.
```

본 교재에서 사용되는 파이썬 라이브러리들은 각 챕터별로 사용될 때마다 설명하기로 한다. NumPy 라이브러리는 https://numpy.org/에서 다운로드 받을 수 있고 현재는 NumPy V1.19.x버전이 지원되고 있으며 Python 3.x 버전에서만 동작한다.

연습 3-4

```
# 가장 먼저 텐서플로우 라이브러리를 임포트 하자
import tensorflow as tf
# 원소 5개의 1차원 python 배열(list) 생성
c = [1, 2, 3, 4, 5] # 배열(list) 선언
# list의 요소와 타입을 출력
print(c, type(c))
# list를 상수형 텐서로 변환
c_tensor = tf.constant(c)
# 상수형 텐서와 타입을 출력
print(c_tensor, type(c_tensor))
print(type(c_tensor.numpy()))
```

```
[1, 2, 3, 4, 5] <class 'list'>
tf.Tensor([1 2 3 4 5], shape=(5,), dtype=int32) # 상수형 텐서
<class 'tensorflow.python.framework.ops.EagerTensor'> # 텐서타입
<class 'numpy.ndarray'> # numpy타입
```

결과에서 텐서(tf.Tensor)가 만들어진 것을 알 수 있다. shape은 배열[2]의 구조를 나타내며(원소가 5개이므로 '5') dtype은 요소들의 타입이 int32 정수임을 의미한다. 타입은 따로 명시를 해주지 않으면 입력된 값의 형태에 따라 부여된다. 즉시 실행(Eager execution)의 기능을 제공하는 Tensor의 타입은 EagerTensor이다. 이러한 EagerTensor는 텐서플로 연산을 바로 평가(Intuitive Interface)하고 그 결과를 알려주는 방식으로 동작한다. 텐서를 다시 NumPy타입으로 변경하면 n차원 array형식을 출력한다.

텐서 함수를 공부하기 전에 미리 유용한 몇 가지 텐서 속성들을 알아보고 가도록 하자.

▶ rank: 배열 차원 수

shape: 배열의 구조

▶ rank와 shape에 따른 n 차원 배열

- 스칼라(Scalar): 1개의 숫자, rank 0, shape = ()
- 벡터(Vector): 1차원 배열, rank 1, shape = (d0,) //d0는 원소의 개수
- 행렬(Matrix): 2차원 배열, rank 2, shape = (d0, d1) //d0: 행의 개수, d1:열의 개수
- 텐서(Tensor): n차원 배열, rank n, shape = (d0, d1,...,dn-1)

▶ 다음 예제에서 rank와 shape을 구해보자.

2) 파이썬에서는 배열을 List라 부르지만 여기서는 공통적인 용어인 '배열'로 통일해 부르기로 한다.

연습 3-5

```
import tensorflow as tf
const_s1 = tf.constant(1) # 숫자를 상수형 텐서로 변환
const_v1 = tf.constant([1,2]) # 리스트를 상수형 텐서로 변환
const_v2 = tf.constant([1,2,3])
const_m1 = tf.constant([[1,2,3], [4,5,6]])
const_m2 = tf.constant([[1,2,3], [4,5,6], [7,8,9]])
const_m3 = tf.constant([[[1],[2]],[[3],[4]], [[5],[6]],[[7],[8]],[[9],[10]]])
const_m4 = tf.constant([[[1],[2],[3]],[[4],[5],[6]], [[7],[8],[9]]])
print(tf.rank(const_s1), const_s1)
print(tf.rank(const_v1), const_v1)
print(tf.rank(const_v2), const_v2)
print(tf.rank(const_m1), const_m1)
print(tf.rank(const_m2), const_m2)
print(tf.rank(const_m3), const_m3)
print(tf.rank(const_m4), const_m4)
```

```
tf.Tensor(0, shape=(), dtype=int32) tf.Tensor([], shape=(0,), dtype=int32)
tf.Tensor(1, shape=(), dtype=int32) tf.Tensor([2], shape=(1,), dtype=int32)
....
# 나머지 부분은 결과를 예측해보자.
```

이제부터 상수형 텐서를 생성하는 다양한 메서드들을 살펴보도록 하자.

② tf.zeros(shape, dtype): shape인수(행 개수, 열 개수) 형태의 텐서를 반환하고 0으로 초기화 한다. dtype은 지정하지 않으면 tf.float32로 지정된다.

③ tf.ones(shape, dtype): tf.zeros()와 동일하지만 배열의 값을 모두 1로 초기화 한다.

```
zero_tensor1 = tf.zeros((2, 3),tf.int32) # (2,3) 크기의 상수형 배열 텐서 생성
print(zero_tensor1)

tf.Tensor(
[[0 0 0]
 [0 0 0]], shape=(2, 3), dtype=int32)

zero_tensor2 = tf.zeros((2, 3))
print(zero_tensor2)
```

```
tf.Tensor(
[[0. 0. 0.]
 [0. 0. 0.]], shape=(2, 3), dtype=float32)

one_tensor1 = tf.ones((2, 3))
print(one_tensor1)
```

```
tf.Tensor(
[[1. 1. 1.]
 [1. 1. 1.]], shape=(2, 3), dtype=float32)
```

④ tf.range(start, limit, delta, dtype, name): 연속적인 숫자를 반환한다. start는 시작 숫자, limit는 종료 숫자, delta는 증가 스텝이며 dtype을 명시하지 않으면 입력값의 dtype을 따른다. name은 생성되는 상수의 이름을 지정한다.

```
print(tf.range(5))
print(tf.range(5.0, delta=2))
```

```
tf.Tensor([0 1 2 3 4], shape=(5,), dtype=int32)
tf.Tensor([0. 2. 4.], shape=(3,), dtype=float32)
```

⑤ tf.random~: 랜덤한 값을 갖는 상수형 텐서 생성 함수

- tf.random.uniform(shape, minval=0, maxval=None, dtype=tf.float32, seed=None, name=None): minval부터 maxval 사이에 균등 랜덤 값들로 채워진 텐서를 생성한다. seed는 분포의 랜덤 시드값을 생성 하는 데에 사용된다. name은 연산의 명칭으로 선택사항이다.
- tf.random.normal(shape, mean=0.0, stddev=1.0, dtype=tf.float32, seed=None, name=None): 평균 mean과 표준편차 stddev를 갖는 정규분포 형태의 난수를 생성환한다.
- tf.random.truncated_normal(shape, mean=0.0, stddev=1.0, dtype=tf.float32, seed=None, name=None): 절단 정규분포(평균을 기준으로 표준편차보다 크거나 작은 데이터를 제외)를 따르는 난수를 생성한다. 그림 (3-4)는 3가지 분포에 대한 예를 보여준다.

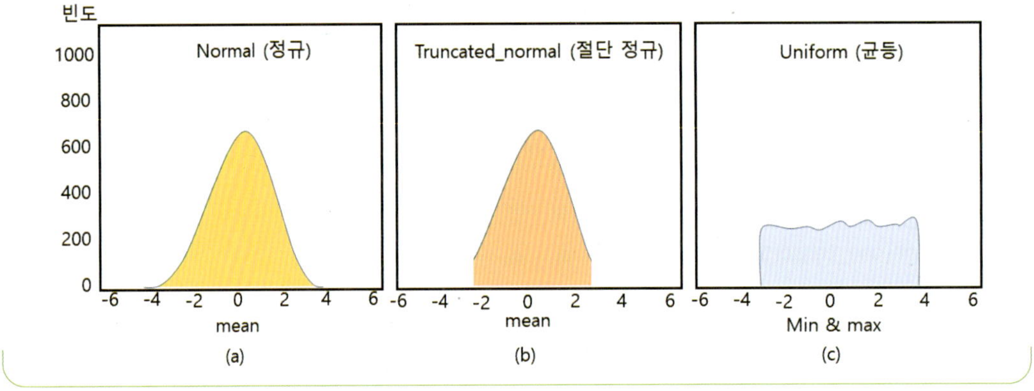

그림 3-4 (a) 정규분포, (b) 절단 정규분포, (c) 균등분포의 예

- tf.random.shuffle(value, seed=None, name=None): 값의 첫 번째 차원을 기준으로 배열의 순서를 무작위로 섞어준다. 예를 들어 아래와 같이 왼쪽 배열의 행들을 오른쪽과 같이 무작위로 배치시킨다.

```
[[3,4],          [[7,8],
 [5,6],    ⇒      [3,4],
 [7,8]]           [5,6]]
```

각 분포에 따른 난수 발생에 대한 예를 살펴보자.

연습 3-6

```
import tensorflow as tf

mean, std =0, 1 # 정규분포를 위한 평균과 표준편차 설정
print(tf.random.uniform((2, 3),seed=0)) # seed를 0으로 설정, default range # [0,1)
print(tf.random.normal((2, 3), mean, std))
print(tf.random.truncated_normal((2,3), mean, std))
```

```
tf.Tensor(                # 텐서 생성
[[0.809566   0.44152534 0.30032146]
 [0.6313968  0.64918005 0.7817974 ]], shape=(2, 3), dtype=float32)
tf.Tensor(
[[ 0.29161644  0.5234765  -1.0229428 ]
 [-0.12845923  0.7736948  -0.8673831 ]], shape=(2, 3), dtype=float32)
tf.Tensor(
[[ 0.32136688 -0.40060076 -0.6390393 ]
 [-0.27169076 -0.6138039   1.2738388 ]], shape=(2, 3), dtype=float32)
```

3.3.2 변수형 텐서

텐서플로우에서 변수형 텐서를 생성하는 방법은 tf.Variable 클래스를 사용하면 된다. 변수형 텐서를 생성할 때는 아래와 같이 Variable 클래스로 변수 선언과 동시에 초기값을 설정한다. Variable 클래스의 객체를 생성하기 위한 생성자는 아래와 같다. 파라미터가 많으므로 자세한 파라미터에 대한 설명은 뒷장의 연습문제에서 설명하기로 한다.

가장 중요한 첫 번째 initial_value는 텐서의 타입이나 shape을 나타낸다.

```
w = tf.Variable(<initial-value>, name=<optional-name>)
```

예를 들어 "tf.Variable(tf.zeros(2, 3))"의 경우 shape이 (2, 3)인 상수형 텐서를 입력으로 받아 변수형 텐서 객체를 리턴한다.

파이썬과 마찬가지로 텐서플로우의 변수형 텐서는 동적 타입이며, 모든 것은 객체이고, 모든 변수명은 레퍼런스이다.

```
var = tf.Variable(tf.zeros((2, 3))) # 텐서를 변수형 텐서로 생성
print(var)
print(tf.zeros([1, 2, 3])) # 배열상수형 텐서 출력

<tf.Variable 'Variable:0' shape=(2, 3) dtype=float32, numpy=
array([[0., 0., 0.],
       [0., 0., 0.]], dtype=float32)>
# 'Variable:0' 은 첫 번째 변수임을 나타냄
# numpy=array ~는 넘파이(NumPy) 배열을 의미
tf.Tensor(    # 배열 상수형 텐서
[[[0. 0. 0.]  # 배열을 미리 지정하였으므로
  [0. 0. 0.]]], shape=(1, 2, 3), dtype=float32)
```

① 자동형변환

텐서플로우 연산자에 NumPy 배열이 들어가면 자동으로 상수형 텐서 자료형으로 형변환(coercion) 되어 연산된다. 또한 tf.Variable이 수식에 사용될 경우에는 tf.Tensor로 자동 형변환되어 계산된다.

다음 예제들을 통해 자동형변환에 대해 이해해 보도록 하자. 먼저 NumPy를 사용하기 위해서는 아래와 예제와 같이 Numpy를 import해야 한다.

```
import tensorflow as tf
import numpy as np   # 벡터 및 행렬 연산을 위한 NumPy 파이썬 라이브러리

a = np.ones((2, 3), dtype=np.float32) # (2,3)의 numpy 배열 생성, 1로 초기화
b = tf.ones([3, 1], dtype=tf.float32) # [3,1] 리스트를 1로 초기화 하여 상수형 텐서 생성
print(tf.matmul(a,b)) # numpy 배열을 텐서로 자동형변환 후 곱 연산 후 텐서로 출력
```

```
tf.Tensor(
[[3.]
 [3.]], shape=(2, 1), dtype=float32)
```

아래 예제는 tf.Variable이 수식에 사용 될 경우 tf.Tensor로 자동 형변환되는 코드를 보여준다.

```
var = tf.Variable(tf.ones((2, 3))) # 배열 상수형 텐서를 변수형 텐서로 변환
print(var)
var1 = var + 2 # var은 tf.Tensor로 자동 형변환이 일어나 상수 2와 연산되어 텐서 var1에 저장된다.
print(var1)
```

```
<tf.Variable 'Variable:0' shape=(2, 3) dtype=float32, numpy=
array([[1., 1., 1.],
       [1., 1., 1.]], dtype=float32)>
tf.Tensor(
[[3. 3. 3.]
 [3. 3. 3.]], shape=(2, 3), dtype=float32)
```

텐서플로우의 matmul() 함수에서는 두 변수형 텐서가 곱연산을 하면 상수형 텐서로 형 변환 후 배열을 행렬곱하여 텐서로 출력한다.

연습 3-7

```
import tensorflow as tf

W = tf.Variable(tf.random.normal((3, 2)))
b = tf.Variable(tf.random.normal((2, 1)))
# 다음과 같이 변수형 텐서에 직접 값을 넣어줄 수 도 있다
# W = tf.Variable([[0.1,0.1], [0.2,0.2], [0.3,0.3]])
print(W)
print(b)
print(tf.matmul(W,b)) # 두 행렬의 곱 연산(matmul()), Tensor로 변경되어 연산
```

```
<tf.Variable 'Variable:0' shape=(3, 2) dtype=float32, numpy=
array([[-0.4093675 ,  0.52238756],
       [-0.69225645, -0.19206956],
       [-1.1706067 ,  0.47764868]], dtype=float32)>
<tf.Variable 'Variable:0' shape=(2, 1) dtype=float32, numpy=
array([[-0.7941718],
       [ 0.0263404]], dtype=float32)>
tf.Tensor(              # 3x2 2x1 행렬의 곱 연산 => 3x1 행렬
[[0.33886805]
 [0.54471135]
 [0.94224435]], shape=(3, 1), dtype=float32)
```

텐서 연산에 대해서는 3.4장에서 보다 자세히 살펴보도록 한다.

변수형 텐서를 선언할 때도 name 속성을 이용하여 변수의 이름을 부여할 수 있다. 텐서를 생성할 때 name 인수를 사용하여 각 텐서에 이름을 수동으로 할당할 수 있으며, 사용자가 name 속성을 주지 않으면 자동으로 생성된다.

```
v1 = tf.Variable(2, name="V-1")
print(v1.name)
v2 = tf.Variable(1)
print(v2.name)
```

```
V-1:0          # 변수형 텐서의 이름이 출력
Variable:0     # name 속성을 지정하지 않을 경우 자동으로 'Variable'이 표시
```

3.4 Tensor 연산

이번 장에서는 텐서플로우에서 많이 사용되는 연산자들에 관하여 공부해보도록 한다. Tensor 자료형의 연산은 텐서플로우가 제공하는 연산자를 사용해야 한다. 텐서플로우 연산자는 파이썬의 NumPy나 SciPy[3]에서 제공하는 연산자와 다르다. 텐서플로우의 연산자는 크게 오버로딩이 가능한 연산, 오버로딩이 불가능한 연산, 행렬 연산이 있다. 먼저 연산자 오버로딩이 가능한 기본 텐서플로우 연산자를 살펴보자. 텐서 연산자들은 math 클래스에 정의되어 있으며 tf.math.(이하 함수)를 쓰거나 tf.(이하함수)로 표기해도 관계없다.

① 연산자 오버로딩이 가능한 기본 텐서 연산자

표 3-2 텐서플로우에서 오버로딩이 가능한 기본 연산자

연산자 종류		설명
tf.add()	tf.math.add()	덧셈 연산
tf.subtract()	tf.math.subtract()	뺄셈 연산
tf.multiply()	tf.math.multiply()	곱셈 연산, 행렬의 곱셈은 tf.matmul() 함수를 통해 구현
tf.divide()	tf.divide()	나눗셈 연산
tf.pow()	tf.math.pow()	n-제곱 연산
tf.negative()	tf.math.negative()	음수 부호

3) SciPy는 파이썬을 기반으로 하여 수학, 과학, 분석 작업들을 위한 기본 라이브러리(수치적분, 미분방정식, 확률분포 계산 등)이다.

기본 텐서플로우 연산자를 이용하여 다음과 같이 간단한 연산 프로그램을 작성해 보자.

연습 3-8

```
import tensorflow as tf

a = tf.range(10, delta=2, dtype=tf.int32) # 0부터 9까지 2씩 건너뛴 벡터 텐서
print(a)
b = 3 * tf.ones(5, dtype=tf.int32) # 1로 구성된 벡터 텐서
print(b)
print(tf.add(a, b))       # a+b
print(a+b)                # a+b
print(tf.multiply(a, b)) # a*b
print(a*b)                # a*b
a = tf.add(3, 3.2)
print(a)
```

```
tf.Tensor([0 2 4 6 8], shape=(5,), dtype=int32)
tf.Tensor([3 3 3 3 3], shape=(5,), dtype=int32)
tf.Tensor([ 3  5  7  9 11], shape=(5,), dtype=int32)
tf.Tensor([ 3  5  7  9 11], shape=(5,), dtype=int32)
tf.Tensor([ 0  6 12 18 24], shape=(5,), dtype=int32)
tf.Tensor([ 0  6 12 18 24], shape=(5,), dtype=int32)
---------------------------------------------------------------------------
TypeError                                 Traceback (most recent call last)
<ipython-input-2-ab447d9239e9> in <module>()
      8 print(tf.multiply(a,b)) # a*b
      9 print(a*b)             # a*b
---> 10 a = tf.add(3, 3.2)
     11 print(a)

/usr/local/lib/python3.6/dist-packages/tensorflow/python/ops/gen_math_ops.py in add(x, y, name)
    334         _result = pywrap_tfe.TFE_Py_FastPathExecute(
    335           _ctx._context_handle, tld.device_name, "Add", name, tld.op_callbacks,
--> 336           x, y)
    337         return _result
    338       except _core._NotOkStatusException as e:

TypeError: Cannot convert 3.2 to EagerTensor of dtype int32
```

연습 (3-8)의 코드 실행결과 맨 마지막 코드에서 에러가 발생하는 것을 알 수 있다. 이것은 add()연산에 사용된 두 값의 자료형이 달라서 발생하는 것으로 텐서플로우 연산자를 사용할 때는 반드시 자료형을 일치시켜 연산을 해주어야 한다.

② 연산자 오버로딩이 없는 기본 텐서 연산자

표 3-3 텐서플로우에서 오버로딩이 없는 기본 연산자

연산자 종류		설명
tf.abs()	tf.math.abs()	절대값 연산
tf.sign()	tf.math.sign()	부호 연산
tf.round()	tf.math.round()	반올림 연산
tf.math.ceil()		올림 연산
tf.floor()	tf.math.floor()	버림 연산
tf.square()	tf.math.square()	제곱 연산
tf.sqrt()	tf.math.sqrt()	제곱근 연산
tf.maximum()	tf.math.maximum()	두 원소 중 최대값 반환 연산
tf.minimum()	tf.math.minimum()	두 원소 중 최소값 반환 연산
tf.cumsum()	tf.math.cumsum()	누적합 연산, # [a, a + b, a + b + c]
tf.math.cumprod()(math만 허용)		누적곱 연산, # [a, a * b, a * b * c]

연산자 오버로딩이 없는 기본 텐서플로우 연산자를 이용하여 다음과 같이 간단한 연산 프로그램을 작성해 보자.

연습 3-9

```
import tensorflow as tf

x = tf.constant([0.9, 2.6, 2.3, 1.5, -4.5])
a = tf.round(x)    # 반올림
b = tf.floor(x)    # 버림
print(a)
print(b)
print(tf.maximum(a,b))  # 두 벡터를 비교해서 각 요소별 최대값
print(tf.cumsum(a, axis=0)) # 벡터 a의 요소 값들을 행 기준(axis=0)으로 누적합
print(tf.math.cumprod(b, axis=0)) # 벡터 b의 요소 값들을 행 기준으로 누적곱
```

```
tf.Tensor([ 1.  3.  2.  2. -4.], shape=(5,), dtype=float32)
tf.Tensor([ 0.  2.  2.  1. -5.], shape=(5,), dtype=float32)
tf.Tensor([ 1.  3.  2.  2. -4.], shape=(5,), dtype=float32)
tf.Tensor([1. 4. 6. 8. 4.], shape=(5,), dtype=float32)
tf.Tensor([ 0.  0.  0.  0. -0.], shape=(5,), dtype=float32)
```

③ 벡터 또는 행렬의 차원축소 텐서 연산자

벡터나 행렬에서는 가로 또는 세로 방향 축으로 'and', 'or', '평균 연산'등을 하고 차원을 축소시켜 스칼라 값을 구하는 차원축소 연산이 필요한데, 이러한 연산을 편리하게 해주는 텐서 연산자가 tf.reduce_ 연산자다.

모든 tf.reduce_연산자의 공통적인 기본형은 다음과 같다.

```
tf.math.reduce_***(
    input_tensor, axis=None, keepdims=False, name=None
)
```

- input_tensor: 입력 텐서
- axis: 행렬 연산의 축을 의미하며 0일 경우 세로축으로, 1일 경우 가로축으로, 없으면 모든 차원에서 축소되어 한 개의 값만 리턴(default = 0)

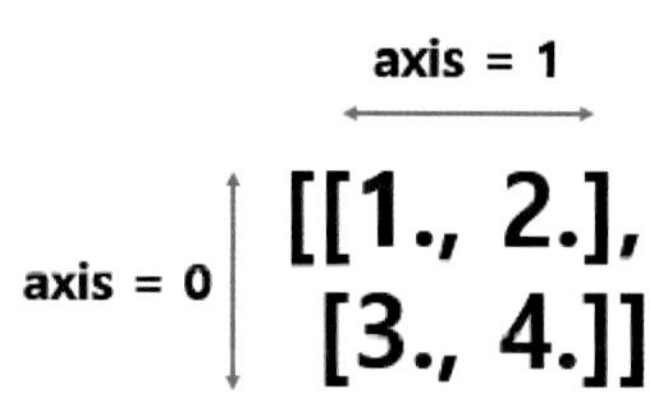


```
tf.reduce_mean(data, axis=0) = [2., 3.]
tf.reduce_mean(data, axis=1) = [1.5, 3.5]
```

- keepdims: True일 경우 차원별로 길이를 1로 축소

  다음 표에서 reduce_연산자의 종류를 알아보자(tf.reduce_연산자도 math클래스에 정의된 함수이므로 여기서는 math클래스 유형은 따로 표시하지 않는다).

표 3-4 텐서플로우의 reduce_연산자

연산자 종류	설 명
tf.reduce_all()	텐서 차원의 모든 요소에 대해 논리적 and 연산
tf.reduce_any()	텐서 차원의 모든 요소에 대해 논리적 or 연산
tf.reduce_max()	텐서 차원의 모든 요소의 최댓값 리턴
tf.reduce_min()	텐서 차원의 모든 요소의 최솟값 리턴
tf.reduce_mean()	텐서 차원의 모든 요소의 평균값 리턴
tf.reduce_sum()	텐서 차원의 모든 요소의합 리턴
tf.reduce_prod()	텐서 차원의 모든 요소의 곱 리턴
tf.reduce_std()	텐서 차원의 모든 요소의 표준편차 리턴
tf.reduce_variance()	텐서 차원의 모든 요소의 분산 리턴
tf.reduce_logsumexp()	텐서 차원의 모든 요소의 exponential 연산의 합에 대한 log값 리턴 예 log(sum(exp(텐서요소값)))
tf.math.reduce_euclidean_norm() (math만 허용)	텐서 차원의 모든 요소의 유클리디언 정규화 값 리턴

이제 tf.reduce_연산자를 이용하여 다음 연습문제를 실습해보자.

연습 3-10

```
import tensorflow as tf

x = tf.constant([[True, True], [False, False]])
print(tf.reduce_any(x)) # True 모든 차원으로 줄임
print(tf.reduce_any(x, 0)) # [True, True] 행 방향으로 or 연산
print(tf.reduce_any(x, 1)) # [True, False] 열 방향으로 or 연산

print(tf.reduce_all(x))  # False
print(tf.reduce_all(x, 0)) # [False, False] 행 방향으로 and 연산
print(tf.reduce_all(x, 1)) # [True, False] 열 방향으로 and 연산

y = tf.constant([[1., 1.], [2., 2.]])
print(tf.reduce_mean(y)) # 1.5
print(tf.reduce_mean(y, 0)) # [1.5, 1.5] 행 방향으로 평균 연산 ((1+2)/2, # (1+2)/2)
print(tf.reduce_mean(y, 1)) # [1., 2.] (1+1)/2, (2+2)/2
```

```
z = tf.constant([[0., 0., 0.], [0., 0., 0.]])
print(tf.reduce_logsumexp(z))  # log(6) exp(0)+exp(0)+...+exp(0) = 1.7917595
print(tf.reduce_logsumexp(z, 0))  # [log(2), log(2), log(2)]
print(tf.reduce_logsumexp(z, 1))  # [log(3), log(3)]
# [log(sum(exp(0)+exp(0)+exp(0)))] [log(sum(exp(0)+exp(0)+exp(0)))]
print(tf.reduce_logsumexp(z, 1, keepdims=True))  # [[log(3)], [log(3)]]

t = tf.constant([[1, 2, 3], [1, 1, 1]], dtype = tf.float32)
print(tf.math.reduce_euclidean_norm(t))  # returns 4.1231055 which is # sqrt(17)
# (1^2+1^1)+ (2^2+1^1)+ (3^2+1^1)=17
print(tf.math.reduce_euclidean_norm(t, 0))  # [sqrt(2), sqrt(5), sqrt(10)]
print(tf.math.reduce_euclidean_norm(t, 1))  # [sqrt(14), sqrt(3)]
print(tf.math.reduce_euclidean_norm(t, 1, keepdims=True))  # [[sqrt(14)], # [sqrt(3)]
```

```
tf.Tensor(True, shape=(), dtype=bool)
tf.Tensor([ True  True], shape=(2,), dtype=bool)
tf.Tensor([ True False], shape=(2,), dtype=bool)
tf.Tensor(False, shape=(), dtype=bool)
tf.Tensor([False False], shape=(2,), dtype=bool)
tf.Tensor([ True False], shape=(2,), dtype=bool)
tf.Tensor(1.5, shape=(), dtype=float32)
tf.Tensor([1.5 1.5], shape=(2,), dtype=float32)
tf.Tensor([1. 2.], shape=(2,), dtype=float32)
tf.Tensor(1.7917595, shape=(), dtype=float32)
tf.Tensor([0.6931472 0.6931472 0.6931472], shape=(3,), dtype=float32)
tf.Tensor([1.0986123 1.0986123], shape=(2,), dtype=float32)
tf.Tensor(
[[1.0986123]
 [1.0986123]], shape=(2, 1), dtype=float32)
tf.Tensor(4.1231055, shape=(), dtype=float32)
tf.Tensor([1.4142135 2.236068  3.1622777], shape=(3,), dtype=float32)
tf.Tensor([3.7416575 1.7320508], shape=(2,), dtype=float32)
tf.Tensor(
[[3.7416575]
 [1.7320508]], shape=(2, 1), dtype=float32)
```

배열이 3차원일 경우는 axis=0은 면을, axis=1은 행을, axis=2는 열을 기준으로 한다. 3차원인 경우는 어떻게 연산 되는지 아래의 예제를 추가로 살펴보자.

x= tf.constant([[[1, 1, 1], [1, 2, 3]], [[2, 2, 2], [3, 3, 3]]])	tf.reduce_sum(x,0)	tf.reduce_sum(x,1)	tf.reduce_sum(x,2)
[[[1, 1, 1], [1, 2, 3]], [[2, 2, 2], [3, 3, 3]]]	[[[1, 1, 1], [1, 2, 3]], [[2, 2, 2], [3, 3, 3]]] # [[3, 3, 3], [4, 5, 6]]	[[[1, 1, 1], [1, 2, 3]], [[2, 2, 2], [3, 3, 3]]] # [[2, 3, 4], [5, 5, 5]	[[[1, 1, 1] [1, 2, 3]], [[2, 2, 2] [3, 3, 3]]] # [[3, 6], [6, 9]]

④ 행렬 텐서 연산자

텐서플로우에서는 행렬연산이 빈번하게 발생하므로 효과적으로 행렬 연산을 수행할 연산자를 제공하고 있다. 행렬관련 텐서는 linalg 클래스에 정의되어 있는 것과 그렇지 않은 함수가 있으므로 사용전에 알아 두어야 한다. 대표적인 행렬 연산자와 기능을 아래 표와 같이 정리하였다.

표 3-5 텐서플로우의 행렬 연산자

연산자 종류		설명
tf.matmul()	tf.linalg.matmul()	행렬(벡터)의 내적
tf.linalg.inv()만 허용		역행렬
tf.reshape()		행렬(벡터)의 크기 변환
tf.transpose()		전치 연산
tf.expand_dims()		지정한 축으로 차원을 추가
tf.squeeze()		벡터로 차원을 축소

연습 3-11

```
import tensorflow as tf

a = tf.constant([[2, 0], [0, 1]], dtype=tf.float32)
b = tf.constant([[1, 1], [1, 1]], dtype=tf.float32)
print(tf.matmul(a, b))      # matmul() 연산
print(tf.multiply(a,b))     # multiply() 연산
print(a*b)  # * 연산
print()

print(tf.linalg.inv(a))
print()

t = [[1, 2, 3], [4, 5, 6]]
print(tf.reshape(t, [3, 2]))
print()

x = tf.constant([[1, 2, 3], [4, 5, 6]])
print(tf.transpose(x))
print()

y = tf.expand_dims(x, 0) # 2x3 크기의 2차원 행렬을 0번째 인덱스에 1차원 늘려 1x2x3 크
                           기의 3차원 배열로 변환
print(y)
y1 = tf.expand_dims(y, 3) # 1x2x3 크기의 3차원 행렬을 3번째 인덱스에 1차원 늘려 1x2x3x1
                            크기의 4차원 배열로 변환
print(y1)
print()

z = tf.squeeze(y1)
print(z)          # 1x2x3x1 크기의 4차원 행렬을 앞뒤로 한차원씩 줄여 2x3차원 벡터로 변환
```

```
tf.Tensor(
[[2. 2.]
 [1. 1.]], shape=(2, 2), dtype=float32)
tf.Tensor(
[[2. 0.]
 [0. 1.]], shape=(2, 2), dtype=float32)
tf.Tensor(
```

```
[[2. 0.]
 [0. 1.]], shape=(2, 2), dtype=float32)

tf.Tensor(
[[0.5 0. ]
 [0.  1. ]], shape=(2, 2), dtype=float32)

tf.Tensor(
[[1 2]
 [3 4]
 [5 6]], shape=(3, 2), dtype=int32)

tf.Tensor(
[[1 4]
 [2 5]
 [3 6]], shape=(3, 2), dtype=int32)

tf.Tensor(
[[[1 2 3]
  [4 5 6]]], shape=(1, 2, 3), dtype=int32)
tf.Tensor(
[[[[1]
   [2]
   [3]]

  [[4]
   [5]
   [6]]]], shape=(1, 2, 3, 1), dtype=int32)

tf.Tensor(
[[1 2 3]
 [4 5 6]], shape=(2, 3), dtype=int32)
```

여기서 주의할 연산자는 matmul()과 multiply() (또는 *)이다. 두 연산자 모두 곱연산을 하는 연산자이지만 matmul()은 행렬 전용 연산자이고, multiply()는 일반적인 산술연산의 곱 연산 전용 함수이다. 아래의 예제를 통해 두 연산자의 차이점을 다시 한번 확인해보자.

먼저 두 행렬 A와 B에 대해 multiply(A, B) 연산을 한 경우를 보면 다음과 같이 같은 자리끼리 연산한 행렬 결과를 나타낸다.

$$\begin{bmatrix}1\,2\\3\,4\end{bmatrix}\times\begin{bmatrix}1\,0\\0\,1\end{bmatrix}=\begin{bmatrix}(1\times1)\,(2\times0)\\(3\times0)\,(4\times1)\end{bmatrix}=\begin{bmatrix}1\,0\\0\,4\end{bmatrix}$$

하지만 아래와 같이 matmul(A, B) 연산을 한 경우 정확하게 행렬 곱 연산이 이루어진 것을 알 수 있다.

$$\begin{bmatrix}1\,2\\3\,4\end{bmatrix}\times\begin{bmatrix}1\,0\\0\,1\end{bmatrix}=\begin{bmatrix}(1\times1)+(2\times0)\,(1\times0)+(2\times1)\\(3\times1)+(4\times0)\,(3\times0)+(4\times1)\end{bmatrix}=\begin{bmatrix}1\,2\\3\,4\end{bmatrix}$$

또한, 행렬곱 연산에서 주의할 점은 행렬곱 A×B에 대하여, 행렬 A의 열 수와 행렬 B의 행 수는 같아야 한다는 점이고 행렬곱 A×B를 계산한 행렬 AB의 크기는 A의 행 개수와 B의 열 개수와 같다는 것이다. 예를 들어

$$\mathrm{A}\,[3,\ 2]\times\mathrm{B}\,[2,\ 3]=[3,\ 3]$$

에서 A의 열 개수와 B의 행 개수가 2로 같기 때문에 곱연산이 이루어지며 두 연산의 결과는 각 행렬의 행과 열의 개수 [3, 3]이 된다.

이제 지금까지 배운 텐서 연산자들을 이용하여 다음과 같은 예제를 실습해보자. 실습해볼 문제는 주어진 x값을 이용하여 일차함수의 y값을 구하는 문제이다. 직선의 방정식, 즉 일차함수는 다음과 같은 식으로 표현할 수 있다.

$$y = ax + b$$

x는 입력값(독립변수)이고 y는 결과값(종속변수)로 기울기(가중치)에 해당하는 a와 절편 b를 결합하여 얻을 수 있다.

일차함수의 샘플 데이터는 다음과 같다.

x	1	2	3

이제 샘플데이터를 행렬로 변환($X = [1\,2\,3]$)하자. 기울기 a는 일반적으로 함수의 가중치 역할을 하므로 W로 표시하도록 한다. 가중치 W와 절편(바이어스, bias라고도 불림)은 정규분포를 갖는 값으로 초기화 하고 입력 벡터와의 연산을 통해 결과 Y를 구해보자.

연습 3-12

```
import tensorflow as tf

X = [[1., 2., 3.]]

# tf.Variable: 그래프를 계산하면서 최적화 할 변수
# tf.random_normal: 각 변수들의 초기값을 정규분포 랜덤 값으로 초기화
W = tf.Variable(tf.random.normal([3, 1], dtype=tf.float32), name="W")
b = tf.Variable(tf.random.normal([1], dtype=tf.float32), name="b")

# 입력값과 변수들을 계산할 수식을 작성. 벡터 내적
# [1, 3] x [3, 1] => [1] + [1] =>[1]

Y = tf.matmul(X, W)+ b
print("=== X ===")
print(X)
print("=== W ===")
print(W)
print("=== b ===")
print(b)
print("=== Y ===")
print(Y)
```

```
=== X ===
[[1.0, 2.0, 3.0]]
=== W ===
<tf.Variable 'W:0' shape=(3, 1) dtype=float32, numpy=
array([[-0.16719383],
       [ 1.75696   ],
       [ 1.3533411 ]], dtype=float32)>
=== b ===
<tf.Variable 'b:0' shape=(1, 1) dtype=float32, numpy=array([[2.4595194]],
dtype=float32)>
=== Y ===
tf.Tensor([[9.866269]], shape=(1, 1), dtype=float32)
```

연습 (3-12)는 텐서플로우 2.0에서 지원하는 즉시 실행을 통해 코드를 동작시키고 있다. 하지만 즉시 실행 모드의 단점은 텐서플로우의 기본 구조인 흐름 그래프의 컴파일 및 실행 속도를 일부 잃을 수 있다는 점이다. 따라서 즉시 실행 모드를 완전히 끄지 않고도 실행 속도를 되살리는 방법이 tf.function을 사용하는 것이다. 함수에 tf.function 주석을 달면 그래프로 컴파일되며 해당 함수와 이 함수가 호출하는 모든 함수는 GPU 또는 TPU에서 실행되거나 세이브드모델(SavedModel)로 내보내 더 빠른 실행 속도를 얻을 수 있다. tf.function의 편리한 새로운 기능은 파이썬 제어 흐름 문을 텐서플로우 제어 작업으로 자동으로 컴파일해주는 오토그래프(AutoGraph)다.

이제 연습 (3-13)을 통해 예제를 2차원 배열로 바꾸고 tf.function을 같이 연습해보자.

연습 3-13

```
import tensorflow as tf

X = [[1., 2., 3.],
     [4., 5., 6.]] # 3차원벡터 2개

# tf.Variable: 그래프를 계산하면서 최적화 할 변수
# tf.random_normal: 각 변수들의 초기값을 정규분포 랜덤 값으로 초기화
W = tf.Variable(tf.random.normal([3, 2], dtype=tf.float32))
b = tf.Variable(tf.random.normal([2, 1], dtype=tf.float32))

# 입력값과 변수들을 계산할 수식을 작성. 벡터 내적
# [2, 3] x [3, 2] => [2, 2] + [2, 1] =>[2, 2]
W = tf.Variable(tf.random.normal([3, 2], dtype=tf.float32), name="W")
b = tf.Variable(tf.random.normal([2, 1], dtype=tf.float32), name="b")

@tf.function  # tf.function
def forward(x1):
  return tf.matmul(x1, W) + b

Y = forward(X)

print("=== X ===")
print(X)
print("=== W ===")
print(W)
print("=== b ===")
print(b)
print("=== Y ===")
print(Y)
```

```
=== X ===
[[1.0, 2.0, 3.0], [4.0, 5.0, 6.0]]
=== W ===
<tf.Variable 'W:0' shape=(3, 2) dtype=float32, numpy=
array([[-1.4388696 ,  0.83935046],
       [-0.14856742,  1.7298157 ],
       [-1.2981061 ,  0.3409564 ]], dtype=float32)>
=== b ===
<tf.Variable 'b:0' shape=(2, 1) dtype=float32, numpy=
array([[0.7904554 ],
       [0.01071161]], dtype=float32)>
=== Y ===
tf.Tensor(
[[ -4.839867   6.112306]
 [-14.276239  14.06293 ]], shape=(2, 2), dtype=float32)
```

3.5 Tensor 그래프 그리기

이번 장에서는 텐서플로우의 matplotlib, matplot.pylab 라이브러리를 이용하여 그래프를 그리는 코드를 연습해보자. Matplotlib는 파이썬에서 자료를 차트(chart)나 플롯(plot)으로 시각화(visulaization)하는 패키지이다. Matplotlib 패키지에는 라인 플롯(line plot), 스캐터 플롯(scatter plot), 컨투어 플롯(contour plot), 서피스 플롯(surface plot), 바 차트(bar chart), 히스토그램(histogram), 박스 플롯(box plot) 등 다양한 시각화 기능을 제공한다. 보다 자세한 Matplotlib 패키지에 대한 예제는 http://matplotlib.org/gallery.html 을 참고할 수 있다. matplotlib.pylab은 Matplotlib 패키지의 서브 패키지이다. pylab 서브패키지는 matlab 이라는 수치해석 소프트웨어의 시각화 명령을 거의 그대로 사용할 수 있도록 Matplotlib의 하위 API를 포장(wrapping)한 명령어 집합을 제공한다. 간단한 시각화 프로그램을 만드는 경우에는 pylab 서브패키지의 명령만으로도 충분하다. 또 다른 Matplotlib 패키지의 서브 패키지인 matplotlib.pyplot은 사용환경 인터페이스를 제공한다. 이 인터페이스는 겉으로는 드러나지 않으면서 자동으로 도형과 축들을 생성하며 정의된 plot을 얻을 수 있도록 만들어 준다.

각 라이브러리를 이용하여 여러 가지 그래프를 그려보자.

연습 3-14

```
import tensorflow as tf
import numpy as np
import matplotlib as mpl
import matplotlib.pylab as plt

X = [1., 2., 3.]

# tf.Variable: 그래프를 계산하면서 최적화 할 변수
# tf.random_normal: 각 변수들의 초기값을 정규분포 랜덤 값으로 초기화
W = tf.Variable(tf.random.normal([1], dtype=tf.float32))
b = tf.Variable(tf.random.normal([1], dtype=tf.float32))

@tf.function  # tf.function
def forward(x1):
  return x1 * W + b  # 일차 식
Y = forward(X)

print(Y)
plt.plot(X, Y, 'ro')
plt.plot(X,Y)
plt.show()

plt.title("Plot")
plt.plot([1, 4, 9, 16], 'ro') # x축은 자동으로 0, 1, 2, 3, 'ro' red 점으로 표현
plt.show()

plt.title("x ticks")
plt.plot([10, 20, 30, 40], [1, 4, 9, 16]) # x축과 y축을 동시에 준 경우
plt.show()

x = np.arange(0, 5, 0.1)
y = np.sin(x)
plt.plot(x, y)
plt.show()
```

tf.Tensor([1.4638418 2.5160604 3.568279], shape=(3,), dtype=float32)

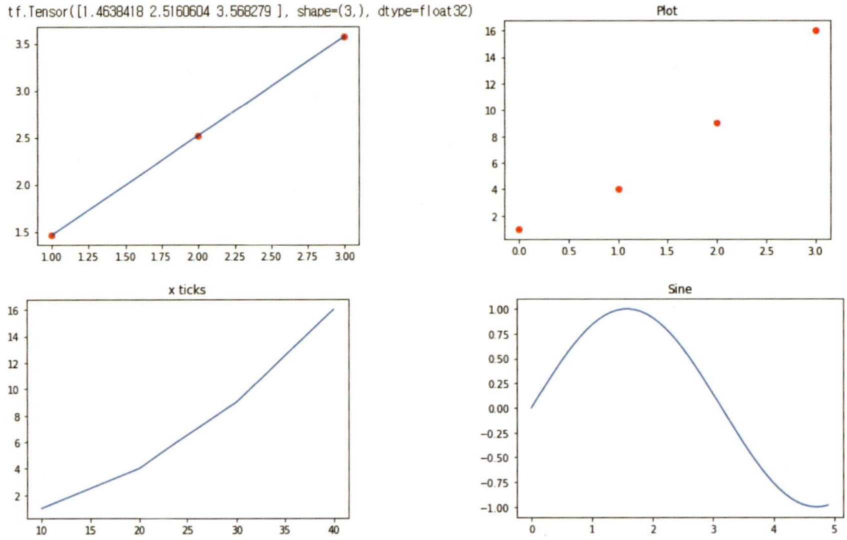

이번에는 300개의 포인터의 x, y 좌표를 정규분포를 갖는 난수로 설정하고 화면에 표시하는 방법을 연습해보자. 연습 (3-15) 예제에서는 matplotlib.pyplot 라이브러리를 사용해서 프로그램 하도록 한다.

연습 3-15

```
import numpy as np
import matplotlib.pyplot as plt

num_points = 300
vectors_set = []
for i in range(num_points):
  x = np.random.normal(0.0, 0.55)
  y =  x * 0.1+ (np.random.normal(0.0, 0.03)) + 0.3
  vectors_set.append([x,y])

x_data = [v[0] for v in vectors_set ]
y_data = [v[1] for v in vectors_set ]

plt.plot(x_data, y_data,'ro', label='Normal Distribution') # 'ro'는 red circle
plt.ylim([0.1, 0.5])
plt.xlim([-2.0, 2.0])
plt.xlabel('x')
plt.ylabel('y')
```

```
plt.legend()
plt.show()
```

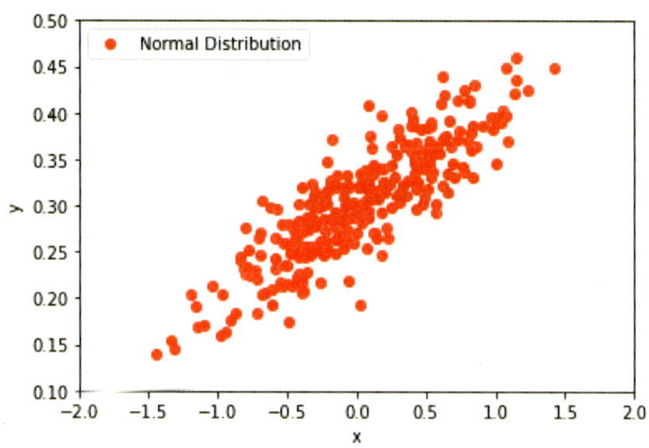

tf.nn 서브 패키지에는 신경망에 쓰이는 다양한 함수를 제공하는데 대표적인 함수는 다음과 같다.

- tf.nn.sigmoid: 로지스틱함수
- tf.nn.softplus: 소프트플러스 함수
- tf.nn.softsign: 소프트사인 함수

본 장에서는 연습(3-16)과 같이 간단한 nn 패키시 관련 함수를 실습해보고 보다 자세한 각 신경망 함수에 대해서는 다음 장에서 언급하기로 한다.

연습 3-16

```
import tensorflow as tf
import matplotlib as mpl
import matplotlib.pylab as plt

x = tf.linspace(-3.0, 3, 1000)
y1 = tf.nn.sigmoid(x)        # 시그모이드 함수 값
y2 = tf.nn.softplus(x)       # 소프트플러스 함수 값
y3 = tf.nn.softsign(x)       # 소프트 사인 함수 값
plt.plot(x, y1, "-", label="sigmoid")
plt.plot(x, y2, "--", label="softplus")
plt.plot(x, y3, ":", label="softsign")
plt.xlabel("x")
plt.title("sigmoid, softplus, softsign")
```

```
plt.legend()
plt.show()
```

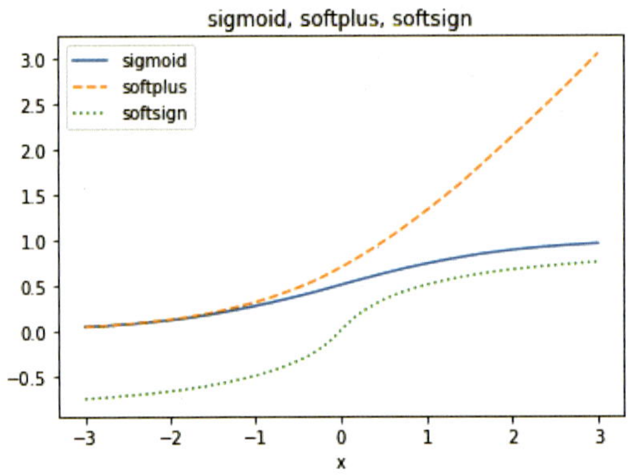

CHAPTER 3 정리

1 텐서플로우 2.0 버전에서 가장 눈에 띄는 변화는 불필요한 API를 줄이고 API들의 일관성을 높였으며 파이썬 런타임(runtime)과 즉시실행(eager execution)을 통합하였다 텐서플로우 패키지는 데이터 그래프를 수치적으로 연산하기 위해 구글에서 만든 오픈소스 라이브러리이다.

2 텐서플로우 2.x 버전에서는 즉시 실행(eager execution)이 기본 모드이다. 이 기능은 그래프의 내용을 바로바로 실행시켜 결과를 확인할 수 있는 기능이다. 이것은 지금껏 C, C++, 파이썬등의 언어에 익숙한 프로그래머들에게는 매우 당연한 기능이다.

3 코드에서 import는 텐서플로우 라이브러리를 메모리로 임포트(불러오는)하는 명령이다. as는 긴 텐서플로우 라이브러리 이름을 줄이기 위한 명령으로 이제 tensorflow라는 긴 모듈 대신에 tf로 줄여 사용할 수 있다.

4 텐서플로우 1.x 버전에서는 텐서를 만들고 실행하는 과정이 별개로 나누어져 있었다. 이러한 방식을 지연실행(lazy evaluation)이라고 한다. 지연실행은 텐서와 텐서의 연산들을 먼저 정의하여 그래프를 만들고, 이후 필요할 때 연산을 실행하는 코드를 넣어 '원하는 시점'에 실제 연산을 수행 하도록 하는 방식으로 함수형 프로그램에서 많이 사용한다.

5 텐서플로우는 모든 연산을 자체적으로 CPU에서 하는게 아니라 외부(다른 컴퓨터)에 분산되어있는(distributed) GPU에서 처리한다고 가정한다. 따라서 텐서(Tensor) 계산 과정은 그래프(Graph)라고 부르는 객체 내에 저장된다. 그래프는 노드(node)와 간선(edge)으로 이루어진다.

6 텐서플로우는 모든 데이터를 표현 할 수 있는 tensor라는 데이터 구조를 사용한다. tensor는 다차원 배열(multi-dimensional array)을 나타내는 말로 텐서플로우의 기본 데이터 타입이다. 결국 텐서플로우의 tensor 는 n-차원 배열 또는 리스트라고 할 수 있다.

7 텐서플로우에서 데이터의 기본이 되는 자료형의 종류는 크게 상수형(Constant) 텐서와 변수형(Variable)로 나눌 수 있다.

8 상수형 텐서에서 tf.constant()는 숫자나 파이썬 리스트, 넘파이(NumPy) 배열을 텐서로 변환한다. 일반적으로 변수나 파이썬 리스트, 넘파이 배열로 값을 표현해도 되지만 텐서플로우에서 사용하는 다양한 클래스와 함수를 사용하기 위해서는 텐서 구조로 변환하는 것이 필요하다. 텐서플로우에서 변수형 텐서를 생성하는 방법은 tf.Variable 클래스를 사용하면 된다.

9 텐서플로우 연산자에 NumPy는 Numerical Python의 줄임말로 C언어로 구현된 파이썬 라이브러리로 고성능 수치계산을 위해 만들어졌다. NumPy는 array 단위로 벡터 및 행렬 연산에 있어서 매우 편리한 기능을 제공하며 데이터분석에 사용되는 라이브러리인 pandas와 matplotlib의 기반으로 사용되기도 한다.

10 배열이 들어가면 자동으로 상수형 텐서 자료형으로 형변환(coercion)되어 연산된다.

11 텐서플로우의 연산자는 크게 오버로딩이 가능한 연산, 오버로딩이 불가능한 연산, 행렬 연산이 있다.

12 벡터나 행렬에서는 가로 또는 세로 방향 축으로 'and', 'or', '평균 연산'등을 하고 차원을 축소시켜 스칼라 값을 구하는 차원축소 연산이 필요한데, 이러한 연산을 편리하게 해주는 텐서 연산자가 tf.reduce_ 연산자다.

13 텐서플로우에서는 행렬 연산이 빈번하게 발생하므로 효과적으로 행렬 연산을 수행할 연산자를 제공하고 있다. 행렬관련 텐서는 linalg 클래스에 정의되어 있는 것과 그렇지 않은 함수가 있으므로 사용전에 알아 두어야 한다.

14 즉시 실행 모드를 완전히 끄지 않고도 실행 속도를 되살리는 방법이 tf.function을 사용하는 것이다. 함수에 tf.function 주석을 달면 그래프로 컴파일되며 해당 함수와 이 함수가 호출하는 모든 함수는 GPU 또는 TPU에서 실행되거나 세이브드모델(SavedModel)로 내보내 더 빠른 실행 속도를 얻을 수 있다.

15 텐서플로우의 nn, matplotlib, matplot.pylab 라이브러리를 이용하여 그래프를 그릴 수 있다. Matplotlib는 파이썬에서 자료를 차트(chart)나 플롯(plot)으로 시각화(visulaization)하는 패키지이다. matplot.pylab은 Matplotlib 패키지의 서브 패키지이다. pylab 서브패키지는 matlab 이라는 수치해석 소프트웨어의 시각화 명령을 거의 그대로 사용할 수 있도록 Matplotlib 의 하위 API를 포장(wrapping)한 명령어 집합을 제공한다.

연습문제

01 tf.random_ 서브 패키지에는 다양한 함수들이 정의되어 있다. 본문에서 다룬 함수 이외에 아래에 나오는 함수들에 대해 조사해 보자.

① tf.random.poisson

② tf.random.shuffle

③ tf.random.experimental

④ tf.random.set_seed

⑤ tf.random.stateless_normal

02 텐서플로우 1.x버전의 기본 동작 방식인 '지연실행(lazy evaluation)'과 2.x버전의 '즉시 실행(eager execution)'의 차이점을 비교 분석하시오.

03 아래 코드는 간단한 행렬곱 연산을 프로그램한 것이다. 이 예제에서 matmul(x,w)의 결과는 (2×3) × (3×1)로 결과는 2×1행렬이다. 여기에 b (1×1)행렬을 더하려고 한다. 이것은 성립하지 않는 연산임에도 아래와 같은 실행결과가 나왔다. 이 연산이 가능한 이유를 알아보자

```
import tensorflow as tf

x = [ [1.,2.,3.],[3.,2.,1.] ]
w = tf.Variable([[1],[2],[3]],dtype=tf.float32)
b = tf.Variable([1],dtype=tf.float32)

y = tf.matmul(x,w)+b
print (y)
```

```
tf.Tensor(
[[17.]
 [13.]], shape=(2, 1), dtype=float32)
```

04 연습 (3-14)를 참고하여 아래와 같이 1차함수, 2차함수, 3차함수를 그래프로 출력해보자. x_data의 범위는 아래와 같다.

```
x_data = np.arange(-2.0, 2.0, 0.1)
```

y_data의 값을 출력할 수 있도록 1차식과 2차식에 필요한 W와 b를 랜덤하게 생성하여 출력값 y_data를 구하고 이것을 화면에 출력해 보자.

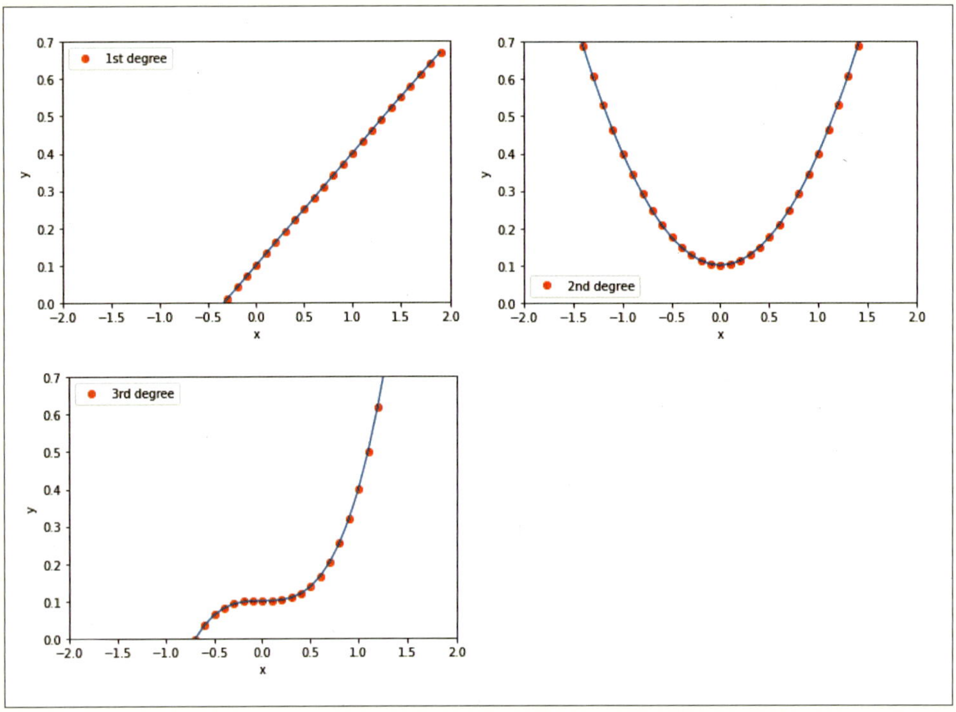

참고문헌

[1] 텐서플로우 공식 홈페이지 https://www.tensorflow.org/

[2] 데이터 사이언스 스쿨, https://datascienceschool.net/

[3] itworld, 리뷰 | 텐서플로우 2, "더 쉬워진 머신러닝",
http://www.itworld.co.kr/news/125595#csidx5ae685ccb05487c8a8044375f629cb8

[4] 김환희, 텐서플로우 2.0 프로그래밍, 위키북스

[5] 고병철, 영상처리기반의 인공지능 입문, 도서출판 그린, 2018.

4

회귀분석(Regression analysis)

CHAPTER 4

회귀분석(Regression analysis)

A라는 공원에 있는 아이스크림 가게는 그날그날 기온에 따라서 판매될 아이스크림 개수를 예측(prediction)한다. 보통 판매자는 순간적인 판단이나 감보다는 과거에 본인의 경험을 바탕으로 최선의 결정을 내리려는 경향이 있다. 판매자의 경험으로는 기온이 오르면 아이스크림 판매 수는 증가하고 기온이 내리면 반대로 판매량은 감소한다. 아이스크림 판매자의 입장에서 기온은 입력 변수(독립변수)가 되고 아이스크림 판매량은 출력 변수(종속변수)가 된다. 이 경우 기온과 아이스크림 판매 개수는 상관관계(correlation)를 갖는다. 회귀분석(regression analysis)이란 하나 또는 그 이상의 변수(독립변수, independent variable) x 들로부터 어떤 특정한 변수(종속변수, dependent variable) y와의 상관관계를 모델링하여 y 값을 설명하고 예측하는 통계적 기법이다. 종속변수는 우리가 알고 싶어 하는 결과 값 또는 예상 값이라고 할 수 있고, 독립변수는 결과 값에 영향을 주는 입력 값이다. 위의 예제에서 독립변수 x에는 '기온'이 될 수 있고 종속변수 y는 '아이스크림 판매 개수'가 될 수 있다.
회귀분석은 이 밖에도 다음 같은 문제들을 예측하는데 적용될 수 있다.

- 인구수 증가에 따른 주택가격 상승
- 담배 판매량과 폐암 환자의 증가
- 체중에 따른 당뇨병 발생 비율

회귀분석은 선형 회귀분석(linear regression)과 비선형 회귀분석(non-linear regression)으로 나눌 수 있다. 선형 회귀분석은 그림 (4-1)의 왼쪽 그림과 같이 변수 간의 데이터 분포를 직선으로 표현한 것이다. 독립변수가 1개라면 1차 선형함수로 표현되고 두 개라면 평면으로 표현된다. 비선형 회귀분석은 그림 (4-1) 오른쪽 그림과 같이 독립변수와 종속변수 사이의 관계를 직선이 아닌 2차, 3차, 4차 함수로 표현한 것을 말한다.

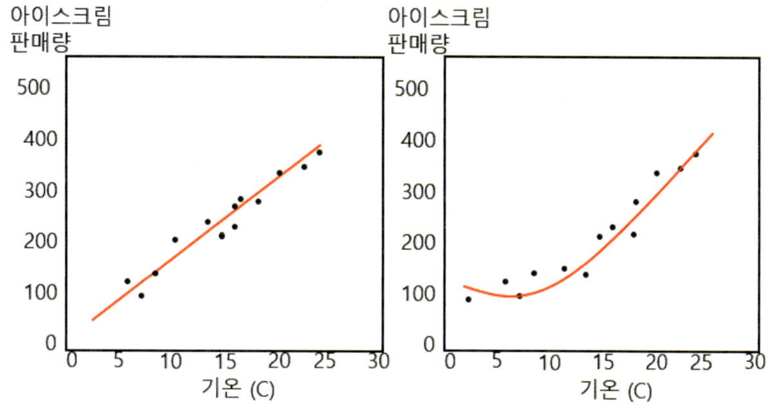

그림 4-1 기온과 아이스크림 판매량에 대한 상관관계를 나타내는 선형함수(왼쪽)와 비선형함수(오른쪽)

4.1 텐서플로우를 이용한 선형회귀

일반적으로 선형회귀 함수는 수식 (4.1)과 같이 직선으로 표시할 수 있다.

$$f(x) = ax + b \tag{4.1}$$

수식 (4.1)을 이용한 선형회귀의 목적은 주어진 데이터에 잘 맞는 함수 $f(x)$의 계수 a와 b를 유추하는 것이다. 수식 (4.1)에서 어떻게 하면 각 데이터들에 가장 잘 매칭이 되는 계수를 뽑아 낼 수 있을까? 이를 위해 각 주어진 데이터를 바탕으로 임의의 직선들을 그림 (4-2)와 같이 만들어 보도록 하자.

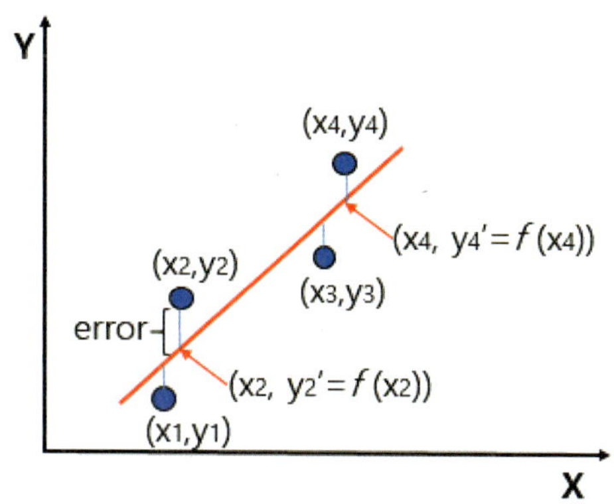

그림 4-2 4개의 점들과 선형회귀 직선 간의 오차(error) 계산

그림 (4-2)에서 점들을 지나는 직선은 여러개가 나올 수 있다. 이 중에서 우리는 점들을 가장 많이 지나는 (근사하는) 직선을 선택해야 한다. 다음과 같은 방식으로 최적의 직선을 선택하는 방법을 생각해 보자.

① 샘플들과 직선상의 한 점 사이에 거리를 구한다.

② 샘플들과 붉은색 직선 사이의 거리 각각 누적한다.

③ 직선과 샘플들 사이의 거리를 '오차(error)' 또는 '잔차(residual)'라고 표현 한다.

④ 만약 후보 직선이 여러 개라면 ①~③의 과정을 반복하고 각 직선들의 오차 합 중에서 그 값이 최소인 하나의 직선을 최적의 직선으로 선택한다.

위의 ③단계에서 샘플들과 직선의 오차를 계산하는 방법 중 하나가 최소제곱법(least squares method)이다. 최소 제곱법은 수식 (4.2)와 같이 나타낼 수 있다. 수식에서 n은 데이터 점들의 개수이다.

$$err = \sum_{i=1}^{n} (y_i - f(x_i))^2 \tag{4.2}$$

최적의 직선은 직선과 데이터 점들 사이에 오류가 가장 적은 직선이므로 최소제곱법에 의해 에러를 구하고 여러 직선 중에서 에러가 최소가 되는 직선을 선택하면 된다. 최소제곱법을 이용하면 파라미터 a(기울기)와 b(y 절편)를 구할 수 있다.

우리가 알고자 하는 파라미터 a, b를 구하기 위해 역행렬을 이용하여 아래와 같이 간단하게 유도 할 수 있다. 수식에서 $\overline{x}$와 $\overline{y}$는 평균을 의미한다.

$$a = \frac{\sum_{i=1}^{n} (y_i - \overline{y})(x_i - \overline{x})}{\sum_{i=1}^{n} (x_i - \overline{x})^2}, \quad b = \overline{y} - a\overline{x} \tag{4.3}$$

이제 수식 (4.3)을 이용하여 선형회귀직선을 만드는 과정을 텐서플로우로 연습해 보자.

연습 4-1

```
import tensorflow as tf
import matplotlib.pyplot as plt
import numpy as np

# 입력 샘플 데이터
X = [0, 0.5, 1.0, 1.5, 2.0, 2.5]
Y = [0.3, 1.9, 2.4, 4.1, 6.8, 7.9]

# X, Y에 대한 평균 구하기
x_mean = sum(X)/len(X)
y_mean = sum(Y)/len(Y)

# 최소제곱법을 이용하여 a, b 계산하기
division = sum((y-y_mean)*(x-x_mean) for y, x in list(zip(Y,X)))
divisor = sum((x-x_mean)**2 for x in X)
a = division/divisor
b =y_mean-a*x_mean

# 그래프 그리기 위해 새로운 X값을 입력
new_X = np.arange(0,3, 0.05)

# 신형 회귀직선을 이용하여 예측 Y값 계산
new_Y = a*new_X+b
# 화면에 그래프로 그리기
print('a:', a, 'b:',b)

plt.plot(X,Y, 'ro', label='Sample Data')
plt.plot(new_X, new_Y, 'b-', label='Test Data')
plt.xlabel('X')
plt.ylabel('Y')
plt.legend()
plt.show()
```

```
a: 3.1085714285714285 b: 0.014285714285714235
```

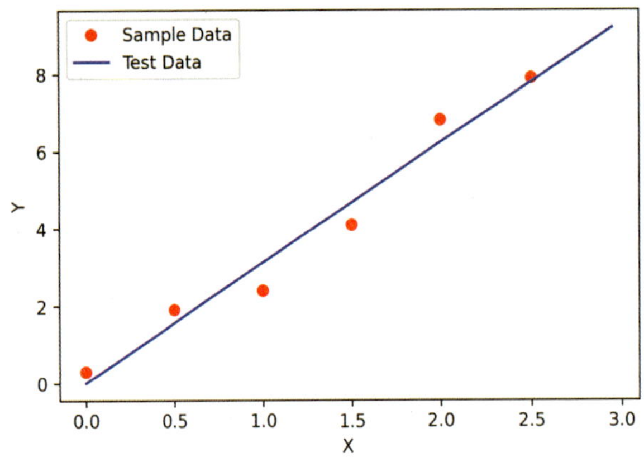

4.1.1 비용함수(cost function)

이번에는 텐서플로우의 최적화 함수를 이용하여 X와 Y의 상관관계를 분석하는 기초적인 선형회귀 모델(직선의 방정식)을 만들어 보자. 우리가 만들려고 하는 선형회귀모델 예측식을 hypothesis라고 하고 아래와 같이 정의하자.

$$H(x) = Wx + b \tag{4.4}$$

수식 (4.4)에서 H는 수식 (4.1)의 f와 동일하다. 하지만 (4.1)에서 a(기울기)는 이제 부터는 W로 표기하기로 하고 기울기라는 용어 대신에 가중치(weight)로 부르자. 이제부터 우리는 수식 (4.4)에서 중요 파라미터인 W와 b를 주어진 학습 샘플 데이터로부터 구해야 한다. 학습 샘플 데이터 x와 y가 주어졌을 때 W와 b는 수식 (4.2)를 변형한 손실함수(cost function) 수식 (4.5)를 이용하여 비용(cost, 오차 Error)을 최소화시키는 W와 b를 구하면 된다.

$$\text{cost}(W, b) = \frac{1}{m}\sum_{i=1}^{m}(H(x^i) - y^i)^2 \tag{4.5}$$

수식에서 m은 학습 샘플 데이터의 개수이다. 비용(cost, Error)과 손실(loss)이라는 용어가 혼동되어 사용되는데 loss는 개별 샘플에 대한 손실을 의미한다. 즉, 손실은 실제값과 모델로 예측한 값이 얼마나 차이가 나는가를 나타내는 값으로, 손실이 작을수록 그 모델이 X와 Y의 관계를 잘 설명하고 있다는 뜻으로, 주어진 X값에 대한 Y값을 정확하게 예측할 수 있다는 뜻이다. 이에 비해 비용(cost, Error)은 손실을 전체 데이터에 대해 구한 경우이다. 학습은 변수들의 값을 다양하게 넣어 계산하면서 이 손실을 최소화 하는 W와 b를 구하는 것이다.

4.1.2 경사 하강법(Gradient descent)

최적화 함수(Optimization function)란 선형회귀모델에서 가중치 W와 편향(y절편, b)을 변경해 가면서 손실값을 최소화하는 (가장 최적화된) 가중치와 편향을 찾아주는 함수이다. 하지만 무작위로 두 파라미터를 변경하는 것은 매우 오래 걸리고 학습 시간도 예측하기 힘들다. 아래 예는 입력값에 따른 출력값을 예측하기 위해 필요한 가중치를 일정 값 만큼 변화시켜가면서 비용을 그래프로 그려본 것이다. 아레 코드의 결과 그래프를 보면 W에따라 cost가 서서히 최소화 되다가 어느 순간 다시 증가 되는걸 알 수 있다. 그렇다면 우리는 어느 구간에서 W의 값을 결정해야 할까? 바로 cost를 최소화해주는 W를 찾으면 된다. 그렇다면 W를 자동으로 최소화 시켜주는 방법은 없을까?

```
import tensorflow as tf
import matplotlib.pyplot as plt
X=[1,2,3]
Y=[1,2,3]
W_val=[]
cost_val=[]
for feed_W in tf.range(-3,5, 0.1):
  X = tf.cast(X, tf.float32)
  hypothesis=X*feed_W
  cost=tf.reduce_mean(tf.square(hypothesis-Y))
  W_val.append(feed_W)
  cost_val.append(cost)
plt.plot(W_val,cost_val, 'ro')
plt.xlabel('W')
plt.ylabel('cost')
plt.show()
```

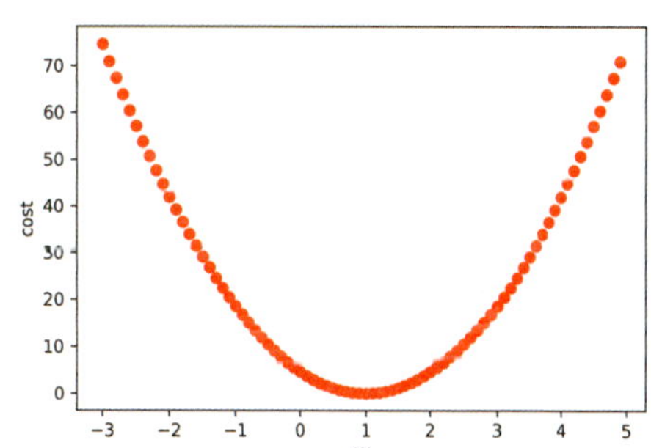

최적화 방법 중 가장 기본적인 알고리즘으로 비용 함수의 경사(기울기)를 구하고 경사가 낮은 쪽으로 계속 가중치를 이동시키면서 최적의 값을 찾아 나가는 방법이 있는데 이러한 방법을 경사 하강법(gradient descent)이라고 부른다.

학습의 목표는 비용 (오류) E를 줄이는 쪽으로 가중치 W를 수정해 가면서 0(E=0)인 W를 찾아야 한다.

이 방법은 현재 위치에서 경사가 가장 급하게 하강하는 방향을 찾고, 그 방향으로 W를 약간 이동하여 새로운 위치를 잡는 과정을 반복하면서 가장 낮은 지점(최저점)을 찾아가는 방법이다. 우선 그림 (4-3)을 살펴보자. 그림 (4-3)은 가중치 W의 변화에 따른 비용(에러) E의 변화를 나타낸다.

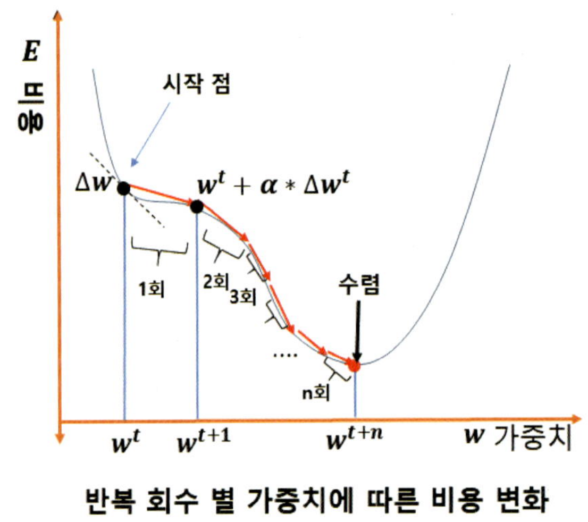

그림 4-3 경사 하강법을 이용한 최적 가중치 찾기

경사하강법을 이용해 최적 가중치를 구하는 과정을 순서대로 정리해보자

① **가중치 초기화**: 먼저 가중치 W^t의 초기 값을 설정한다. 초기 가중치 값은 1로 설정할 수도 있고 임의 구간의 랜덤값을 설정할 수도 있다.

② **비용함수 계산**: 가중치를 이용하여 수식 (4.5)의 비용함수(E)를 계산한다. W^t에 따른 비용함수의 변화량(기울기)를 알기 위해 비용에 대한 가중치의 미분을 계산한다.

$$\triangle W = \frac{\partial E}{\partial W} \tag{4.6}$$

③ **가중치 갱신**: 수식 (4.6)에서 기울기는 음수값을 갖는다. 이 값을 다음번 가중치에 그대로 더하면 가중치가 왼쪽으로 이동함으로 기울기에 –를 취해서 +로 만들어 만들어 준다. W를 기울기 방향으로 델타(△)만큼 조금씩 움직이는 것을 반복하다 보면 최저점에 접근할 수 있다. 현재의 가중치 W^t, 그리고 움직인 후의 가중치를 W^{t+1}이라고 하면, t+1에서의 W위치는 다음 수식을 통해 얻을 수

있다. 가중치 위치를 결정하기 위한 또 다른 변수 α를 학습률(learning rate)라고 한다. 학습률은 W벡터의 변화량 크기를 결정하는 값이다.

$$W^{t+1} = W^t + \alpha \cdot \triangle W \tag{4.7}$$

④ **반복 학습**: 이제 ②~③의 과정을 반복한다. 반복은 지정한 n번 반복하거나 비용함수의 값이 일정 임계값 이하 (수렴) 할 때까지 지속하도록 설정한다. 전체 데이터를 고려해서 1회 학습이 끝났을 때 이것을 1 에폭(epoch)이라고 부른다.

이제 경사 하강법을 이용하여 선형회귀직선을 만드는 과정을 텐서플로우로 구현해 보자.

연습 4-2

```
import tensorflow as tf
import matplotlib.pyplot as plt

# X 입력값
# Y X에 대해 예측된 y의 값
X = [0, 0.5, 1.0, 1.5, 2.0, 2.5]
Y = [0.3, 1.9, 2.4, 4.1, 6.8, 7.9]
# W, b를 -1.0~1.0 사이에 균등분포 갖는 shape 1의 변수형 텐서로 설정
W = tf.Variable(tf.random.uniform([1], -1.0, 1.0))
b = tf.Variable(tf.random.uniform([1], -1.0, 1.0))

# 텐서플로우에 기본적으로 포함되어 있는 함수를 이용해 경사 하강법 최적화를 수행
# 학습률은 0.1로 고정
optimizer = tf.compat.v1.train.GradientDescentOptimizer(learning_rate=0.1)

# 비용 함수 계산
@tf.function()
def cost_eval():
   # y = W(가중치 ) * x + b (bias , 편향)
   # W와 X가 행렬이 아니므로 tf.matmul 이 아니라 기본 곱셈 기호를 사용
     hypothesis = W * X + b
   # mean(h - Y)^2 : 예측값과 실제값의 거리를 비용(손실) 함수로 계산.
     cost = tf.reduce_mean(tf.square(hypothesis - Y))
     return cost
```

```
print("epoch    W          b       cost")
# 최적화를 10번 수행
for epoch in range(10):
        # 비용을 최소화 하는 것이 최종 목표
        optimizer.minimize(cost_eval, var_list=[W,b])
        # 손실, 가중치, 편향을 출력
        # numpy()함수는 변수의 배열만 출력
        print(epoch,  W.numpy(), b.numpy(), cost_eval().numpy())
# 최적화가 완료된 모델에 테스트 값을 넣고 결과가 잘 나오는지 확인
print("\n=== Test ===")
x=5.
print('X:', x, 'Y:', (W * x + b).numpy())
x=2.5
print('X:', x, 'Y:', (W * x + b).numpy())

# 그래프 그리기 위해 새로운 X값을 입력
new_X = tf.range(0, 3, 0.05)
# 선형 회귀직선을 이용하여 예측 Y값 계산
new_Y = W*new_X+b

plt.plot(X,Y,'ro', label='Sample Data') # 'ro'는 red circle
plt.plot(new_X, new_Y,'b-')
plt.xlabel('X')
plt.ylabel('Y')
plt.legend()
plt.show()
```

```
epoch    W          b       cost
0 [1.3559605] [0.15818855] 6.6599526
1 [2.1232648] [0.56756073] 1.3986381
2 [2.436545] [0.7032324] 0.5827048
3 [2.5723205] [0.7334497] 0.44264054
4 [2.6383111] [0.72367966] 0.4066018
5 [2.6764987] [0.699366] 0.38771924
6 [2.7032619] [0.67036813] 0.3726898
7 [2.7250082] [0.640479] 0.3593795
8 [2.7442598] [0.6111312] 0.34735838
9 [2.7620246] [0.58284] 0.33646572
```

```
=== Test ===
X: 5.0 Y: [14.392963]
X: 2.5 Y: [7.4879017]
```

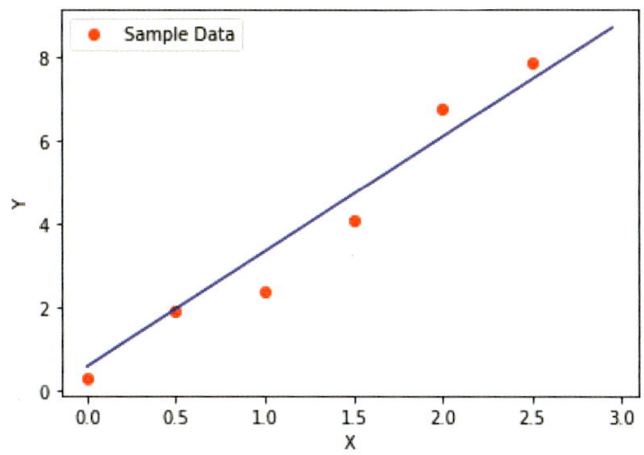

위 결과와 같이 나오는지 확인해 보자. 매 시행때마다 결과가 조금씩 달라지는 것을 알 수 있을 것이다. 왜 이렇게 매번 결과가 조금씩 달라지는지 생각해 보자.

코드에서 최적화를 위해 tf.compat.v1.train.GradientDescentOptimizer()를 사용하였는데, GradientDescentOptimizer()는 텐서플로우 2.0에서는 지원하지 않는 함수이기 때문에 텐서플로우 1.x 버전을 사용하여 구현해 보았다.

여기서 잠깐~!

학습율(Learning rate)

학습률(α)은 W벡터의 변화량 크기를 결정하는 값으로, 학습률이 작다면 발산하지 않고 안전하게 정확한 해에 접근 할 수 있지만, 반복회수가 많아져서 계산 시간이 오래 걸리는 단점이 있다. 반대로 학습률이 너무 크면 해에 접근하는 속도는 빨라지지만 정확하게 수렴하지 못하고 발산할 수 있다. 따라서 학습률의 결정은 학습속도와 정확도면에서 중요한 파라미터다. 학습률은 사용자에 의해 경험적으로 결정되지만 최근에는 학습이 진행되는 과정에서 W의 수렴 정도에 따라 학습률을 가변적으로 조정하는 방법도 연구되고 있다. 학습률을 결정하는 방법에는, ㉠ 고정된 학습률을 사용하는 방법, ㉡ 학습초기에 큰 값을 설정하고 학습의 진행에 따라 학습률을 조금씩 줄여가는 방법, ㉢ 신경망의 경우 모든 층마다 서로 다른 학습률을 사용하는 방법 등이 있다.

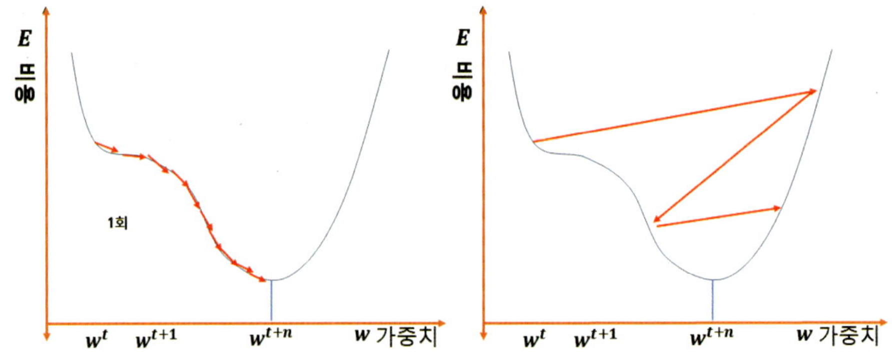

4.1.3 확률적 경사 하강법(Stochastic Gradient Descent, SGD)

4.1.2의 경사 하강법 에서는 델타 값(△ W)을 구하기 위해 에러에 대해 미분을 취하는 경사 하강법을 설명하였다. 하지만 학습데이터가 상당히 많은 경우 모든 데이터를 적용하여 델타를 구하는 것은 연산량이 많이 필요하고(이러한 방식을 full batch방식이라고 한다), 가중치의 초기 설정 값에 따라 근사해가 지역 최솟값에 빠지는 경우가 발생할 수 있다. 이러한 문제점을 해결하기 위해 가중치의 변화폭을 결정하는 학습률을 고정시키지 않고 상태에 따라 적응적으로 조절하는 방법을 사용할 수 있다. 경사 하강법의 문제점을 해결하기 위해 전체 학습데이터를 사용하지 않고 확률적으로 선택한 샘플의 일부(한개 또는 그 이상) 샘플만을 사용하는 방식을 사용한다. 랜덤하게 추출된 일부 데이터만을 사용하고 이 데이터들에 대해 경사하강법을 적용하는데 일부 데이터만 사용하기 때문에 학습 속도는 매우 빠르지만 학습 중간 과정에서 결과의 진폭이 크고 불안정하다. 또 데이터를 하나(혹은 몇 개)씩만 처리하기 때문에 오차율이 크고 GPU의 성능을 모두 활용하지 못하는 단점이 있다.

이러한 단점을 보완하기 위해 미니배치 경사 하강법(minibatch gradient descent)이 고안되었다. 미니배치 경사 하강법은 그림 (4-4)와 같이 전체 샘플의 일부를 선택하여 묶은 작은 집합(미니배치)으로 가중치를 갱신하는 방법이다. 예를 들어 10,000개의 훈련 샘플이 있을 경우 이 중에서 2,500개를 확률적으로 무작위로 선택하여 2,500개씩 나누어 학습에 사용하는 것으로 학습결과가 10,000개를 사용했을 때와 정확히 일치하지 않겠지만 전체적으로 유사한 값을 예측할 수 있다. 미니 배치의 크기는 일반적으로 메모리가 감당할 수 있을 정도를 고려하여 결정한다.

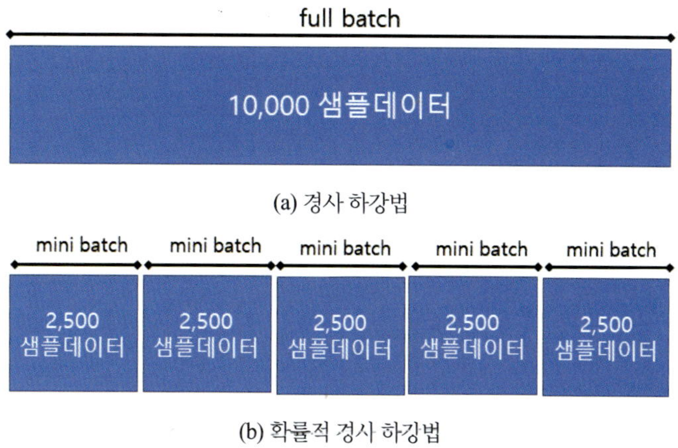

그림 4-4 경사 하강법의 full–batch와 확률적 경사하강법의 mini–batch방법

이러한 미니배치 경사 하강법은 최근에 딥 러닝의 학습에 많이 사용되고 있다. 텐서플로우 2.0에서 SGD 함수의 기본 형은 아래와 같다.

```
tf.optimizers.SGD(learning_rate=0.01, momentum=0.0, nesterov=False,1) name='SGD', **kwargs)
```

여기서 모멘텀(momentum, 가속도, 촉매재)이라는 파라미터가 있는데, 모멘텀이란 물리학 용어로 '이전 시간에 A라는 방향으로 움직이고 있었던 물체를 B라는 방향으로 움직이도록 변경하여도 일정 부분은 A라는 방향으로 계속 움직이려고 하는 힘이 작용하는 것'[2]을 나타낸 것이다. 경사 하강법의 수렴속도를 높이기 위해 학습률을 조성하는 방법 외에 모멘텀을 추가할 수 있다. 기본적으로 경사 하강법은 학습율의 크기만큼 기울기 방향으로 이동하기 때문에 많은 경우에 SGD는 최적점의 방향으로 곧장 이동하는 것이 아니라, 진동하며 이동할 수 있다. 모멘텀을 이용하는 경우에는 이러한 비효율적인 이동을 최소화 할 수 있다. 모멘텀을 통해 기대할 수 있는 다른 이점은 지역 최적화(local optimum)를 회피할 수 있다는 것이다. 지역 최적화에 빠지면, 알고리즘은 최소점을 벗어나지 못하고 그 주위를 계속해서 맴도는 현상이 발생한다. 이때 모멘텀을 이용한다면, 모멘텀이 촉매재[3]처럼 작용하여 지역 최적점을 빠져나갈 수 있게 된다.

1) 기본적인 momentum 방식은 이동을 중지해야 하는 지점에 도달해도 momentum에 의해 해당 지점을 지나칠 수 있다는 문제가 있다. Nesterov accelerated gradient(NAG)는 이러한 문제점을 해결하기 위해 제안된 것으로 momentum 계산 시momentum에 의해 발생하는 변화를 미리 보고 momentum을 결정하는 방식이다. SGD함수에서 nesterovsms 디폴트로 False이다. https://untitledtblog.tistory.com/149

2) [머신 러닝/딥 러닝] 인공 신경망을 위한 확률적 경사 하강법, https://untitledtblog.tistory.com/149

3) 모멘텀에 대한 국문 용어는 탄력, 가속도, 추진력 등으로 해석할 수 있는데 쉽게 발화를 쉽게 하는 촉매재, 불쏘시개로 생각하면 이해가 쉬울 것이다.

기존의 경사하강법은 수식 (4.7)과 같이 현재 시간의 변화량(기울기)만을 이용해서 가중치를 갱신한다. 하지만 모멘텀 기반의 확률적 경사하강법은 이전 시간의 변화량까지 고려하여 가중치를 갱신한다.

$$W^{t+1} = W^t + (\alpha \triangle W^t + \mu \triangle W^{t-1}) \tag{4.8}$$

수식 (4.8)에서 $(\mu \triangle W^{t-1})$가 모멘텀을 나타내며, 모멘텀의 μ는 이전 갱신 값의 비율을 결정하는 hyper-parameter로 일반적으로 0.5~0.9 사이의 값을 부여한다.

연습 (4-2)에서 아래 코드만 SGD로 수정하여 프로그램을 다시 동작시켜 보자.

```
optimizer = tf.compat.v1.train.GradientDescentOptimizer(learning_rate=0.1)
↓
optimizer = tf.optimizers.SGD(learning_rate=0.1)
(모멘텀 파라미터 값을 부여하지 않는다.)
```

예제에서는 SGD를 설정하면서 별다른 설정을 하지 않았기 때문에 미니 배치는 1로 설정되는데 샘플들의 개수가 적음으로 결과에서 보는것과 같이 이전의 경사 하강법과 결과는 크게 차이가 없다. 예제에서는 10개의 샘플데이터를 학습에 사용했지만 샘플 데이터의 크기가 커지게 되면 처리시간 측면에서 SGD가 훨씬 수렴속도가 빠르다는 것을 확인할 수 있다. SGD에서 미니 배치를 설정하여 학습하는 방법은 다음 장에서 공부하도록 한다.

```
epoch    W           b          cost
0 [1.6275687] [0.1558778] 4.7528453
1 [2.2709637] [0.49781007] 1.0596613
2 [2.533986] [0.61050713] 0.48619124
3 [2.6482823] [0.6349092] 0.3871059
4 [2.7040923] [0.6258568] 0.3610958
5 [2.7365859] [0.6046624] 0.34719253
6 [2.759485] [0.57958347] 0.33605406
7 [2.7781584] [0.5537955] 0.32617733
8 [2.7947204] [0.5284968] 0.3172551
9 [2.8100162] [0.50411737] 0.3091702

=== Test ===
X: 5.0 Y: [14.554198]
X: 2.5 Y: [7.529158]
```

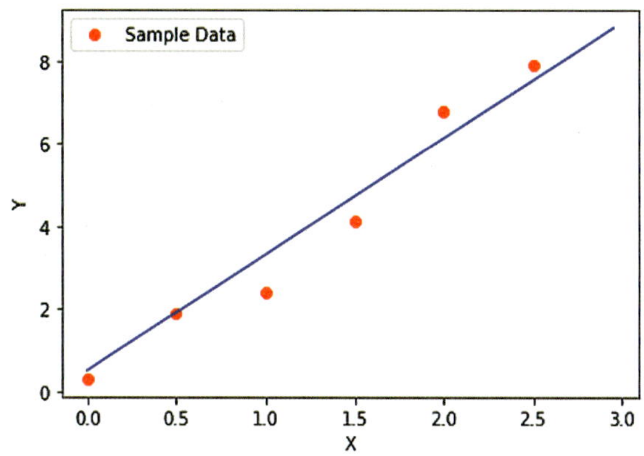

4.1.4 Adam 최적화 방법(Adaptive moment estimation, Adam)

Adam최적화 방법은 D. P. Kingma와 J. L.Ba가 2015년 ICLR(Int. Conf. Learning Representation)에서 제안한 방법이다. 이 방법은 모멘텀과 RMSProp[4]의 장점을 합친 알고리즘으로 딥 러닝 학습에서 가장 많이 이용되고 있는 최적화 알고리즘이다. Adam은 최적화 과정을 효율적으로 만들기 위해 고정된 학습율을 사용하는 것이 아니라 각각의 변수마다 적합한 학습율을 자동으로 설정한다. 지금까지 변화가 많았던 변수들은 optimum의 근처에 있을 확률이 높기때문에 학습율를 작게 함으로써 더욱 세밀하게 가중치가 갱신되도록 만들고, 변화가 적었던 변수들은 optimum에서 멀리 벗어나 있을 확률이 높기 때문에 학습율을 크게 함으로써 더욱 빠르게 optimum으로 수렴하도록 만드는 것이다. Adam 최적화 방법은 수식적으로 복잡하므로 이 교재에서는 다루지 않고 자세히 공부해보고 싶다면 논문[5]을 참고해 보기 바란다.

텐서플로우 2.0에 정의되어 있는 Adam최적화 함수의 기본형은 아래와 같다. 저자의 논문에는 학습율은 0.001, $\beta1$는 0.9, $\beta2$는 0.999, ϵ으로는 10^{-7} 값이 가장 좋은 Default 값이라고 명시되어 있다.

```
tf.optimizers.Adam(learning_rate=0.001, beta_1=0.9, beta_2=0.999, epsilon=1e-07, amsgrad=False,
name='Adam', **kwargs)
```

4) http://www.cs.toronto.edu/~tijmen/csc321/slides/lecture_slides_lec6.pdf

5) Diederik P. Kingma, Jimmy Lei Ba, ADAM: A METHOD FOR STOCHASTIC OPTIMIZATION, ICLR 2015.

연습 (4-2)에서 아래 코드만 Adam으로 수정하여 프로그램을 다시 동작시켜 보자.

```
optimizer = tf.compat.v1.train.GradientDescentOptimizer(learning_rate=0.1)
                                ↓
optimizer =tf.optimizers.Adam(learning_rate=0.1)
(모멘텀 파라미터 값을 부여하지 않는다.)
```

```
epoch    W           b        cost
0 [0.996457] [-0.22272363] 11.761411
1 [1.0962275] [-0.12299073] 10.220203
2 [1.1955926] [-0.02373444] 8.800172
3 [1.2943543] [0.07480589] 7.5024967
4 [1.3922954] [0.17236266] 6.3276424
5 [1.4891759] [0.26863557] 5.2752957
6 [1.5847327] [0.36328918] 4.344257
7 [1.6786801] [0.45595366] 3.532317
8 [1.7707101] [0.54622364] 2.836174
9 [1.8604944] [0.6336605] 2.2513492

=== Test ===
X: 5.0 Y: [9.936132]
X: 2.5 Y: [5.2848964]
```

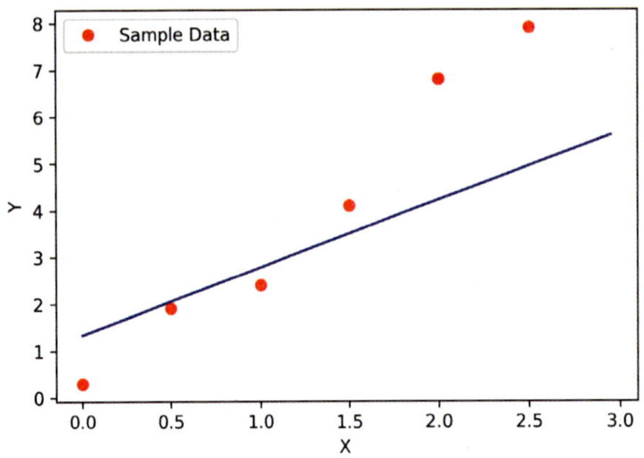

예측 결과가 경사하강법이나 SGD방법에 비해 정확하지 않을 것을 알 수 있다. 학습률 등의 파라미터가 맞지 않았을 가능성이 크므로 각자 연습문제에서 원인을 분석해 보고 가장 좋은 파라미터를 찾아보도록 하자.

4.2 텐서플로우를 이용한 비선형회귀

4.1장에서 우리는 텐서플로우를 이용하여 선형회귀함수를 만드는 방법에 대해 살펴보았다. 관측데이터 x와 예측 결과 y사이에 상관관계가 크고 일정한 패턴을 보인다면 선형회귀함수로도 데이터가 모델링 될 수 있지만 실제 데이터에는 상관관계가 일정하지 않은 경우가 많다. 예를 들어 노동시간당 기업의 이윤을 모델링할 경우, 노동시간이 증가할수록 이윤이 상승하지만 어느 일정 시간 이상이 되면 노동자들의 집중도가 저하되고 노동 효율성이 떨어져 이윤이 오히려 저하되는 현상이 발생한다. 이러한 현상을 선형회귀함수로는 표현할 수 없다. 따라서 복잡도가 증가하는 문제일수록 비선형 회귀힘수로 설명해야 하는 경우가 많다. 본 장에서는 텐서플로우를 이용하여 여러 가지 비선형 회귀함수 중에서 다항식을 이용한 비선형 회귀함수 만드는 방법에 대해 살펴보도록 한다.

4.2.1 비선형회귀 함수

비선형회귀함수는 다항식을 기본으로 하고 있으므로 1차식과 다르게 j항을 갖는다고 가정하면 아래와 같이 표현 가능하다.

$$f(x) = a_0 + a_1 x + a_2 x^2 + a_3 x^3 + \dots + a_j x^j = a_0 + \sum_{k=1}^{j} a_k x^k \tag{4.9}$$

선형회귀 함수와 마찬가지로 샘플 데이터가 주어졌을 경우, 어떻게 데이터에 최적인 비선형 함수를 만들 수 있을까? 여기서 최적이라는 의미는 주어진 예측값 y와 함수 f(x)의 출력값 사이에 오차가 최소화 된다는 의미로 선형회귀에서 사용한 최소제곱법을 사용할 수 있다.

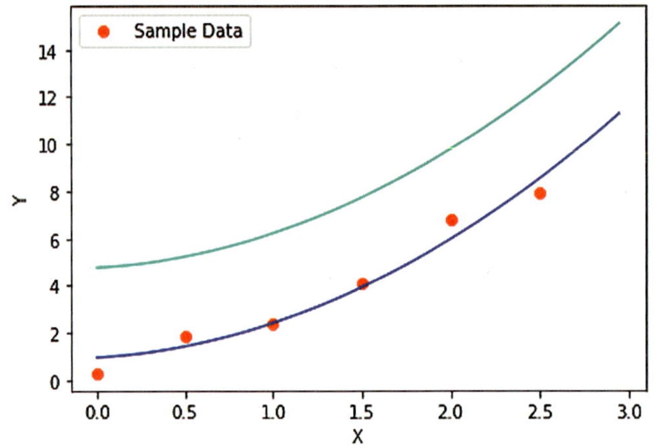

그림 4-5 6개의 샘플에 대해 최소 제곱법을 이용한 비선형 회귀 함수 선택

최소제곱법을 이용해서 에러를 측정하기 위한 기본 식은 수식 (4.10)과 같이 표현할 수 있다.

$$err = \sum(d_i)^2 = (y_1 - f(x_1))^2 + (y_2 - f(x_2))^2 + (y_3 - f(x_3))^2 + (y_4 - f(x_4))^2 \quad (4.10)$$

수식 (4.10)을 수식 (4.9)에 대입하면 수식 (4.11)과 같이 표현 할 수 있다.

$$err = \sum_{i=1}^{n} \left(y_i - \left(a_0 + a_1 x_i + a_2 x_i^2 + a_3 x_i^3 + \dots + a_j x_i^j\right)\right)^2 \quad (4.11)$$

수식에서 n은 샘플 데이터의 개수이고 j는 다항식의 차수이다. 수식 (4.11)는 다시 (4.12)로 간단하게 줄일 수 있다.

$$err = \sum_{i=1}^{n} \left(y_i - \left(a_0 + \sum_{k=1}^{j} a_k x^k\right)\right)^2 \quad (4.12)$$

이제 함수와 주어진 샘플 데이터 사이의 거리가 최소화 되는 최적의 함수를 찾으면 된다. 연습 (4-3)에서 텐서플로우를 이용하여 2차함수 $f(x) = a_0 + a_1 x + a_2 x^2$ 인 비선형회귀함수를 만드는 과정을 연습해 보자.

연습 4-3

```
import tensorflow as tf
import matplotlib.pyplot as plt

X = tf.constant([0, 0.5, 1.0, 1.5, 2.0, 2.5])
Y = tf.constant([0.3, 1.9, 2.4, 4.1, 6.8, 7.9])
a0 = tf.Variable(tf.random.uniform([1], -1.0, 1.0))
a1 = tf.Variable(tf.random.uniform([1], -1.0, 1.0))
a2 = tf.Variable(tf.random.uniform([1], -1.0, 1.0))

optimizer = tf.compat.v1.train.GradientDescentOptimizer(learning_rate=0.01)
# optimizer =tf.optimizers.Adam(learning_rate=0.07, beta_1=0.9, beta_2=0.999,
# epsilon=1e-08, amsgrad=False, name='Adam')
# optimizer =tf.optimizers.SGD(learning_rate=0.01)

@tf.function()
def cost_eval():
   # y = a0+a1*x+a2*x^2 (2차함수)
   # W와 X가 행렬이 아니므로 tf.matmul 이 아니라 기본 곱셈 기호를 사용
     hypothesis = a0+a1*X+(a2*(X**2))
     cost = tf.reduce_mean(tf.square(hypothesis - Y))
     return cost

print("epoch    a0        a1          a2        cost")
 # 최적화를 10번 수행
for epoch in range(0,10, 1):

        # 손실 함수를 작성.
        # mean(h - Y)^2 : 예측값과 실제값의 거리를 비용(손실) 함수로 계산.

        # 텐서플로우에 기본적으로 포함되어 있는 함수를 이용해 최적화를 수행
        # 비용을 최소화 하는 것이 최종 목표
        optimizer.minimize(cost_eval, var_list=[a0,a1,a2])
        # 손실, 가중치, 편향을 출력
        print(epoch,  a0.numpy(), a1.numpy(), a2.numpy(), cost_eval().numpy())

# 최적화가 완료된 모델에 테스트 값을 넣고 결과가 잘 나오는지 확인.
print("\n=== Test ===")
x=5.
print('X:', x, 'Y:', (a0+a1*x+(a2*(x**2))).numpy())
```

```
x=2.5
print('X:', x, 'Y:', (a0+a1*x+(a2*(x**2))).numpy())

# 그래프 그리기 위해 새로운 X값을 입력
new_X = tf.range(0, 3, 0.05)
# 선형 회귀직선을 이용하여 예측 Y값 계산
new_Y = a0+a1*new_X+(a2*(new_X**2))

plt.plot(X,Y,'ro', label='Sample Data') # 'ro'는 red circle
plt.plot(new_X, new_Y,'b-')
plt.xlabel('X')
plt.ylabel('Y')
plt.legend()
plt.show()
```

```
epoch    a0          a1            a2          cost
0 [0.9567583] [-0.5942978] [0.5384096] 10.218751
1 [1.0058035] [-0.4986207] [0.7360438] 5.8120055
2 [1.0424175] [-0.4270831] [0.88215125] 3.3912685
3 [1.0698143] [-0.37343726] [0.99007404] 2.0613172
4 [1.0903755] [-0.33305284] [1.0697001] 1.3304642
5 [1.1058664] [-0.30249837] [1.1283574] 0.9286596
6 [1.1175952] [-0.27923068] [1.1714765] 0.70758367
7 [1.1265314] [-0.2613651] [1.2030822] 0.5857736
8 [1.1333936] [-0.24750476] [1.2261572] 0.5184875
9 [1.1387146] [-0.23661453] [1.2429119] 0.48115146

=== Test ===
X: 5.0 Y: [31.02844]
X: 2.5 Y: [8.315378]
```

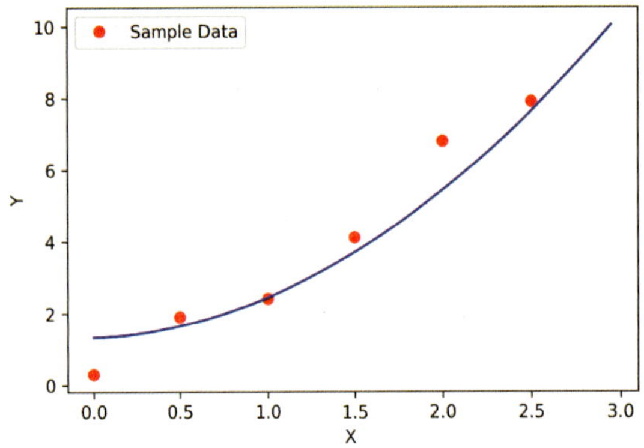

연습 (4-3)에서 최적화 함수를 동일한 학습률을 갖는 SGD와 Adam으로 테스트 해보고 결과를 비교해 보자.

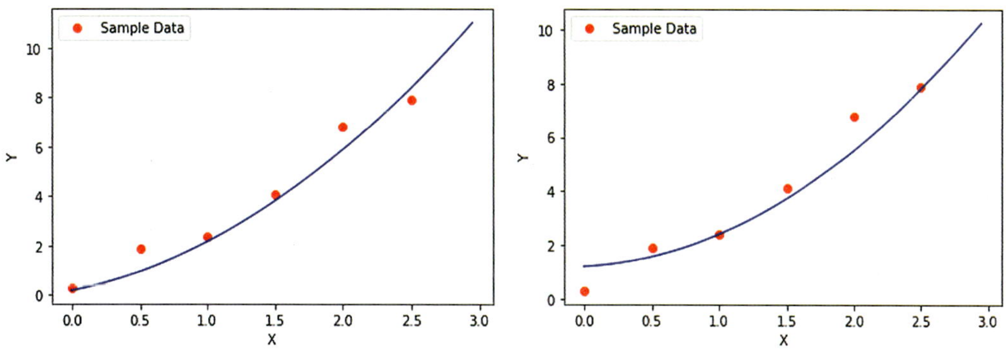

그림 4-6 SGD를 이용한 2차 비선형 함수(좌, 학습률 0.01)와 Adam을 이용한 2차 비선형 함수(우, 학습률 0.7)

CHAPTER 4 정리

1 회귀분석(regression analsys)이란 둘 또는 그 이상의 변수들 간의 상관관계를 모델링하여 어떤 특정한 변수(종속변수, dependent variable) y의 값을 다른 하나 또는 그 이상의 변수(독립변수, independent variable) x 들로부터 설명하고 예측하는 통계적 기법이다.

2 회귀분석은 선형 회귀분석(linear regression)과 비선형 회귀분석(non-linear regression)으로 나눌 수 있다.

3 직선과 샘플들 사이의 거리를 '오차(error)' 또는 '잔차(residual)'라고 표현한다.

4 최소제곱법을 이용하면 파라미터 a(기울기)와 b(y절편)를 구할 수 있다.

5 비용(cost, Error)과 손실(loss)이라는 용어가 혼동되어 사용되는데 loss는 개별 샘플에 대한 손실을 의미한다. 비용(cost, Error)은 손실을 전체 데이터에 대해 구한 경우이다. 손실은 실제값과 모델로 예측한 값이 얼마나 차이가 나는가를 나타내는 값으로, 손실이 작을 수록 그 모델이 X와 Y의 관계를 잘 설명하고 있다는 뜻이다.

6 최적화 함수(Optimization function)란 선형회귀모델에서 가중치 W와 편향(y절편, b)을 변경해 가면서 손실값을 최소화 하는 가장 최적화된 가중치와 편향을 찾아주는 함수이다.

7 최적화 방법 중 가장 기본적인 알고리즘으로 에러 함수의 기울기를 구하고 기울기가 낮은 쪽으로 계속 가중치를 이동시키면서 최적의 값을 찾아 나가는 방법이 있는데 이러한 방법을 경사 하강법(gradient descent)이라고 부른다.

8 학습률은 W벡터의 변화량 크기를 결정하는 값으로, 학습률이 작다면 발산하지 않고 안전하게 정확한 해에 접근 할 수 있지만, 반복회수가 많아져서 계산 시간이 오래 걸리는 단점이 있다. 반대로 학습률이 너무 크면 해에 접근하는 속도는 빨라지지만 정확하게 수렴하지 못하고 발산할 수 있다.

9 경사 하강법의 문제점을 해결하기 위해 전체 학습데이터를 사용하지 않고 확률적으로 선택한 샘플의 일부 샘플만을 사용하는 미니배치 경사 하강법(minibatch gradient descent)방법이 있다. 미니 배치에 사용할 샘플을 확률적으로 무작위로 골라내어 경사 하강에 사용함으로 이를 확률적 경사 하강법(stochastic gradient descent, SGD)이라 부른다.

10 모멘텀을 이용하면 비효율적인 기울기 이동을 최소화 할 수 있다. 또한 지역 최적화(local optimum)를 회피할 수 있다는 장점이 있다.

11 Adam최적화 방법은모멘텀과 RMSProp의 장점을 합친 알고리즘으로 딥 러닝 학습에서 가장 많이 이용되고 있는 최적화 알고리즘이다. 모멘텀은 지속적인 움직임이 누적량을 가중치 갱신에 반영하는 방법이고, RMSProp은 파라미터 개별마다 적응적으로 학습시키는 방식이다.

연습문제

01 텐서플로우에는 GradientDescentOptimizer()이외에 tf.optimizer.Adam(), tf.optimizer.SGD()같은 최적화 함수를 지원하고 있다. 실습에서 사용된 tf.compat.v1.train.GradientDescentOptimizer이외에 두 가지 최적화 함수 Adam(), SGD()를 연습해 보았다. 그 밖에 어떤 최적화 함수들이 있는지 조사해 보고 연습(4-2)를 추가로 조사한 최적화 함수로 변경하여 구현해보자. 또한 그 결과에 대해 분석해보고 기존 방법들과의 차이점이 무엇인지 생각해보자.

02 연습(4-2)의 Adam최적화의 결과가 아래와 같이 다른 2가지 최적화 방법에 비해 정확하지 못한 결과를 도출했다. 원인이 무엇인지 분석해보고 주어진 샘플데이터에 대해 최적화 된 회귀함수를 구해보도록 하자.

```
=== Test ===
X: 5.0 Y: [9.936132]
X: 2.5 Y: [5.2848964]
```

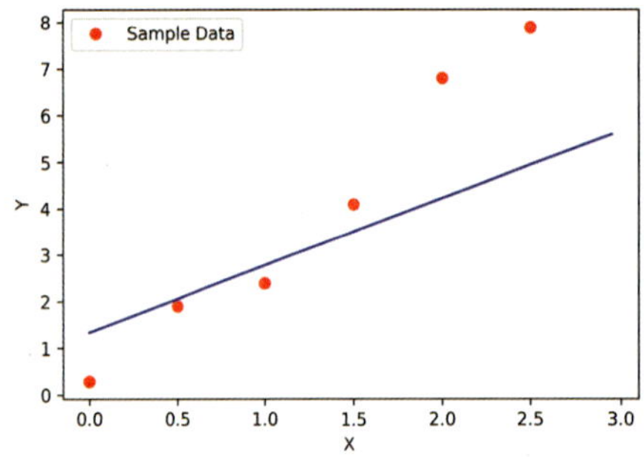

03 연습(4-3)을 참고하여 3차 함수 형태의 비선형회귀식을 프로그래밍 해보자. 3차함수 식은 아래와 같이 쓸 수 있다.

$$f(x) = a_0 + a_1x + a_2x^2 + a_3x^3$$

① 입력값 X, Y는 임의의 값을 넣도록 한다. 특정 범위 안의 랜덤값을 넣어도 된다.

② GradientDescentOptimizer, SGD, Adam의 3가지 최적화 방법을 모두 적용해 보고 그 결과를 비교해 보자.

참고문헌

[1] 텐서플로우 공식 홈페이지 https://www.tensorflow.org/

[2] 데이터 사이언스 스쿨, https://datascienceschool.net/

[3] itworld, 리뷰 | 텐서플로우 2, "더 쉬워진 머신러닝", http://www.itworld.co.kr/news/125595#csidx5ae685ccb05487c8a8044375f629cb8

[4] 김환희, 텐서플로우 2.0 프로그래밍, 위키북스

[5] Diederik P. Kingma, Jimmy Lei Ba, ADAM: A METHOD FOR STOCHASTIC OPTIMIZATION, ICLR 2015.

[6] reniew's blog, 파라미터 최적화, https://reniew.github.io/14/

[7] [머신 러닝/딥 러닝] 인공 신경망을 위한 확률적 경사 하강법, https://untitledtblog.tistory.com/149

5

인공신경망의 기초

CHAPTER 5

인공신경망의 기초

인간의 뇌는 천억 개 이상의 뉴런(neuron)이라고 불리는 신경세포들로 구성되어 있다. 신경세포들은 서로 연결되어 자극을 주고받는 신경망(neural network)을 형성하고 있다. 신경세포는 그림 (5-1)과 같이 세포핵(nucleus), 세포체(cell body), 수상돌기(dendrite), 축삭돌기(축색)(axon), 시냅스(synapse)로 구성된다. 세포체는 세포핵을 포함하는 신경세포의 크고 둥근 부분을 가리키고, 수상돌기는 다른 세포로부터 오는 신호 대부분을 받아들이는 신경세포의 연장부분이다. 다른 신경세포로부터 전달된 화학적 자극은 수상돌기를 통해 세포핵에 전달되고 세포핵에서는 각 신호를 들을 결합하여 강도에 따라 전기적 신호를 축삭을 통해 전달한다. 축삭돌기는 다른 신경세포로 신호는 보내는 통로이다. 이러한 전기적 자

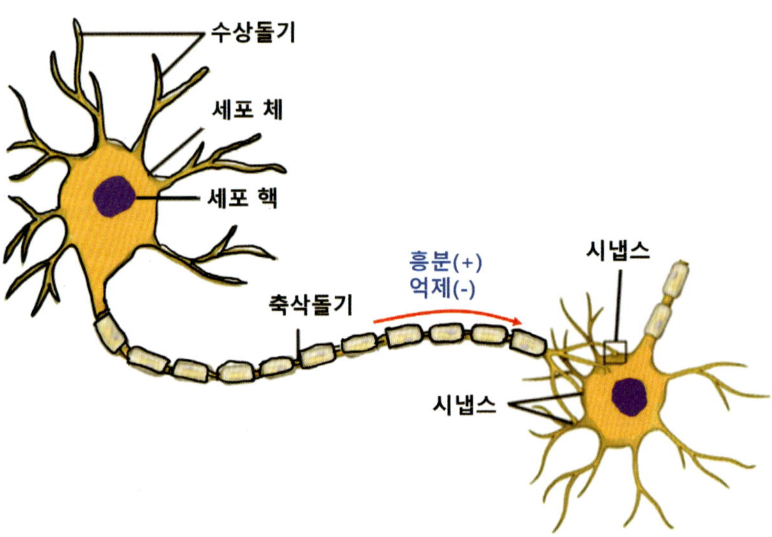

그림 5-1 신경세포의 구성. 신경세포의 종단에 위치한 시냅스는 연결된 또 다른 신경세포의 수상돌기와 연결되어 흥분과 억제와 관련된 화학적 신호를 전달한다.

극은 축삭을 통해 전달되는 과정에서서 전기자극의 크기(흥분일 경우 양의 전기적 신호, 억제일 경우 음의 전기적 신호)에 따라 화학물질로 변환되어 시냅스로 전달된다. 시냅스에서는 자신과 연결된 다른 신경세포에 화학적 물질을 전달한다. 시냅스는 신경세포간 연결부위로 축삭을 통해 전기적 신호가 화학적 물질로 다른 신경세포와 소통하는 통로역할을 한다.[1)]

이 과정을 다시 한번 순서에 따라 정리해 보자.

① 수상돌기로부터 입력된 화학물질은 세포체로 전달되고, 다른 세포와 연결되어 있는 여러 수상돌기로부터 전달된 화학물질을 종합해 임계값 이상일 경우 활성화되어 축삭돌기를 통해 전기적 신호를 발생
② 배출된 전기적 신호는 강도에 따라 시냅스에서 화학적 물질로 다시 변환되어 다른 신경세포에세 전달
③ 신경세포에서 출력되는 화학적 물질은 그대로 다음 세포에 전달되는 것이 아니라 두 세포간의 연결강도에 따라 다른 값을 전달
④ 신경세포들은 학습이라는 과정을 통해 세포간의 연결강도를 조절

신경 세포들은 시냅스와 수상돌기를 통해 서로 연결되어 망을 형성하게 되는데 이것을 신경망(neural network)이라고 부른다.

5.1 단층 인공 신경망 만들기

딥 러닝 알고리즘의 토대는 Rosenblatt가 제안한 퍼셉트론으로부터 출발한다. 초창기에는 인공신경망이 모든 문제를 단번에 해결할 것처럼 관심을 받았지만 이후 단순한 선형 분리만 가능하다는 한계에 봉착하면서 관심이 점차 시들해져갔다. 이후 80년대에 들어서 Hopfield network, Boltzmann machines, Rumelhart 가 제안한 다층 퍼셉트론과 오류 역전파 알고리즘을 통해서 다양한 비선형분리가 가능한 분류 문제를 해결할 수 있다는 연구가 발표되면서 다시 주목을 받기 시작한다. 다층 퍼셉트론의 등장과 함께 인공신경망은 여러 개의 층으로 구성되게 되었으며 이러한 구조를 딥 러닝(deep learning) 연구라고 생각하면 된다. 80년대 후반에는 LeCun에 의해 컴퓨터 비전 분야에 적용 가능한 Convolutional neural network(CNN)가 개발되었다. 최근에는 CNN 기반의 딥 러닝 알고리즘이 컴퓨터 비전 분야에서 가장 주목받는 딥 러닝 알고리즘이지만 초창기에는 큰 관심을 받지 못하다가 2000년 중반 이후에 뛰어난 분류 성능으로 인해 다시 연구자들의 주목을 받기 시작한다.

1) 고병철, 영상처리기반의 인공지능 입문, 도서출판 그린, 2018

5.1.1 인공신경망의 기본 구조

로젠블라트가 제안한 퍼셉트론 인공신경망은 단일 신경망 구조로 그림 (5-1)에서 설명한 인간의 신경망과 아주 유사하다. 인공신경망은 그림 (5-2)에서 보듯이 하나의 뉴런은 복수의 입력을 받아 하나의 출력을 계산하는 구조를 갖는다. 입력 값들은 각 입력마다 다른 가중치(weight)를 곱한 값과 바이어스라고 불리는 값을 합한다. 합해진 총합은 활성화 함수라 불리는 함수 f에 적용되어, 활성화 수준을 계산한다. 활성화된 값은 출력값으로 나타내어진다. 만약 뉴런이 여러층으로 연결되어 있다면 출력 값은 다른 뉴런들의 입력으로 연결되어 진다.

인공신경망을 학습시킨다는 것은, 입력 값에 곱해지는 가중치를 반복적으로 조정하여 학습한다는 것을 의미를 갖는다. 여기서 입력에 곱해지는 가중치(weight)는 입력 값과 목표 값이 주어지면 목표 값을 만족시키기 위한 학습과정에서 결정되게 된다. 이러한 가중치는 장기기억을 위한 기본적인 수단으로 각 뉴런의 입력강도, 또는 중요도를 표현하는 수단이다.

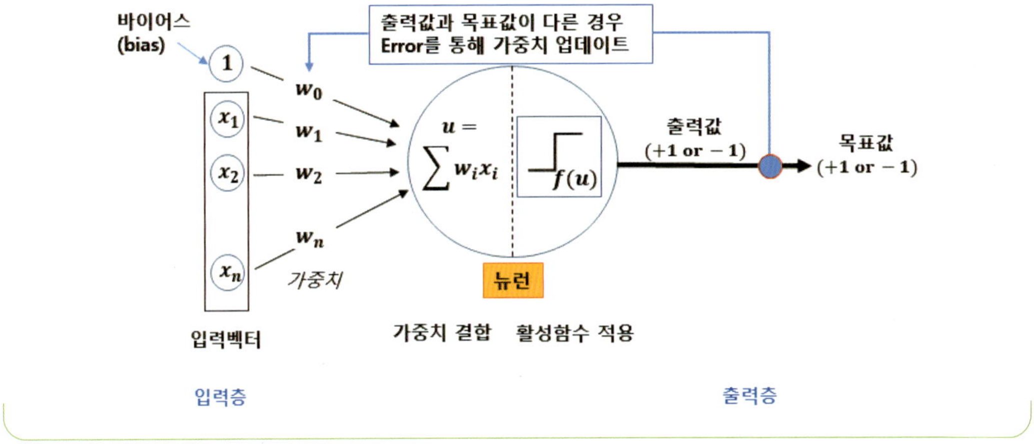

그림 5-2 단일 신경세포(뉴런)으로 이루어진 인공신경망

이제 그림 (5-2)의 인공신경망 구조를 다시 살펴보도록 하자. 인공신경망의 구성은 외부로부터 입력 값을 받아들이는 입력 층(input layer), 활성함수를 적용하여 값을 외부로 내보내는 출력 층(output layer)으로 구성된다. 인공 신경망은 입력 층에서부터 은닉 층을 거쳐 출력 층으로 한 방향으로만 전파되는 신경망 구조로 이러한 구조를 피드포워드 신경망(feedforward neural network)이라고 한다.

그림 (5-2)와 같이 한 개의 입력층과 한 개의 출력층으로만 구성된 망을 단층 신경망(single layer nueral network)이라 하며, 이러한 단층 신경망은 목적에 따라 출력 층에 한 개의 노드(node)만 존재할 수도 있고 여러 개의 노드가 존재할 수도 있다. 뉴런의 특성은 보통 활성화 함수(activation function)에 의해 좌우된다. 활성화 함수는 입력 신호의 결합을 그대로 사용하지 않고, 일정 범위의 출력 신호로 변환하는 함수이다. 활성화함수는 크게 단극성 활성화함수와 양극성 활성화함수로 구분할수 있는데, 단극성은 출력값이 양수만 가능한것을 말하며 양극성은 음수도 출력가능한 활성화 함수를 나타낸다.[2)]

일반적으로 많이 사용되는 활성화 함수는 다음과 같이 6가지로 구분할 수 있다.

① 항등 함수(identity function): 입력값과 동일한 값을 출력한다

$$f(u) = u \tag{5.1}$$

② 계단 함수(step function): 입력 0 이상일 경우 +1 아닐 경우 0 을 출력한다.

$$f(u) = \begin{cases} 1 \text{ if } u \geq 0 \\ 0 \text{ otherwise} \end{cases} \tag{5.2}$$

③ 부호 함수(sign function): 입력 0 이상일 경우 +1 아닐 경우 −1을 출력한다.

$$f(u) = \begin{cases} 1 & \text{if } u \geq 0 \\ -1 & \text{otherwise} \end{cases} \tag{5.3}$$

우선 간단한 3가지 활성화 함수를 그래프로 표현하면 그림 (5-3)과 같다.

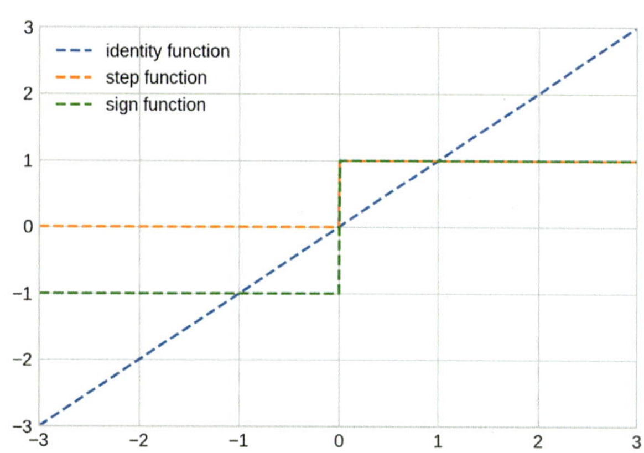

그림 5-3 활성화 함수 중 항등(identity), 계단(step), 부호(sign) 함수 그래프

2) IT Review/AI, 활성화함수의 역할 및 종류, https://saintbinary.tistory.com/8

④ **시그모이드 함수**(sigmoid function): 인공신경망에서 가장 널리 사용되는 활성화 함수로 계단함수나 부호함수와 다르게 미분이 가능하고 0~1사이로 출력 값이 서서히 그리고 매끄럽게 변화한다는 특징이 있다.

$$f(u) = \frac{1}{1+e^{-u}} \tag{5.4}$$

⑤ **하이퍼탄젠트 함수**(Hyper tangent function): 시그모이드 함수와 함께 인공신경망에서 가장 널리 사용되는 활성화 함수로 미분이 가능하고 -1~1사이로 출력 값이 변화한다는 특징이 있다.

$$f(u) = \frac{e^{u}+1}{e^{u}-1} \tag{5.5}$$

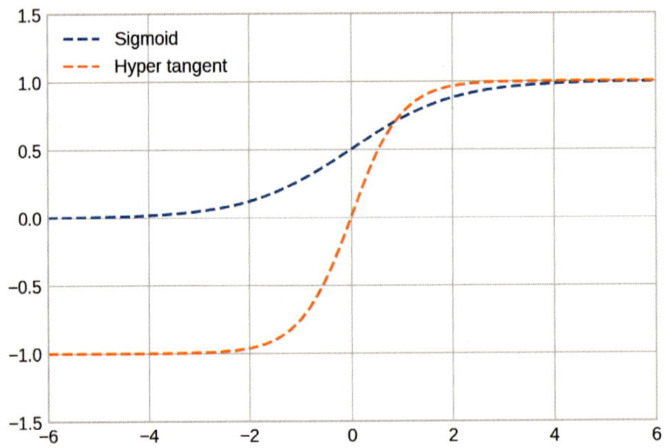

그림 5-4 활성화 함수 중 시그모이드(sigmoid), 하이퍼 탄젠트(hyper tangent) 함수 그래프

⑤ **램프 함수**(ramp function , Rectified Linear Function): 램프함수(실제로는 램프함수라는 용어보다는 ReLU로 불린다) 는 최근 딥 러닝(deep learning)에 많이 사용되는 활성화 함수로, 총합이 0보다 작거나 같을 경우는 무조건 0을 할당하고 0보다 큰 경우는 그 값을 그대로 출력한다. 이 방법은 단순하고 계산량이 적으며, 시그모이드나 하이퍼 탄젠트 함수보다 학습이 빠르다는 장점으로 인해 연산량이 많이 필요한 딥 러닝 네트워크에 주로 사용된다.

$$f(u) = \max(u, 0) \tag{5.6}$$

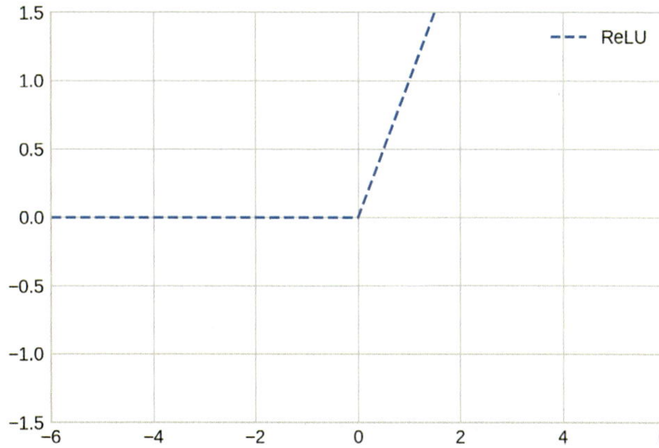

그림 5-5 활성화 함수 중 램프(ReLU) 함수 그래프

5.1.2 퍼셉트론(Perceptron)

우리가 5.1.1에서 공부한 단층 신명망은 로젠블라트가 제안한 퍼셉트론 인공신경망과 동일한 구조를 갖는다. 초기 발표된 퍼셉트론은 단층퍼셉트론으로 입력벡터를 2 개의 클래스로 분류하는 선형분류기이다.

퍼셉트론은 입력층에서 2개의 입력값을 받고, 뉴런에서 가중치 합의 값을 구하고 시그모이드 함수를 적용하여 출력하는 구조로 되어있다. 입력층은 입력벡터 x= $(x_1, x_2)^T$가 2차원이고, 바이어스(bias)를 포함하여 d+1의 입력 노드를 갖는다. 바이어스는 선형경계의 절편을 나타내는 값으로서 직선에서 y의 절편에 해당한다. 초기 바이어스 값은 항상 $x_0 = 1$을 갖는다고 간주하여도 된다. 각 입력 층의 노드들은 각자의 가중치를 갖게 된다. 가중치는 퍼셉트론의 학습 목표인 학습 벡터를 두 부류로 선형분류하기 위한 경계를 찾는 것으로 가중치는 이러한 선형경계의 방향성 또는 형태를 나타내는 값이다. 다음으로 입력 값과 가중치의 곱을 합하여($u = \sum_{i=1}^{d} x_i w_i + x_0 w_o$) 총합을 구하게 되는데, 이 과정은 선형경계의 방정식에 해당한다. 이렇게 계산된 총합은 활성화 함수 f에 적용되어($o_j = f(u_j)$) 출력값을 산출한다. 학습과정에서 가중치 W를 갱신하는 방법은 출력값과 목표값간의 에러를 구하고(수식 5.9), 에러와 학습률을 기반으로 다음번 가중치를 예측하는 방법을 사용한다(수식 5.10). 이 과정을 알고리즘으로 표현하면 표 (5-1)과 같다.

표 5-1 단층 퍼셉트론 학습[3] 과정

❶ 가중치(weight)를 임의의 값으로 초기화

– 가중치는 보통 평균 0, 표준편차 1의 정규분포로 초기화, epoch p = 1

❷ 바이어스(bias)값을 임의의 값으로 초기화

– 보통 1의 값을 부여

❸ for i=1 to n do

{

3–1] p 단계에서 입력벡터에 대한 합 u를 계산

$$u(p) = \sum_{i=1}^{d} x_i w_i + x_0 w_o \tag{5.7}$$

3–2] 활성함수에 합 u를 적용하여 출력 층의 출력 값을 계산(계단함수)

$$f(u(p)) = \begin{cases} 1 \text{ if } u \geq 0 \\ 0 \; otherwise \end{cases} \tag{5.8}$$

3–3] 출력 노드의 출력 값 $y(p)$과 원래 목표 값 $y_d(p)$의 오차 e를 계산

$$e(p) = y_d(p) - y(p) \tag{5.9}$$

3–4] 노드의 출력 값과 원래 목표 값의 e를 이용하여 다음 입력의 가중치 갱신

$$w_i(p+1) = w_i + \alpha \cdot Tx_i(p) \cdot e(p) \tag{5.10}$$

수식 (5.10)에서 α는 학습률(learning rate)을 나타냄($\alpha < 1$)

$$\text{total\_error} += e(p)$$

total_error가 임계값 이하이면 for문을 빠져나올 수도 있음

}

❹ 학습 종료 후 새로운 테스트 벡터를 입력 층에 입력, 결합값과 활성화 함수 적용

$$u(p) = \sum_{i=1}^{d} x_i w_i + x_0 w_o \tag{5.11}$$

$$f(u(p)) = \begin{cases} 1 \text{ if } u \geq 0 \\ 0 \; otherwise \end{cases} \tag{5.12}$$

❺ 출력값 $f(u(p))$이 임계값 보다 크면 1, 그렇지 않으면 0 $f(u(p))$

3) 학습(learning)과 훈련(training)이라는 용어는 혼용되어 많이 사용된다. 본 교재에서도 학습과 훈련이라는 용어가 혼용되어 사용되고 있는데 훈련은 단순히 모델의 파라미터를 새롭게 갱신한다는 좁은 의미라면 학습은 전체 모델 구성과 파라미터 갱신을 모두 포함하는 큰 의미로 해석할 수 있다. 독자는 두 용어가 혼용되어 있더라도 문맥에 맞게 이해하도록 하자.
* 고병철, 영상처리기반의 인공지능 입문, 도서출판 그린, 2018

이제 퍼셉트론을 이용한 논리식 분류과정을 살펴보자. 논리식은 표 (5-2)과 같이 입력값에 따라 AND, OR, XOR로 나타낼 수 있다.

표 5-2 입력값에 따른 논리연산식 출력

입력		AND	OR	XOR
x1	x2			
1	1	1	1	0
1	0	0	1	1
0	1	0	1	1
0	0	0	0	0

이제 표 (5-2)의 AND 논리식(각 입력 값의 벡터 차원 d=2)에 대한 분류함수를 표 (5-1)의 알고리즘을 이용하여 구현해 보자.

먼저 가중치 W는 평균 0, 표준편차 1인 정규 분포로 랜덤하게 설정하고 바이어스는 1, 바이어스 가중치(w0)는 0.5로 설정하자. 학습률은 0.1로 설정한다. 활성화 함수는 계단함수를 사용하고 활성화 결과값에 대한 임계값은 0.5로 설정하여 0.5를 넘으면 1로 판단하고 그렇지 않으면 0으로 판단하도록 하자.

연습 5-1

```
import numpy as np
import tensorflow as tf

def step_func(x): # 계단함수
  return (x>=0)*1
# 입력값
x = np.array([[1, 1], [1, 0], [0, 1], [0, 0]])
# 출력값
y = np.array([[1], [0], [0], [0]])
# 초기 가중치
w = tf.random.normal([2], 0, 1)
# 바이어스
b = 1.0
w0 = 0.5
# 학습률
a = 0.1
```

```
# 1000회 반복
for i in range(1000):
  error_sum = 0
  for j in range(4):  # 특징값 4개에 대해 실시
    output = step_func(np.sum(x[j]*w)+b*w0)
    error = y[j][0] - output    # 에러 계산
    w = w + x[j] * a * error    # 학습률과 에러를 이용한 가중치 갱신
    b = b + a * error           # 바이어스 갱신
    error_sum += error          # 에러 누적

  if i % 50 == 0: # 50번씩 건너뛰며 출력
    print(i, error_sum)

for i in range(4): # 임계값 적용
   if step_func(np.sum(x[i]*w)+b*w0) >0.0:
     output=1.0
   else:
     output=0.0
   print('X:', x[i], 'Y:', y[i], 'Output:',step_func(np.sum(x[i]*w)+b*w0), 'result:',
         output)
```

```
0 -1
50 0
100 0
150 0
# ==중간생략==
750 0
800 0
850 0
900 0
950 0
X: [1 1] Y: [1] Output: 1 result: 1.0
X: [1 0] Y: [0] Output: 0 result: 0.0
X: [0 1] Y: [0] Output: 0 result: 0.0
X: [0 0] Y: [0] Output: 0 result: 0.0
```

이번에는 계단 함수를 시그모이드 함수로 변경하여 학습시켜보자.

연습 5-2

```
import numpy as np
import tensorflow as tf

def sigmoid(x): # 시그모이드 함수
  return 1/(1+np.exp(-x))

# ======= step_func() 함수를 sigmoid() 함수로 변경, 나머지 코드 동일 =======
for i in range(4):
   if sigmoid(np.sum(x[i]*w)+b*w0) >0.5:
     output=1.0
   else:
     output=0.0
   print('X:', x[i], 'Y:', y[i], 'Output:',sigmoid(np.sum(x[i]*w)+b*w0),
'result:', output)
```

```
0 -1.1107665782601563
50 -0.44311566130491886
100 -0.31130998012844546
150 -0.24293490738755663
200 -0.20116068391168182
250 -0.17266256625845747
# ==중간생략==
700 -0.07818233427720035
750 -0.07371485247712636
800 -0.06972279972308874
850 -0.06613413599615707
900 -0.06289065108463242
950 -0.0599451232777954
X: [1 1] Y: [1] Output: 0.9050139507292565 result: 1.0
X: [1 0] Y: [0] Output: 0.07476811873615546 result: 0.0
X: [0 1] Y: [0] Output: 0.07506875161135164 result: 0.0
X: [0 0] Y: [0] Output: 0.0006878939853285999 result: 0.0
```

이번에는 OR 논리식에 대한 분류 알고리즘을 구현해보자. 연습 (5-2)의 입력값에 대한 출력값 y를 ([1],[1],[1],[0])로 변경하고 시그모이드 함수를 적용해보자.

연습 5-3

```
import numpy as np
import tensorflow as tf

def sigmoid(x): # 시그모이드 함수
  return 1/(1+np.exp(-x))

x = np.array([[1, 1], [1, 0], [0, 1], [0, 0]])
y = np.array([[1], [1], [1], [0]])
w = tf.random.normal([2], 0, 1)
b = 1.0
w0 = 0.5
a = 0.1

# ======= step_func() 함수를 sigmoid() 함수로 변경, 나머지 코드 동일 =======
for i in range(4):
   if sigmoid(np.sum(x[i]*w)+b*w0) >0.5:
     output=1.0
   else:
     output=0.0
   print('X:', x[i], 'Y:', y[i], 'Output:',sigmoid(np.sum(x[i]*w)+b*w0),
'result:', output)
```

```
0 0.3768596680679178
50 -0.23000820002897304
100 -0.17687691756585722
150 -0.1315092458005197
200 -0.10268299328733149
# ==중간생략==
800 -0.026715166648692
850 -0.025119205071110456
900 -0.023699750650151383
950 -0.02242934487170166
X: [1 1] Y: [1] Output: 0.9999701317888695 result: 1.0
X: [1 0] Y: [1] Output: 0.9792583641302184 result: 1.0
X: [0 1] Y: [1] Output: 0.9793185594004058 result: 1.0
X: [0 0] Y: [0] Output: 0.06259598471705193 result: 0.0
```

역시 학습이 이루어진 후에 새롭게 입력된 입력 벡터에 대해 정확하게 분류하는 것을 알 수 있다. 이번에는 XOR 논리식에 대한 알고리즘을 구현해 보자.

연습 5-4

```
import numpy as np
import tensorflow as tf

def sigmoid(x): # 시그모이드 함수
  return 1/(1+np.exp(-x))

x = np.array([[1, 1], [1, 0], [0, 1], [0, 0]])
y = np.array([[0], [1], [1], [0]])
w = tf.random.normal([2], 0, 1)
b = 1.0
w0 = 0.5
a = 0.1

# ======= step_func() 함수를 sigmoid() 함수로 변경, 나머지 코드 동일 =======
for i in range(4):
   if sigmoid(np.sum(x[i]*w)+b*w0) >0.5:
     output=1.0
   else:
     output=0.0
   print('X:', x[i], 'Y:', y[i], 'Output:',sigmoid(np.sum(x[i]*w)+b*w0),
'result:', output)
```

```
0 -0.4641176810519535
50 -0.03962458925362666
100 -0.022115691610041677
150 -0.012707601963402038
200 -0.007298660897146925
250 -0.004191042703878045
# ==중간생략==
750 -1.6306215292916093e-05
800 -9.359981782086635e-06
850 -5.376751083252529e-06
900 -3.0860087468775887e-06
950 -1.7704426343856383e-06
X: [1 1] Y: [0] Output: 0.5095522897897016 result: 1.0
X: [1 0] Y: [1] Output: 0.5095531947048119 result: 1.0
X: [0 1] Y: [1] Output: 0.5031849080033165 result: 1.0
X: [0 0] Y: [0] Output: 0.5031858132121186 result: 1.0
```

위의 결과에서 에러의 값은 줄어들지 않고 계속 들쑥날쑥한 값을 갖는다. 또한 학습이 끝난 뒤에 새로운 테스트 데이터를 넣었을 때 출력값은 모두 1이 된다. 이러한 현상은 그림 (5-6)으로 설명이 가능하다. 우리가 지금까지 만든 단층 퍼셉트론은 하나의 뉴런으로 구성되어 있기 때문에 하나의 선형 함수만을 만들어 낼 수 있다. 하지만 그림 (5-6)과 같이 XOR연산을 위해서는 2개의 선형 함수가 필요하다. 따라서 한 개의 뉴런으로는 분류가 불가능하다는 것을 알 수 있다. 따라서 다음 장에서는 다층 신경망을 통해 다중 클래스를 분류 할 수 있는 분류기를 공부해 보도록 하자.

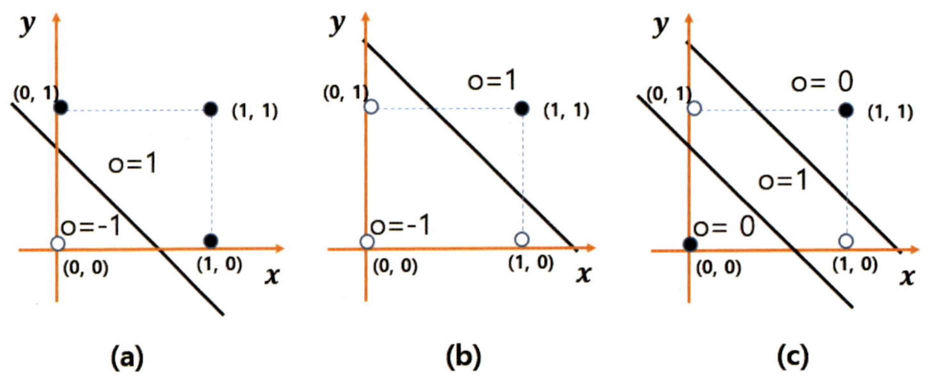

그림 5-6 논리식의 표현과 XOR연산이 분류할 수 없는 경우, (a) OR 연산, (b) AND 연산, (c) XOR연산

여기서 잠깐~!

단층 퍼셉트론 C로 작성해 보기

이전 실습에서 우리는 텐서플로우로 간단하게 단층 퍼셉트론을 구현해보았다. 이 과정을 순수한 C언어로 작성하면 어떻게 될까? 아래와 같이 실제로 C언어로 OR연산을 하는 단층 퍼셉트론을 작성해 보고 텐서플로우와 어떤 차이점이 있는지 비교해 보도록 하자.

```
# include <stdio.h>
# include <stdlib.h>
# include "math.h"

double step(double x);
double sigmoid(double x);

int main(int argc, char* argv[])
{
```

```
  double input[4][2] = {0,0,0,1,1,0,1,1 }; // 2차원 입력 값
// 초기 가중치 설정, 1) 사용자 설정, 2) 랜덤하게 설정
  double w[2] = { -0.2, 0.2};
  double thold = 0.0; // 오차 임계치
  double x[2]; // 입력값 저장 배열
  double bias = 1, w0 = -0.5;

  double y = 0; // 출력 결과값
  const int xnum = 2;//입력값의 차원
  int cnt = 0;
  double error = 0; // 에러

  double alpa = 0.1; //학습률

   int iteration = 0, i;
   double sum = 0; //선형결합
   double error_tot = 0.0;

 printf("로젠블렛 퍼셉트론 OR연산 학습 \n");
// 반복: 1) 반복 회수를 특정 값으로 설정, 2) 오차 임계값 이하일 경우 멈춤
 while(1)
  {
     printf(" \n%d 회차(epoch)\n",iteration);
      printf("가중치 : w[0] : %lf , w[1] : %lf \n",w[0],w[1]);
       for(i=0;i<4;i++)
       {
          for(cnt=0;cnt<xnum;cnt++) x[cnt] = input[i][cnt];

          for(cnt=0;cnt<xnum;cnt++)  sum += (x[cnt]*w[cnt]);
          sum += (bias*w0);

          // y = step(sum);  //활성화 함수
          if(sigmoid(sum)>0.5) y = 1;
          else y = 0;
```

```
            // 에러 계산
            error = (x[0]|| x[1]) - y;
            error_tot += error;

            printf("%f  %f 결과값 : %lf \n",x[0],x[1],y);
          }
            // 가중치 보정
            for(cnt=0;cnt<xnum;cnt++) w[cnt] = w[cnt] + alpa * x[cnt] * error_tot;

            if(error_tot<=thold) break;
            else error_tot = 0;
            iteration++;
            sum = 0.0;
    }

      system("PAUSE");
      return 0;
    }

    double step(double x)  //계단 활성화 함수
    {
        if( x >= 0 ) return 1;
        else return 0;
    }

    double sigmoid(double x) //시그모이드 활성화 함수
    {
        return 1.0/(1.0+exp(-x));
    }
```

```
로젠블렛 퍼셉트론 OR연산 학습

0 회차(epoch)
가중치 : w[0] : -0.200000 , w[1] : 0.200000
0.000000 0.000000 결과값 : 0.000000
0.000000 1.000000 결과값 : 0.000000
1.000000 0.000000 결과값 : 0.000000
1.000000 1.000000 결과값 : 0.000000

1 회차(epoch)
가중치 : w[0] : 0.100000 , w[1] : 0.500000
0.000000 0.000000 결과값 : 0.000000
0.000000 1.000000 결과값 : 0.000000
1.000000 0.000000 결과값 : 0.000000
1.000000 1.000000 결과값 : 0.000000

2 회차(epoch)
가중치 : w[0] : 0.400000 , w[1] : 0.800000
0.000000 0.000000 결과값 : 0.000000
0.000000 1.000000 결과값 : 0.000000
1.000000 0.000000 결과값 : 0.000000
1.000000 1.000000 결과값 : 1.000000

3 회차(epoch)
가중치 : w[0] : 0.600000 , w[1] : 1.000000
0.000000 0.000000 결과값 : 0.000000
0.000000 1.000000 결과값 : 0.000000
1.000000 0.000000 결과값 : 1.000000
1.000000 1.000000 결과값 : 1.000000

4 회차(epoch)
가중치 : w[0] : 0.700000 , w[1] : 1.100000
0.000000 0.000000 결과값 : 0.000000
0.000000 1.000000 결과값 : 1.000000
1.000000 0.000000 결과값 : 1.000000
1.000000 1.000000 결과값 : 1.000000
```

5.1.3 다층 퍼셉트론

우리는 5.1.2에서 퍼셉트론 단층 신경망으로는 XOR연산을 위한 분류기 설계가 힘들다는 것을 알았다. 따라서 본 장에서는 그림 (5-8)과 같이 레이어 수를 하나 더 늘렸을 때 XOR연산이 가능한지를 확인해 볼 것이다.

연습 (5-4)까지 우리는 텐서플로우 2.x버전의 기본 클래스 및 함수를 이용하여 모델을 프로그램했다. 이제부터 네트워크 모델이 다층 신경망으로 복잡해짐으로 텐서플로우 기본 클래스와 함수만으로 코딩하는 것이 어려울 수 있다. 따라서 이제부터는 텐서플로우 기반위에서 딥러닝 코딩을 보다 쉽게 도와줄 수 있는 케라스(Keras) 라이브러리를 사용할 것이다. 기본적으로 케라스는 텐서플로우에서 제공되는 'tensorflow.keras'로 구현할 수 있다. tensorflow.keras는 머신러닝 모델을 만들고 훈련하기 위한 고수준 API로서 텐서플로우의 특수 기능을 모두 지원한다. 여기에는 즉시 실행, tf.data 파이프라인(pipeline) 등이 포함되며 tensorflow.keras를 이용하면 유연성과 성능을 잃지 않으면서도 텐서플로우를 쉽게 사용할 수 있다.4)

케라스의 개발과정

케라스에서는 층(layer)을 조합하여 모델을 생성하는데 이것을 Sequential 모델이라고 하며 tf.keras.Sequential()를 이용하여 모델을 생성할 수 있다. 케라스를 이용한 신경망 모델 개발 과정은 그림 (5-7)과 같은 계층 구조로 이루어진다.

① **데이터 정의**: 학습에 사용할 학습데이터, 검증 데이터, 테스트 데이터등을 정의한다.

② **모델 정의**: 시퀀셜 함수를 이용하여 딥러닝 네트워크 구조를 한층한층 쌓을 수 있는 모델을 생성한다.

예
```
model = tf.keras.Sequential()
model.add(tf.keras.layers.Dense(units=2, input_dim=2, activation='sigmoid'))
model.add(tf.keras.layers.Dense(units=1, activation='sigmoid'))
```

③ **학습과정 설정**: Sequential 모델을 정의하고 나서 학습 전에 .compile() 메서드를 사용하여 학습에 대한 설정을 해야한다. 학습설정에 필요한 3개의 파라미터를 아래와 같이 지정한다.

- 최적화(Optimizer) 방법 설정 : tf.keras.optimizers.Adam나 tf.keras.optimizers.SGD와 같이 옵티마이저(최적화) 객체를 전달 하거나 'sgd', 'adam', 'rmsprop' 등 문자열 타입으로도 설정 가능
- 손실 함수(Loss function) : 손실함수(비용함수)를 설정해 주는 부분. 대표적으로 평균 제곱 오차(mse), 'categorical_crossentropy', 'rms', 'binary_crossentropy'처럼 지정
- 평가지표(Metrics) : 모델의 성능을 모니터링 하기 위해 사용. ['accuracy']처럼 리스트 형태로 설정하지만 직접 정의하여 사용하기도 함

예
```
model.compile(optimizer=tf.optimizers.SGD(learning_rate=0.1),loss='mse', metrics=['accuracy'])
```

④ **모델학습**: 학습을 하기 위해서는 .fit()메서드를 호출하여 학습 데이터를 넣어주고, 에폭(epochs)과 배치크기(batch_size) 등을 설정한다.

- fit() 함수: 모델이 오차로부터 매개변수를 업데이트 시키는 과정을 학습하는 함수
- 에폭(epochs) : 전체 훈련데이터 학습을 몇 회 반복할지 결정

4) 텐서 플로우 블로그(Tensor ≈ Blog), https://tensorflow.blog/2019/03/06/tensorflow-2-0-keras-api-overview/

- 배치 크기(batch_size) : 전달한 배치 크기만큼 훈련 데이터를 나누어 학습을 진행
- 검증 데이터(validation_data) : 모델의 성능을 모니터링하기 위해서 사용. 입력과 정답 데이터로 이루어진 검증 데이터를 전달하면 1회 에폭이 끝날 때마다 전달된 검증 데이터에서의 손실과 평가지표를 출력함

예
```
model.fit(x, y, epochs=3000, batch_size=1)
```

훈련데이터(x, y)와는 별도로 모델을 계속 학습하면서 각 에폭마다 검증 데이터로 현재 모델에 대한 유효성(성능)을 검증할 수도 있다. 보통은 전체 훈련데이터를 8:2 비율로 훈련데이터와:검증데이터로 분할하여 사용하며, 이때는 다음과 같이 코드를 구성하면 됨

예
```
model.fit(x, y, epochs=3000, batch_size=1,validation_split=0.2))
```

⑤ 모델평가: evaluate() 함수와 predict()를 사용하여 정의한 모델을 평가한다.

- evaluate() : 테스트 데이터를 통해 학습한 모델에 대한 정확도를 평가
- predict() : 임의의 입력에 대한 모델의 출력값을 확인

예
```
model.evaluate(data, label)
result = model.predict(data)
```

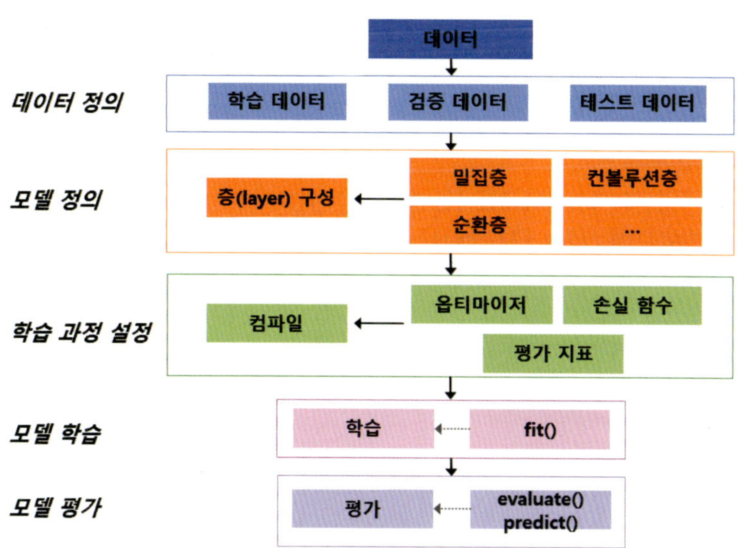

그림 5-7 케라스의 개발 과정

이제 그림 (5-8)의 다층 신경망 구조를 연습 (5-5)와 같이 프로그래밍하면서 케라스의 편리함을 실감해 보자.

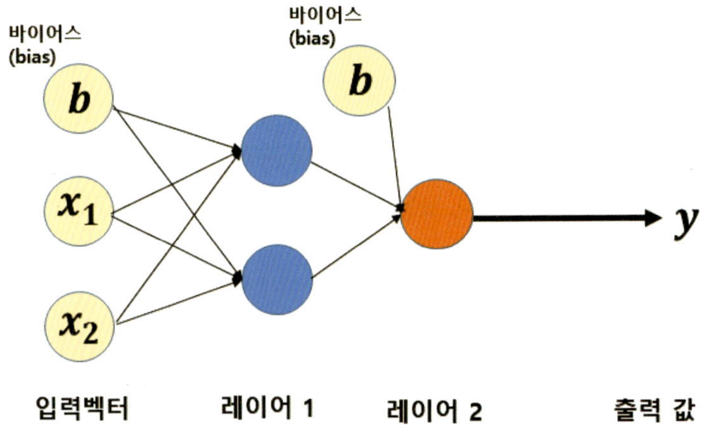

그림 5-8 2차원의 입력벡터와 2개의 레이어, 1개의 출력값으로 구성된 다층 신경망

연습 5-5

```
import numpy as np
import tensorflow as tf

# 케라스 라이브러리 중 Sequential()함수와 Dense()함수를 불어와서 사용할 경우
# from tensorflow.keras.models import Sequential
# from tensorflow.keras.layers import Dense

# 입력벡터와 출력 벡터
x = np.array([[1, 1], [1, 0], [0, 1], [0, 0]])
y = np.array([[0], [1], [1], [0]])

# 시퀀셜 함수를 이용하여 딥러닝 네트워크 구조를 한층한층 쌓을 수 있는 모델 생성
model = tf.keras.Sequential()
# 레이어 객체의 Dense()함수를 이용하여 입력 벡터2, 유닛 개수 2, 활성화 함수는
  시그모이드를 갖는 1번째 레이어를 설정한다.
model.add(tf.keras.layers.Dense(units=2, input_dim=2, activation='sigmoid'))
# 레이어 객체의 Dense()함수를 이용하여 유닛 개수 1, 활성화 함수는 시그모이드를 갖는
  2번째 레이어를 설정한다.
model.add(tf.keras.layers.Dense(units=1, activation='sigmoid'))
```

```
# 모델을 준비시키는 명령어: 학습률 0.1, 손실은 'mean_squarred_error', 최적화는 SGD를 사용
model.compile(optimizer=tf.optimizers.SGD(learning_rate=0.1), loss='mse')

# 학습된 모델의 구조를 요약하여 보여준다.
model.summary()
# 모델을 학습 시킨다. x와 y변수들을 전달하여 학습데이터로 사용하고, 3000번 반복,
  배치크기는 1
# 기본값은 32. 미니 배치 경사 하강법을 사용하고 싶지 않을 경우에는
# batch_size=None
history = model.fit(x, y, epochs=3000, batch_size=1)

# 학습을 통해 구해진 가중치와 바이어스를 확인해보자.
print("============weights=========")
for weight in model.weights:
  print(weight)
# 학습결과에 대한 loss평가
loss = model.evaluate(x,y, batch_size=1)
print('loss :', loss)
# 새로운 값을 입력으로 넣어 모델의 출력결과를 예측해보자.
print("============test results=========")
print(x)
print(model.predict(x))
print("==================================")
```

```
Model: "sequential_1"
_________________________________________________________________
Layer (type)                 Output Shape              Param #
=================================================================
dense_2 (Dense)              (None, 2)                 6
_________________________________________________________________
dense_3 (Dense)              (None, 1)                 3
=================================================================
Total params: 9
Trainable params: 9
Non-trainable params: 0
_________________________________________________________________
Epoch 1/3000
4/4 [==============================] - 0s 3ms/step - loss: 0.2562
```

```
Epoch 2/3000
4/4 [==============================] - 0s 2ms/step - loss: 0.2561
Epoch 3/3000
4/4 [==============================] - 0s 2ms/step - loss: 0.2558
Epoch 4/3000
4/4 [==============================] - 0s 3ms/step - loss: 0.2558
Epoch 5/3000
4/4 [==============================] - 0s 2ms/step - loss: 0.2557
# =============중간생략========================
Epoch 2996/3000
4/4 [==============================] - 0s 2ms/step - loss: 0.0064
Epoch 2997/3000
4/4 [==============================] - 0s 2ms/step - loss: 0.0064
Epoch 2998/3000
4/4 [==============================] - 0s 1ms/step - loss: 0.0064
Epoch 2999/3000
4/4 [==============================] - 0s 2ms/step - loss: 0.0064
Epoch 3000/3000
4/4 [==============================] - 0s 2ms/step - loss: 0.0064
============weights==========
<tf.Variable 'dense_22/kernel:0' shape=(2, 2) dtype=float32, numpy=
array([[-4.419391,  5.289173],
       [ 4.22649 , -5.530723]], dtype=float32)>
<tf.Variable 'dense_22/bias:0' shape=(2,) dtype=float32, numpy=array([-2.3859932,
-3.0827746], dtype=float32)>
<tf.Variable 'dense_23/kernel:0' shape=(2, 1) dtype=float32, numpy=
array([[6.4744563],
       [6.352154 ]], dtype=float32)>
<tf.Variable 'dense_23/bias:0' shape=(1,) dtype=float32, numpy=array([-3.1564333],
dtype=float32)>
============test results==========
[[1 1]
 [1 0]
 [0 1]
 [0 0]]
[[0.07732838]
 [0.9290967 ] <-- 1에 근사
 [0.91925174] <-- 1에 근사
 [0.08845825]]
==================================
```

출력결과에서 dense_2는 첫 번째 레이어로 shape 이 2(2개 유닛)이고 필요한 파라미터(가중치)는 바이어스의 가중치를 포함하여 총 6개임을 나타낸다. 두 번째 레이어(dense_3)은 1개의 유닛으로 구성되었으면 바이어스를 포함하여 필요한 가중치는 3개이다.

```
Model: "sequential_1"
_________________________________________________________________
Layer (type)                 Output Shape              Param #
=================================================================
dense_2 (Dense)              (None, 2)                 6
_________________________________________________________________
dense_3 (Dense)              (None, 1)                 3
=================================================================
Total params: 9
Trainable params: 9
Non-trainable params: 0
```

아래 출력결과는 각 에폭당 걸린 시간과 손실을 나타낸다. 비용은 에폭이 증가될수록 줄어들어야 한다.

```
Epoch 1/2000
4/4 [==============================] - 0s 3ms/step - loss: 0.2562
Epoch 2/2000
4/4 [==============================] - 0s 2ms/step - loss: 0.2561
```

아래 출력결과는 학습 후에 각 레이어별 연결의 가중치를 나타낸다. 맨 처음 array는 각 입력 노드별 가중치, bias0은 첫 번째 레이어의 바이어스 가중치이다. 마찬가지로 두 번째 레이어의 가중치와 두 번째 바이어스의 가중치를 확인할 수 있다.

```
=============weights==========
<tf.Variable 'dense_22/kernel:0' shape=(2, 2) dtype=float32, numpy=
array([[-4.419391,  5.289173], [ 4.22649 , -5.530723]], dtype=float32)>
<tf.Variable 'dense_22/bias:0' shape=(2,) dtype=float32, numpy=array([-2.3859932, -3.0827746],
dtype=float32)>
<tf.Variable 'dense_23/kernel:0' shape=(2, 1) dtype=float32, numpy=
array([[6.4744563], [6.352154 ]], dtype=float32)>
<tf.Variable 'dense_23/bias:0' shape=(1,) dtype=float32, numpy=array([-3.1564333], dtype=float32)>
```

그림 (5-9)는 학습이 종료된 후 각 은닉 레이어별로 결정된 가중치의 예를 보여준다.

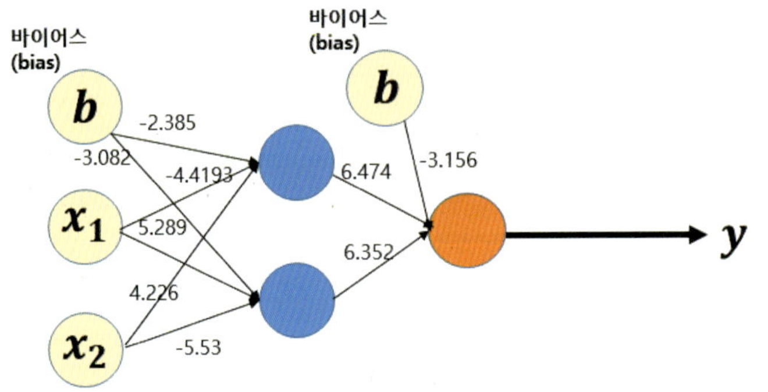

그림 5-9 XOR 분류를 위해 학습이 종료된 후의 가중치 변화

여기서 잠깐~!

fit()함수와 validation

학습과정에서 fit() 함수는 모델을 학습하는데 사용한다.[5] 모델이 오차로부터 매개 변수를 업데이트 시키는 과정을 학습, 훈련, 또는 적합(fitting)이라고 하기도 하는데, 모델이 데이터에 적합해가는 과정이기 때문이다. 그런 의미에서 fit()은 모델의 훈련을 시작한다는 의미도 가지고 있다. fit()의 파라미터 중에서 validation_data()를 사용하면 매번 에폭마다 x_val데이터와 y_val레이블 데이터로 유효성 검증을 하겠다는 의미이다. 이 경우는 유효성 검증 데이터를 따로 준비해야 한다.

```
history = model.fit(x, y, epochs=3000, batch_size=1,validation_data(x_val, y_val))
```

만약 훈련데이터의 일부를 유효성 검증을 위해 사용하고 싶다면 아래와 같이 validation_split에 전체 학습데이터 중 유효성 검증을 위해 사용하고 싶은 데이터의 양을 적어주면 된다. 예제의 0.2는 전체 학습데이터 중 80%는 가중치 학습에 사용하고 20%는 학습된 가중치에 대한 유효성을 검증하기 위해 사용한다는 의미이다.

```
history = model.fit(x, y, epochs=3000, batch_size=1,validation_split=0.2))
```

5) 텐서플로우 공식 홈페이지 https://www.tensorflow.org/

5.2 다층 인공 신경망 만들기

그림 (5-9)와 같이 다층 인공신경망의 구성은 외부로부터 입력값을 받아들이는 입력층(input layer), 활성함수를 적용하여 값을 외부로 내보내는 출력층(output layer), 입력층과 출력층 사이에 존재하면서 출력층의 값에 영향을 미치는 은닉 층(hidden layer)으로 구성된다. 은닉층으로 이름을 붙인 이유는 외부에 직접적으로 드러나지 않지만 출력값의 변화에 영향을 끼치기 때문이다. 실제 신경망에서 입력 층은 입력 값을 전달하는 역할만을 한다. 은닉층의 노드들은 올바른 목적 결과를 출력하기 위해 입력 값의 특성을 파악하는 중요한 역할을 한다. 이러한 특성은 각 은닉층에 부여된 가중치에 나타나게 되며 은닉 층의 가중치에 따라서 출력 값의 패턴이 결정된다.

은닉층은 수가 많을수록 복잡한 연산이 가능하고 분류 성능이 어느 정도까지는 우수하지만 반대로 과적합(overfitting)에 빠질 수 있어 일반화 성능이 떨어지는 단점과, 연산시간이 오래 걸리는 문제점이 있다. 이러한 문제는 딥 러닝 알고리즘으로 넘어가면서 많은 부분이 해결되어 현재는 은닉층이 수 백개 이상인 신경망도 많이 사용되고 있다.

5.2.1 전 방향 연산과 역 방향 연산을 이용하는 다층 신경망 학습 구조

지금까지 우리가 학습한 인공신경망은 입력층에서부터 은닉층을 거쳐 출력층으로 한 방향으로만 전파되는 신경망 구조를 갖는데 이러한 구조를 피드포워드 신경망(feedforward neural network)이라고 한다 다층 신경망도 기본 골격은 단층 신경망과 유사하다. 우선 훈련 벡터가 입력되고 연산된 출력 층의 출력 값을 계산하는 전방향 연산(feedforward)이 이루어 지고 학습벡터의 목표 값을 비교하여 둘 간의 차이가 허용오차보다 크다면 에폭을 반복하면서 가중치를 조절한다. 하지만 은닉 층이 추가되었음으로 가중치를 조절하는 방법을 다르게 적용해야 하는데, 다층 신경망에서는 그림 (5-10)과 같이 에러를 앞 단계로 다시 되돌림으로써 가중치를 갱신하는 오류 역전파 학습 알고리즘(error backpropagation algorithm)을 사용한다.

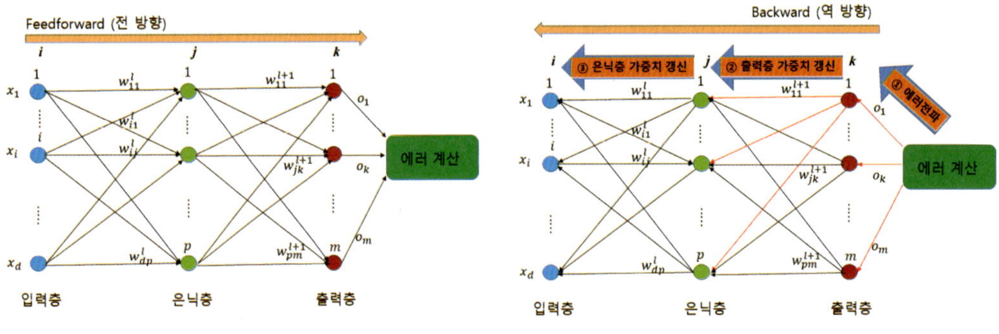

그림 5-10 d차원의 입력벡터와 1개의 은닉 레이어, 1개의 출력 레이어로 구성된 다층 신경망에서 전방향 연산과 역방향 오류 역전파 과정

그림 (5-10)의 다층 신경망을 살펴보자. 이 신경망에서는 입력 벡터 X = $[x_1, x_2, x_3, .., x_d]^T$와 분류함수에 필요한 파라미터(가중치) W를 이용하여 결과 값을 출력 층으로 전달한다. 이때 훈련데이터는 입력(특징)과 출력(목표 클래스)의 순서쌍$(x_i, d_i)(i = 1, ..., N)$으로 주어진다면 전체훈련데이터에 대한 오차의 총합은 아래와 같이 평균제곱오차로 정의할 수 있다.

$$E_n(W) = \frac{1}{2}\sum_{k=1}^{K}(d_{nk} - o_{nk})^2 \tag{5.13}$$

$$E(W) = \sum_{n=1}^{N} E_n \tag{5.14}$$

E_n은 n번째 훈련데이터에 대한 출력층의 오차, E는 전체 훈련데이터의 오차를 나타내고, N은 학습데이터의 수, d_{nk}는 n번째 훈련데이터의 k번째 출력층에서의 목표 값, o_{nk}는 n번째 학습데이터에 대한 k번째 출력층 노드의 출력값, K는 출력층의 크기(노드의 개수)를 나타낸다.

학습의 목표는 오류 E를 줄이는 쪽으로 가중치 W를 수정해 가면서 0(E=0)인 W를 찾아야 한다. 이것을 수식으로 표현하면

$$W = \operatorname{argmin}_W E(X, W) \tag{5.15}$$

이렇게 오류를 최소화 하는 방향으로 학습이 이루어지도록 하는 가장 효율적인 방법이 바로 오류 역전파(error back-propagation)방법이다. 역전파란 역방향으로 오류를 전파시키면서 각 레이어의 가중치를 갱신하고 최적의 학습결과를 찾아가는 방법이다. 그림 (5-10)에서 보듯이 입력값은 전방향으로 출력층

에 전달되고 출력층에서 계산된 오차에 따라 각 레이어의 가중치변화를 미세하게 변화시킨다. 또 다시 입력값을 이용해 전방향 연산을 통해 출력층에서 새로운 오차를 계산, 이 오차를 또 다시 역전파 시켜 가중치를 업데이트 하는 과정을 반복한다. 역전파를 이용하여 가중치를 갱신하는 과정은 다음과 같이 요약할 수 있다.[6)]

1. 임의의 초기 가중치 W를 각 레이어에 부여하고 그 입력값을 전방향 전파하여 출력값을 계산한다.
2. 출력값과 원하는 결과값 사이에 오차를 구한다(수식 5.13 ~ 5.14).
3. 오차를 각 가중치로 미분한 값을 기존 가중치와 학습율을 곱하여 더한다(가중치 갱신). 가중치를 갱신하는 방법은 경사하강법등의 최적화 알고리즘을 이용한다.

$$W(t+1) = W(t) + \alpha \Delta W \tag{5.16}$$

4. 1~3단계의 과정을 학습 반복회수(epoch) 또는 허용 오차를 만족할 때까지 반복한다.

초창기의 인공신경망에서는 수식 (5.15)를 만족하는 최적화 알고리즘으로 4장에서 설명한 경사 하강법(gradient descent method)을 많이 사용하였다. 다층 신경망에서 인공지능의 학습 알고리즘으로 사용되는 오류 역전파 알고리즘은 경사 하강법에 기반을 두고 있지만 최근에는 네트워크가 복잡해서면서 4장에서 이미 설명한 확률적 경사하강법(SGD) 이나 Adam방법을 많이 사용한다. 하지만 SGD나 Adam 최적화 알고리즘도 기본적으로 경사하강법을 토대로 변형된 것임으로 가능하다면 부록 1의 '경사하강법을이용한 오류 역전파 알고리즘이 수식 전개' 과정을 공부해보기를 추천한다.

5.2.2 다층 신경망 만들어보기

이제 우리는 XOR를 분류하기 위한 다층 퍼셉트론보다 약간 더 복잡한 다층 신경망을 만들어 볼 것이다. 우리가 만들려는 신경망 모델은 2차원 벡터와 바이어스를 갖는 입력층, 10개의 노드와 1개의 바이어스를 갖는 1번 은닉층, 5개의 입력 노드와 1개의 바이어스로 구성된 2번 은닉노드, 최종적으로 3개의 노드로 구성된 출력층으로 구성된다.

신경망 구조를 요약하면 아래 표와 같다.

입력층	1번 은닉층	2번 은닉층	출력 층
2개 노드+1개 바이어스	10개노드, 5개 출력	5개 노드, 3개 출력	3개 노드

6) 고병철, 영상처리기반의 인공지능 입문, 도서출판 그린, 2018

이 문제에서 우리는 입력벡터로는 바퀴와 날개의 유(1),무(0)를 사용하고, 분류하려는 클래스는 '배, 자동차, 비행기'의 3가지이다. 입력벡터와 각 입력벡터에 대한 출력 값은 아래와 같다.

```
# [바퀴, 날개]
x_data = np.array(
    [[0, 0], [1, 0], [1, 1], [0, 0], [0, 0], [0, 1]])

y_data = np.array([
    [1, 0, 0],      # 배
    [0, 1, 0],      # 자동차
    [0, 0, 1],      # 비행기
    [1, 0, 0],      # 배
    [1, 0, 0],      # 배
    [0, 0, 1]       # 비행기
])
```

이제 1개의 입력 레이어, 2개의 은닉 레이어, 1개의 출력 레이어로 구성된 신경망을 구성하자. 신경망에서 은닉층은 활성화 함수로 ReLu를 사용하였고 마지막 출력 층은 소프트 맥스(soft max)를 사용하였다.

```
model = tf.keras.Sequential()
model.add(Dense(input_dim=2, units=10, activation='relu'))
model.add(Dense(units=5, activation='relu'))
# 3개의 출력 유닛을 가진 소프트맥스 층을 추가
model.add(Dense(units=3, activation='softmax'))
```

출력 노드의 값을 그대로 사용할 경우 이를 항등함수라고 하고 주로 회귀(regression)에 사용된다. 반대로 출력 노드의 값에 다시 활성화 함수(소프트맥스(softmax) 함수)를 적용하는 경우 분류(classification)에 사용한다(그림 5-11 참조). 항등함수의 경우는 출력 노드의 출력 값을 그대로 사용하여 분류에 적용할 수도 있다. 소프트맥스(softmax)는 출력 값을 모두 0~1사이의 값으로 정규화 하여 출력한다. 이 경우 출력값들의 총합은 1이 된다. 소프트맥스는 출력값이 모든 입력신호로부터 영향을 받도록 하여 확률적 해석을 가능하게 하는 특징을 가지고 있다.

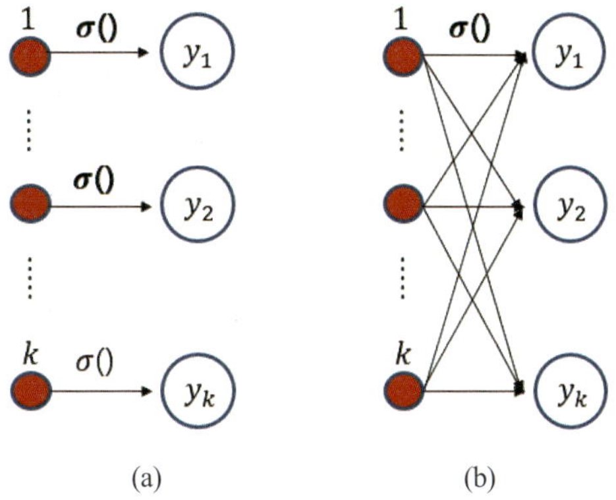

그림 5-11 항등 함수 (a)와 소프트맥스 함수 (b)

소프트맥스는 수식 (5.17)로 계산한다.

$$y_k = \frac{\exp(a_k)}{\sum_{i-1}^{n} \exp(a_i)} \tag{5.17}$$

수식 (5.17)에서 exp(x)는 지수함수(exponential function)이고 n은 출력층의 노드 수, 분자 a_k는 k번째 출력 노드의 값이며, 분모는 모든 출력값들의 합이다.

최적화는 손실을 최소화 하고자 경사에 따라 학습율을 조절하는 Adam으로 진행하고 손실은 mse대신에 클래스 분류 문제에서 주로 사용되는 교차 엔트로피(cross entropy, categorical_crossentropy)방법을 이용하도록 한다.

```
model.compile(optimizer=tf.optimizers.Adam(learning_rate=0.01), loss='categorical_crossentropy',
metrics=['accuracy'])
```

여기서 잠깐~!

교차 엔트로피(Cross-Entropy)

엔트로피는 집단의 무질서도를 측정하는 단위이다. 만약 한 그룹에 M개의 클래스가 있다고 할 때 각 클래스별 원소의 개수 동일하다면 엔트로피 값이 최대(무질서도 최대)가 된다. 반대로 한 그룹에 동일한 1개 클래스의 원소들만 존재할 때 엔트로피는 0으로 최소(무질서도 최소)가 된다. 크로스 엔트로피는 두 개의 확률분포 P와 Q사이의 차이를 계산하는데 사용한다. 크로스 엔트로피(H)는 수식 (5.18)로 나타낼 수 있는데, P(x)는 x에 대한 실제 분류 확률 분포를 의미하고, Q(x)는 학습된 모델이 예측한 확률 분포를 의미한다.

$$H(P,Q) = -\sum_{x} P(x)\log_2 Q(x) \tag{5.18}$$

크로스 엔트로피에 대한 이해를 돕기 위해 간단한 예를 들어보자. 2-d 입력 벡터x에 대한 실제 클래스 레이블 값이 [1 0]이고 학습한 모델이 예측한 모델이 예측한 값이 [0 1]이라고 하자. 이 경우 크로스 엔트로피로 손실(loss)를 구하면

$$-P(x)\log_2 Q(x) = -[1\ 0]\begin{bmatrix}\log 0\\ \log 1\end{bmatrix} = -(-\infty + 0) = \infty$$

가 된다.

이번엔 2-d 입력 벡터x에 대한 실제 클래스 레이블 값이 [1 0]이고 학습한 모델이 예측한 모델이 예측한 값이 동일하게 [1 0]이라고 하자. 이 경우 크로스 엔트로피로 손실(loss)를 구하면

$$-P(x)\log_2 Q(x) = -[1\ 0]\begin{bmatrix}\log 1\\ \log 0\end{bmatrix} = -(0 + 0) = 0$$

따라서 실제값과 예측값이 같을 경우 손실(loss)는 0이 된다.

그림 (5-12)는 다양한 로그함수를 보여준다. 여러 로그함수 중 엔트로피 계산은 x값에 대한 출력값이 가장 큰 $\log_2 x$를 사용한다.

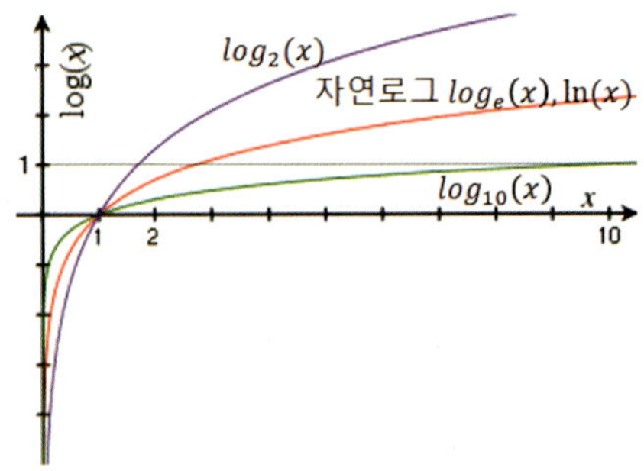

그림 5-12 다양한 로그 함수와 그래프

이제 전체적인 프로그램을 작성해 보도록 하자.

연습 5-6

```
# 바퀴와 날개의 유무에 따라, '배', '자동차', '비행기'로 분류하는 신경망 모델
# 신경망은 3개의 다층 레이어로 구성
import tensorflow as tf
import numpy as np
from tensorflow.keras.models import Sequential
from tensorflow.keras.layers import Dense

# [바퀴 있으면 1 없으면 0, 날개 있으면 1 없으면 0]
x_data = np.array(
    [[0, 0], [1, 0], [1, 1], [0, 0], [0, 0], [0, 1]])

# [배, 자동차, 비행기]
y_data = np.array([
    [1, 0, 0],      # 배
    [0, 1, 0],      # 자동차
    [0, 0, 1],      # 비행기
    [1, 0, 0],      # 배
    [1, 0, 0],      # 배
    [0, 0, 1]       # 비행기
])
model = tf.keras.Sequential()
model.add(Dense(input_dim=2, units=10, activation='relu'))
model.add(Dense(units=5, activation='relu'))

# 3개의 출력 유닛을 가진 소프트맥스 층을 추가
model.add(Dense(units=3, activation='softmax'))

print("============initial weights=========")
for weight in model.weights:
  print(weight)

model.compile(optimizer=tf.optimizers.Adam(learning_rate=0.01),
loss='categorical_crossentropy', metrics=['accuracy'])

model.summary()
history = model.fit(x_data, y_data, epochs=100, batch_size=1)
```

```
print("============weights=========")
for weight in model.weights:
  print(weight)

print("============test results=========")
print(x_data)
print(model.predict(x_data))
print("\n Accuracy: %.4f" % (model.evaluate(x_data, y_data)[1])) # list index
# model.evaluate() [0]은 loss리턴, [1]은 accuracy리턴
print("=================================")
```

```
============initial weights=========
<tf.Variable 'dense_3/kernel:0' shape=(2, 10) dtype=float32, numpy=
array([[ 0.5701615 , -0.5883083, -0.5515392,  0.6396659, 0.23023593,
        -0.37176368, -0.37040251, -0.0933556, -0.46961433, 0.05449653], <== 첫 번째 
입력노드와 은닉층 노드들 사이의 가중치
       [-0.54342294, -0.5951518, -0.5755793, -0.31697312, 0.20028317,
         0.15706885, -0.04456306, -0.1399343, -0.5088568, 0.22800922]], <== 두 번째 
입력노드와 은닉층 노드들 사이의 가중치
      dtype=float32)>
<tf.Variable 'dense_3/bias:0' shape=(10,) dtype=float32, numpy=array([0., 0., 0., 
0., 0., 0., 0., 0., 0., 0.], dtype=float32)>
<tf.Variable 'dense_4/kernel:0' shape=(10, 5) dtype=float32, numpy=
array([[ 0.06758219,  0.47497255,  0.43521684,  0.00631744,  0.53062445],
<== 첫 번째 은닉노드와 두 번째 은닉층 노드들 사이의 가중치
       [-0.4512127 ,  0.16579008,  0.24719048,  0.42445952, -0.09017539],
<== 두 번째 은닉노드와 두 번째 은닉층 노드들 사이의 가중치
이하 생략...
       [-0.13880864,  0.34167176,  0.4223197 ,  0.54873925, -0.11555636],
       [-0.5855434 , -0.41998518,  0.2582451 ,  0.0736317 ,  0.59589654],
       [-0.5557646 ,  0.23158634,  0.14610398, -0.5557987 , -0.6018345 ],
       [-0.04596549, -0.33089307, -0.08523369,  0.38208073, -0.2654774],
       [ 0.55435234, -0.1779573 , -0.62945604,  0.07794201,  0.04651499],
       [-0.23863363, -0.20238483, -0.46610418, -0.556253 ,  0.22329098],
       [ 0.1763342 ,  0.05523831,  0.35484624,  0.43532568,  0.5607217 ],
       [ 0.09955776,  0.29365796,  0.2400105 ,  0.04771167, -0.1859795]],
      dtype=float32)>
<tf.Variable 'dense_4/bias:0' shape=(5,) dtype=float32, numpy=array([0., 0., 0., 0., 0.], 
dtype=float32)>
```

```
<tf.Variable 'dense_5/kernel:0' shape=(5, 3) dtype=float32, numpy=
array([[-0.07969272,  0.70155686,  0.55252486],
       [-0.07903945,  0.62841696,  0.77842313],
       [ 0.46550173, -0.46016973, -0.7059392 ],
       [ 0.37998253, -0.35020715,  0.51958543],
       [ 0.33914906,  0.21865493,  0.06298423]], dtype=float32)>
<tf.Variable 'dense_5/bias:0' shape=(3,) dtype=float32, numpy=array([0., 0., 0.],
dtype=float32)>
Model: "sequential_1"
_________________________________________________________________
Layer (type)                 Output Shape              Param #
=================================================================
dense_3 (Dense)              (None, 10)                30
_________________________________________________________________
dense_4 (Dense)              (None, 5)                 55
_________________________________________________________________
dense_5 (Dense)              (None, 3)                 18
=================================================================
Total params: 103
Trainable params: 103
Non-trainable params: 0
_________________________________________________________________

Epoch 1/100
6/6 [==============] - 0s 2ms/step - loss: 1.1323 - accuracy: 0.1667
Epoch 2/100
6/6 [==============] - 0s 2ms/step - loss: 1.0922 - accuracy: 0.3333
=====중간생략======
Epoch 98/100
6/6 [==========================] - 0s 2ms/step - loss: 0.0019 - accuracy: 1.0000
Epoch 99/100
6/6 [==========================] - 0s 1ms/step - loss: 0.0018 - accuracy: 1.0000
Epoch 100/100
6/6 [==========================] - 0s 2ms/step - loss: 0.0018 - accuracy: 1.0000
============weights==========
<tf.Variable 'dense_3/kernel:0' shape=(2, 10) dtype=float32, numpy=
array([[ 1.4035623 , -0.5883083 , -0.5515392 ,  0.82123864,  1.0453776 ,
        -0.37176368, -0.37040251, -0.0933556 , -0.46961433,  0.39856538], <== 첫
번째 입력노드와 은닉층 노드들 사이의 가중치
```

```
      [-0.8712905, -0.5951518, -0.5755793, -1.0371554,  1.2985066,
        0.05212177, -0.04456306, -0.1399343, -0.5088568,  1.3384874 ]], <== 두 번째 
입력노드와 은닉층 노드들 사이의 가중치
      dtype=float32)>
<tf.Variable 'dense_3/bias:0' shape=(10,) dtype=float32, numpy=
array([-3.8273336e-04,  0.0000000e+00,  0.0000000e+00,  4.6688986e-01,
       -6.1350095e-04, -1.0494714e-01,  0.0000000e+00,  0.0000000e+00,
        0.0000000e+00,  2.2282013e-01], dtype=float32)>
<tf.Variable 'dense_4/kernel:0' shape=(10, 5) dtype=float32, numpy=
array([[ 0.06758219,  1.378435  ,  0.69613826, -0.5803654 ,  1.2821274 ],
       [-0.4512127 ,  0.16579008,  0.24719048,  0.42445952, -0.09017539],
       [-0.13880864,  0.34167176,  0.4223197 ,  0.54873925, -0.11555636],
       [-0.5855434 , -0.37855417,  0.5414888 , -0.13943414,  1.7100729 ],
       [-0.5557646 ,  1.3721465 , -0.09475791, -0.6478816 , -0.5955065 ],
       [-0.04596549, -0.23925853, -0.16057618,  0.38208073, -0.26547742],
       [ 0.55435234, -0.1779573 , -0.62945604,  0.07794201,  0.04651499],
       [-0.23863363, -0.20238483, -0.46610418, -0.556253  ,  0.22329098],
       [ 0.1763342 ,  0.05523831,  0.35484624,  0.43532568,  0.5607217 ],
       [ 0.04777515,  1.4126261 , -0.0635576 ,  0.7629873 , -0.28154182]],
      dtype=float32)>
<tf.Variable 'dense_4/bias:0' shape=(5,) dtype=float32, numpy=
array([-0.05187619, -0.13833088, -0.06375771, 1.2014878, 0.98126894], dtype=float32)>
<tf.Variable 'dense_5/kernel:0' shape=(5, 3) dtype=float32, numpy=
array([[-0.02847313,  0.6510247 ,  0.5019021 ],
       [-1.4903972 ,  0.5368254 ,  1.4462508 ],
       [-0.11767851,  0.19335276, -1.2758473 ],
       [ 1.8808249 , -2.4087334 , -0.3683332 ],
       [ 0.82979023,  0.7925269 , -1.2419896 ]], dtype=float32)>
<tf.Variable 'dense_5/bias:0' shape=(3,) dtype=float32, numpy=array([ 0.47556916,
-0.45272577, -0.13955711], dtype=float32)>
=============test results==========
[[0 0]
 [1 0]
 [1 1]
 [0 0]
 [0 0]
 [0 1]]
[[9.9789572e-01 1.4389438e-03 6.6532881e-04]
 [1.2395320e-03 9.9790740e-01 8.5300161e-04]
 [9.8221108e-08 5.6550093e-04 9.9943441e-01]
```

```
[9.9789572e-01 1.4389438e-03 6.6532881e-04]
[9.9789572e-01 1.4389438e-03 6.6532881e-04]
[7.4904104e-04 9.2951790e-04 9.9832147e-01]]
1/1 [============] - 0s 1ms/step - loss: 0.0018 - accuracy: 1.0000
Accuracy: 1.0000
===================================
```

결과에서 보듯이 100번의 epoch동안 모델이 학습되고 나서 다시 학습에 사용한 입력 벡터를 모델에 적용한 결과 원래 클래스 값과 거의 동일한 결과를 나타내었다.

이제 연습 (5-6)의 학습과정을 그래프로 나타내보자. 코드창을 하나 더 열고 아래와 같이 epoch회수에 따른 loss와 accuracy를 그래프로 표현해보자.

연습 5-7

```
import matplotlib.pyplot as plt

plt.figure(figsize=(12,4)) # 그래프의 가로세로 비율
plt.subplot(1,1,1) # 1행1열의 첫 번째 위치
plt.plot(history.history['loss'], 'b--', label='loss') # loss는 파란색 점선
plt.plot(history.history['accuracy'], 'g-', label='Accuracy') # accuracy는 녹색실선
plt.xlabel('Epoch')
plt.legend()
plt.show()
```

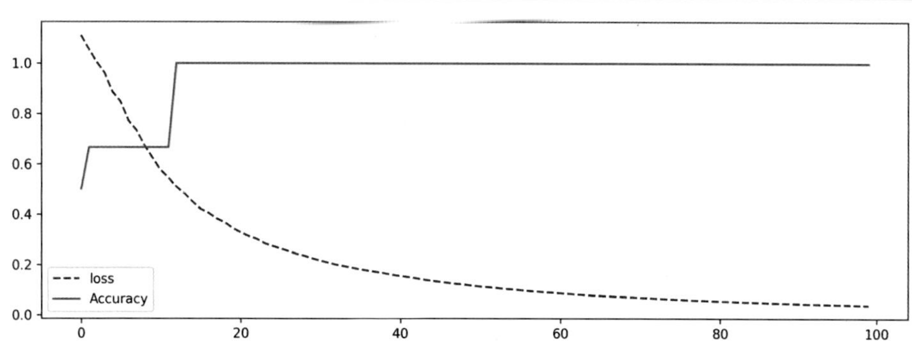

결과에서 보듯이 에폭에 따라 loss는 완만하게 낮아지며 Accuracy는 약 7~8회의 에폭에서 1.0의 값을 갖는다.

5.3 모델 재사용

5.3.1 파일 읽고 저장하기

지금까지 우리는 코랩 코드 안에서 훈련데이터를 직접 입력하는 방식의 프로그램을 수행했다. 이제부터는 학습용 훈련데이터를 CSV(콤마로 구분되는) 파일 형식으로 분리한 뒤 해당 파일을 읽어오는 방식을 연습해 보자. 먼저 엑셀이나 메모장을 이용하여 data.csv파일을 아래와 같이 만들어 보자.

	A	B	C	D	E
1	tire	wing	ship	car	plane
2	0	0	1	0	0
3	1	0	0	1	0
4	1	1	0	0	1
5	0	0	1	0	0
6	0	0	1	0	0
7	0	1	0	0	1

그림 5-13 엑셀로 만든 data.csv파일

이제 학습용 훈련데이터를 C:\ 디렉토리에 저장하고 코랩에서 해당파일을 읽어오도록 하자. 아래와 같이 새로운 노트를 생성하고 코드를 입력해 보자.

연습 5-8

```
import io
import pandas as pd

from google.colab import files # colab라이브러리에서 file 대한 모듈만 가져옴
# 파일 업로드를 위한 딕셔너리 객체를 반환(키: 파일이름, 값: 업로드된 데이터)
# 해당 파일은 코랩의 메모리에 임시 저장됨
uploaded = files.upload()

for fn in uploaded.keys():
  print('User uploaded file "{name}" with {lenght} bytes'.format(name=fn,
lenght=len(uploaded[fn])))

# pd.read_csv() 함수를 이용하여 임시저장된 'data.csv'파일을 읽고 화면에 출력하자.
da=pd.read_csv(io.StringIO(uploaded['data.csv'].decode('utf-8')))
print(da)
```

```
파일 선택 data.csv
• data.csv(application/vnd.ms-excel) - 92 bytes, last modified: 2020. 6. 22. - 100% done
Saving data.csv to data (7).csv
User uploaded file "data.csv" with 92 bytes
   tire  wing  ship  car  plane
0     0     0     1    0      0
1     1     0     0    1      0
2     1     1     0    0      1
3     0     0     1    0      0
4     0     0     1    0      0
5     0     1     0    0      1
```

pandas는 행과 열로 이루어진 데이터 객체를 다룰 수 있도록 지원하는 사용하는 파이썬용 데이터분석 라이브러리로, 안정적으로 대용량의 데이터들을 처리하는데 매우 편리한 도구이다.

files.upload는 업로드된 파일의 사전(dictionary)을 반환한다. 사전은 파일 이름으로 키(key)가 지정되며 값(value)은 업로드된 데이터이다. 아래 코드를 통해 파일 이름과 파일의 크기를 얻어오고 이 파일은 코랩의 메모리에 임시저장된다.

```
for fn in uploaded.keys():
  print('User uploaded file "{name}" with {lenght} bytes'.format(name=fn,
lenght=len(uploaded[fn])))

data.csv(application/vnd.ms-excel) - 92 bytes, last modified: 2020. 6. 22. - 100% done
Saving data.csv to data (6).csv
User uploaded file "data.csv" with 92 bytes
```

이제는 구글 드라이브에 직접 파일을 쓰고 저장해 보도록 하자. 먼저 콜랩을 google drive에 연결해야 한다. 아래 코드와 같이 구글의 코랩을 드라이브에 임포트 해준다. 그리고 나서 구글 드라이브를 마운트 한다(구글 드라이브의 기본 경로는 '/content/gdrive').

코드 창을 열고 아래와 같이 코드를 입력해 보자.

```
from google.colab import drive

drive.mount('/content/gdrive')
```

코드를 실행하면 아래와 같이 인증 코드를 넣도록 URL이 나온다. URL을 클릭하여 아래 그림과 같이 코드가 생성되면 복사하여 빈 칸에 입력한다.

```
from google.colab import drive

drive.mount('/content/gdrive')

Go to this URL in a browser: https://accounts.google.com/o/oauth2/auth?client_id=947318989803-6bn6qk8qdgf4n4g3pfee6491hc0brc4i.apps.googleusercontent.com&redirect_uri=urn%3aietf%3awg%3aoauth%
Enter your authorization code:
```

이 과정은 본인의 구글 웹 드라이브와 구글 코랩을 연동하는 작업이다.

Google

로그인

이 코드를 복사하여 애플리케이션으로 전환한 다음 붙여넣으세요.

4/1AEMNCS1yS-GbmjVKmasPtXPm9Il-DHoahcElf3YdSkE_L50Scnq-nc

이제 새로운 코드창을 열고 아래와 같이 코드를 입력해보자. '/content/gdrive/My Drive/'까지는 내 구글 드라이브의 표준 경로이다. 저자는 구글 드라이브에서 코랩 관련 실습 파일을 관리하기 위해 'Colab Notebooks'라는 폴더를 추가하여 사용하고 있다. 이제 해당 경로에 hello.txt파일을 만들어 저장해 보자.

```
with open('/content/gdrive/My Drive/Colab Notebooks/hello.txt', 'w') as f:
  f.write('Hello Google Drive!')

!cat '/content/gdrive/My Drive/Colab Notebooks/hello.txt'
```

내 드라이브 > Colab Notebooks

아래와 같이 hello.txt파일이 새로 생성된것을 알 수 있다.

hello.txt	나	오후 7:27 나	19바이트

파일을 다운받아 열어보고 제대로 값이 입력되었는지 확인해보자.

hello.txt - Windows 메모장

파일(F) 편집(E) 서식(O) 보기(V) 도움말

Hello Google Drive!

이번에는 구글 드라이브에 있는 파일을 불러와 보자.

```
# open existing text file
with open('/content/gdrive/My Drive/Colab Notebooks/hello.txt') as f:
  print(f.read())
```

이제 영상을 불러오는 것도 가능하다. 아래와 같이 opencv라이브러리를 이용하여 영상을 불러와 보자.

```
from google.colab.patches import cv2_imshow
import numpy as np
import cv2
from google.colab import drive

drive.mount('/content/gdrive')
imageA = cv2.imread('/content/gdrive/My Drive/Colab Notebooks/pano_2.jpg')
cv2_imshow(imageA)
```

이제 연습(5-6) 코드를 재활용하여 콜랩 드라이브에서 훈련파일을 읽어 들어 학습과 테스트를 할 수 있도록 변경해보자.

연습 5-9

```
# 바퀴와 날개의 유무에 따라, '배','자동차','비행기'로 분류하는 신경망 모델
# 신경망은 3개의 다층 레이어로 구성
import tensorflow as tf
import numpy as np
from tensorflow.keras.models import Sequential
from tensorflow.keras.layers import Dense

data = np.loadtxt('/content/gdrive/My Drive/Colab Notebooks/data.csv', delimiter=',',
```

```
    skiprows=1, unpack=True, dtype=np.float32)
x_data = np.transpose(data[0:2])     # 인덱스 0에서 2(제외까지)
y_data = np.transpose(data[2:])      # 인덱스 2에서 마지막까지
print('x', x_data)
print('y', y_data)
# ===================나머지 코드 동일=======================
```

```
x [[0. 0.]
 [1. 0.]
 [1. 1.]
 [0. 0.]
 [0. 0.]
 [0. 1.]]
y [[1. 0. 0.]
 [0. 1. 0.]
 [0. 0. 1.]
 [1. 0. 0.]
 [1. 0. 0.]
 [0. 0. 1.]]
```

numpy의 loadtxt()함수는 파일을 읽기 위한 함수로 읽어온 파일을 배열로 리턴한다.

- '/content/gdrive/My Drive/Colab Notebooks/data.csv': 파일경로
- delimiter=',': 파일에서 사용한 구분자
- skiprows=1: 첫 번째 행(컬럼 제목)을 건너뛰기
- unpack=True: Transpose와 동일한 역할. 아래 그림과 같이 원본 데이터를 한 행(row)씩 그대로 읽어와서 배열에 넣을 경우 학습특징과 클래스별 레이블이 섞여 버림으로 언팩(unpack)시켜 오른쪽 그림과 같이 전치(transpose) 시킨다. 그런다음 오른쪽 그림과 같이 첫 번째 행부터 2개를 읽어(data[0:2])와 x_data 배열에 넣고 3번째부터 마지막까지 (data[2:]) y_data 배열에 넣는다.

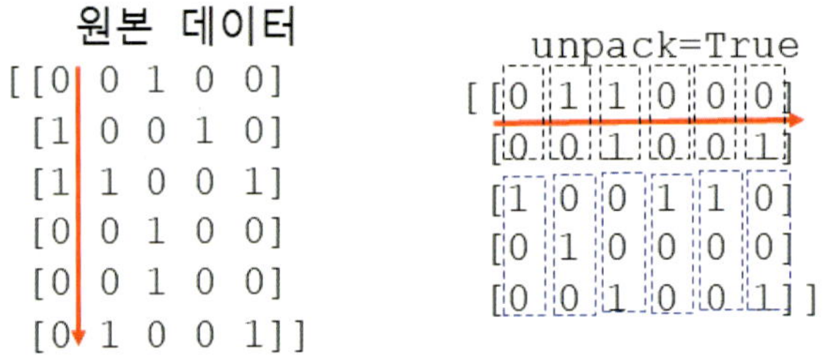

5.3.2 학습모델 저장하고 재 사용하기

지금까지 우리는 프로그램내에서 학습을 진행하고 이를 통해 생성된 모델과 가중치를 이용하여 테스트 데이터에 대한 결과를 확인해봤다. 이제부터는 학습 도중이나 학습이 끝난 후에 모델을 저장하는 방법에 대해 공부해 보도록 하자. 학습모델 저장이 가능하다면 우리는 다른사람에게 학습 모델을 공유할 수도 있고 작업을 다시 재현할 수 도 있다. 대부분의 인공지능 연구자들은 학습모델의 훈련된 가중치 또는 파라미터를 github등을 통해 제공하고 또는 타인의 모델을 다운 받아 개선하는데 활용하고 있다.

역시 우리는 텐서플로 모델을 만들고 학습하기 위해 tf.keras를 이용할 것이다.

① 구글 코랩에서 구글 드라이브를 사용하기 위해서 구글 드라이브를 마운트 해보자.

```
from google.colab import drive
drive.mount('/content/gdrive')
```

② 연습 (5-6)과 같이 기본 모델을 생성하자.

```
# 바퀴와 날개의 유무에 따라, '배', '자동차', '비행기'로 분류하는 신경망 모델
# 신경망은 3개의 다층 레이어로 구성
import tensorflow as tf
import numpy as np
import os # 체크 포인트 경로 설정을 위한 라이브러리
from tensorflow.keras.models import Sequential
from tensorflow.keras.layers import Dense

# [바퀴, 날개]
x_data = np.array(
    [[0, 0], [1, 0], [1, 1], [0, 0], [0, 0], [0, 1]])
y_data = np.array([
    [1, 0, 0],      # 배
    [0, 1, 0],      # 자동차
    [0, 0, 1],      # 비행기
    [1, 0, 0],      # 배
    [1, 0, 0],      # 배
    [0, 0, 1]       # 비행기
])
```

```
model = tf.keras.Sequential()
model.add(Dense(input_dim=2, units=10, activation='relu'))
model.add(Dense(units=5, activation='relu'))
# 3개의 출력 유닛을 가진 소프트맥스 층을 추가
model.add(Dense(units=3, activation='softmax'))
model.compile(optimizer=tf.optimizers.Adam(learning_rate=0.01),
loss='categorical_crossentropy', metrics=['accuracy'])
model.summary()
```

③ 학습 중간과 학습 마지막에 체크포인트(checkpoint)를 자동으로 저장하도록 하자. 체크포인트란 다시 학습하지 않고 모델을 재사용하거나 학습과정이 중지된 경우 이어서 학습을 진행할 수 있도록 해주는 기능이다. 이때 사용하는 함수는 tf.keras.callbacks.ModelCheckpoint()이다.[7] 이 함수는 체크포인트를 설정하고 불러오는 작업을 수행하는 콜백(callback)이다. 이 콜백은 체크포인트 작업을 조정할 수 있도록 여러가지 매개변수를 제공한다.

```
# 체크포인트 경로 설정
checkpoint_path = "/content/gdrive/My Drive/Colab Notebooks/cp.ckpt"
checkpoint_dir = os.path.dirname(checkpoint_path)
# 체크포인트 콜백 만들기, 체크포인트 파일 경로, 가중치 저장여부, 학습출력문구
cp_callback = tf.keras.callbacks.ModelCheckpoint(checkpoint_path, save_weights_only=True,
                                                  verbose=1)
# model.load_weights(checkpoint_path)
```

- verbose = 학습 중 출력되는 문구를 설정.
  - 0 : 아무것도 출력하지 않는다.
  - 1 : 훈련의 진행도를 보여주는 진행 막대를 보여준다.
  - 2 : 미니 배치마다 손실 정보를 출력한다.

- Save_best_only : 가장 성능이 좋은 Model만 저장
- Save_weights_only : 모델의 가중치만 저장

```
# verbose = 1일 경우.
Epoch 88/100
7/7 [==============================] - 0s 143us/step - loss: 0.1029 - acc: 1.0000
```

7) 케라스(Keras) 훑어보기, https://wikidocs.net/32105

```
# verbose = 2일 경우 미니 배치마다 손실 정보를 출력
Epoch 88/100
 - 0s - loss: 0.1475 - acc: 1.0000
```

④ 학습단계에 콜백을 전달한다.

```
history = model.fit(x_data, y_data, epochs=100, batch_size=1, callbacks =
[cp_callback])
```

이제 전체 프로그램을 작성해 보자.

연습 5-10

```
# 바퀴와 날개의 유무에 따라, '배','자동차','비행기'로 분류하는 신경망 모델
# 신경망은 3개의 다층 레이어로 구성
import tensorflow as tf
import numpy as np
import os
from tensorflow.keras.models import Sequential
from tensorflow.keras.layers import Dense

# [바퀴, 날개]
x_data = np.array(
    [[0, 0], [1, 0], [1, 1], [0, 0], [0, 0], [0, 1]])
y_data = np.array([
    [1, 0, 0],      # 배
    [0, 1, 0],      # 자동차
    [0, 0, 1],      # 비행기
    [1, 0, 0],      # 배
    [1, 0, 0],      # 배
    [0, 0, 1]       # 비행기
])
model = tf.keras.Sequential()
model.add(Dense(input_dim=2, units=10, activation='relu'))
model.add(Dense(units=5, activation='relu'))
# 3개의 출력 유닛을 가진 소프트맥스 층을 추가
model.add(Dense(units=3, activation='softmax'))
```

```
model.compile(optimizer=tf.optimizers.Adam(learning_rate=0.01),
loss='categorical_crossentropy', metrics=['accuracy'])
model.summary()

checkpoint_path = "/content/gdrive/My Drive/Colab Notebooks/cp.ckpt"
checkpoint_dir = os.path.dirname(checkpoint_path)
# 체크포인트 콜백 만들기
cp_callback = tf.keras.callbacks.ModelCheckpoint(checkpoint_path, save_weights_only=True,
                                                 verbose=1)
history = model.fit(x_data, y_data, epochs=100, batch_size=1, callbacks = [cp_callback])
# 훈련 단계에 콜백을 전달한다

print("============weights=========")
for weight in model.weights:
  print(weight)

print("============test results=========\n")
print(x_data)
print(model.predict(x_data))
print("\n Accuracy: %.4f" % (model.evaluate(x_data, y_data)[1])) # list index
print("==================================")
```

이제 결과를 확인해 보자. 결과에서는 크게 달라진 것이 없다. 하지만 자세히 살펴보면 학습과정에서 에폭이 증가할 때마다 우리가 지정한 경로에 cp.ckpt파일이 새롭게 갱신되는 것을 알 수 있다.[8)]

```
Epoch 90/100
1/6 [====>.........................] - ETA: 0s - loss: 0.0972 - accuracy: 1.0000
Epoch 00090: saving model to /content/gdrive/My Drive/Colab Notebooks/cp.ckpt
6/6 [==============================] - 0s 20ms/step - loss: 0.0499 - accuracy: 1.0000
```

8) Colab 구글 드라이브 연동, https://redapply.tistory.com/entry/Colaboratory-구글-드라이브-연동

실제로 해당 경로에 cp.ckpt파일이 생성되었는지 확인해 보자.

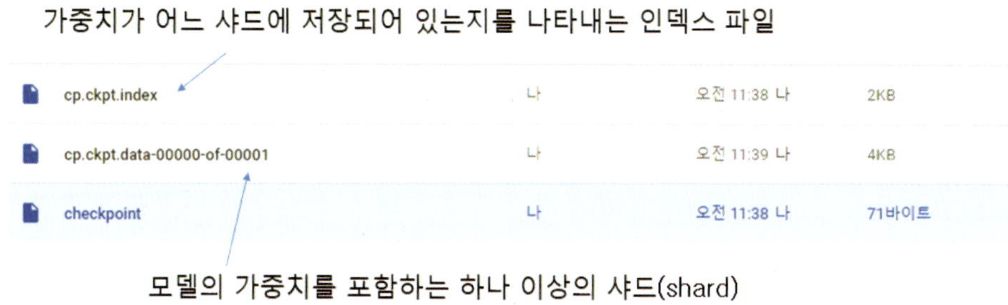

실제로 위와 같이 3개의 파일이 생성되었다. 체크포인트 파일은 두 가지 추가 파일을 관리한다. 모델의 가중치를 포함하는 하나 이상의 샤드(shard)는 .data-00000-of-00001확장자를 가지며 단일 머신에서 훈련할 경우 1개만 만들어진다. 확장자가 .index인 파일은 가중치가 어느 샤드에 저장되어 있는지를 나타내는 인덱스 파일이다.

가중치는 수동으로도 저장이 가능하나, 이때는 model.save_weights 메서드를 사용한다.

```
# 가중치를 저장
model.save_weights('/content/gdrive/My Drive/Colab Notebooks/cp.ckpt')
```

이번에는 학습하지 않은 새로운 모델을 만들어보자. 원본 모델과 같은 구조로 모델을 만든 다음 학습을 거치지 않고 모델의 정확도를 측정해보자.

```
# ===============동일 코드 생략==================
model.compile(optimizer=tf.optimizers.Adam(learning_rate=0.01),
loss='categorical_crossentropy', metrics=['accuracy'])

model.summary()

# checkpoint_path = "/content/gdrive/My Drive/Colab Notebooks/cp.ckpt"
# checkpoint_dir = os.path.dirname(checkpoint_path)
# 체크포인트 콜백 만들기
# cp_callback = tf.keras.callbacks.ModelCheckpoint(checkpoint_path, save_weights_only=True,
                                                  verbose=1)
#model.load_weights(checkpoint_path)
```

```
loss, acc = model.evaluate(x_data,  y_data, verbose=2)
print("훈련되지 않은 모델의 정확도: {:5.2f}%".format(100*acc))
===========================결과==============================
odel: "sequential_13"
_________________________________________________________________
Layer (type)                 Output Shape              Param #
=================================================================
dense_39 (Dense)              (None, 10)                30
_________________________________________________________________
dense_40 (Dense)              (None, 5)                 55
_________________________________________________________________
dense_41 (Dense)              (None, 3)                 18
=================================================================
Total params: 103
Trainable params: 103
Non-trainable params: 0
_________________________________________________________________
1/1 - 0s - loss: 1.1305 - accuracy: 0.6667
훈련되지 않은 모델의 정확도: 66.67%
```

결과에서 보듯이 학습이 이루어지지 않은 상태에서 초기 가중치로만 테스트 한 경우 66.67%의 정확도를 보였다. 이제는 이전에 학습했던 cp.cpk파일의 가중치를 load해서 학습 없이 가중치를 적용했을 때 정확도를 측정해보자.

```
checkpoint_path = "/content/gdrive/My Drive/Colab Notebooks/cp.ckpt"
# 모델 가중치 로드
model.load_weights(checkpoint_path)
# 로드된 가중치로 테스트
loss, acc = model.evaluate(x_data,  y_data, verbose=2)
print("훈련된 모델의 정확도: {:5.2f}%".format(100*acc))
===========================결과==============================
Model: "sequential_14"
_________________________________________________________________
Layer (type)                 Output Shape              Param #
=================================================================
dense_42 (Dense)              (None, 10)                30
_________________________________________________________________
dense_43 (Dense)              (None, 5)                 55
```

```
_________________________________________________________________
dense_44 (Dense)             (None, 3)                 18
=================================================================
Total params: 103
Trainable params: 103
Non-trainable params: 0
_________________________________________________________________
1/1 - 0s - loss: 0.0413 - accuracy: 1.0000
훈련된 모델의 정확도: 100.00%
```

결과에서 보듯이 학습이 끝난 모델의 가중치를 불러서 사용한 경우 정확도가 100%가 나온 것을 알 수 있다.

이번에는 모델 전체를 하나의 파일에 저장해 보자. 전체 모델에는 가중치, 모델 구성, 최적화에 지정한 설정까지 포함된 모델의 체크포인트를 저장하므로 원본 코드를 사용하지 않고 나중에 정확히 동일한 상태에서 훈련을 다시 시작할 수 있다.

전체 모델을 저장하는 기능은 매우 유용하다. TensorFlow.js[9])로 모델을 로드한 후 웹 브라우저에서 모델을 훈련하고 실행하거나 모바일 장치에 맞도록 변환한 다음 TensorFlow Lite를 사용하여 실행할 수도 있다. 텐서플로우 게라스에서는 모델을 저장하기 위해 HDF5 표준을 따르는 기본 저장 포맷을 제공한다. 이것은 저장된 모델을 하나의 이진 파일(binary blob)처럼 다룰 수 있도록 해준다. 그렇다면 이제 전체 모델을 저장하고 불러오는 과정을 프로그램 해보자.

9) TensorFlow.js는 자바스크립트로 머신 러닝 모델을 개발 및 학습시키고 브라우저나 Node.js에 배포하는 라이브러리다. (http://www.itworld.co.kr/)

연습 5-11-1 전체 모델 저장하기

```
# 바퀴와 날개의 유무에 따라, '배','자동차','비행기'로 분류하는 신경망 모델
# 신경망은 3개의 다층 레이어로 구성
import tensorflow as tf
import numpy as np
import os
from tensorflow.keras.models import Sequential
from tensorflow.keras.layers import Dense

# [바퀴, 날개]
x_data = np.array(
    [[0, 0], [1, 0], [1, 1], [0, 0], [0, 0], [0, 1]])
y_data = np.array([
    [1, 0, 0],      # 배
    [0, 1, 0],      # 자동차
    [0, 0, 1],      # 비행기
    [1, 0, 0],      # 배
    [1, 0, 0],      # 배
    [0, 0, 1]       # 비행기
])
model = tf.keras.Sequential()
model.add(Dense(input_dim=2, units=10, activation='relu'))
model.add(Dense(units=5, activation='relu'))
# 3개의 출력 유닛을 가진 소프트맥스 층을 추가
model.add(Dense(units=3, activation='softmax'))

model.compile(optimizer=tf.optimizers.Adam(learning_rate=0.01), loss='categorical_
crossentropy', metrics=['accuracy'])

model.summary()
history = model.fit(x_data, y_data, epochs=100, batch_size=1)

# 전체 모델을 HDF5 파일로 저장합니다
model.save("/content/gdrive/My Drive/Colab Notebooks/my_model.h5")
```

이제 모델을 불러오고 테스트 데이터를 입력하여 결과를 확인해보자.

연습 5-11-2 전체 모델 불러오기

```
# 바퀴와 날개의 유무에 따라, '배','자동차','비행기'로 분류하는 신경망 모델
# 신경망은 3개의 다층 레이어로 구성
import tensorflow as tf
import numpy as np
import os
from tensorflow.keras.models import Sequential
from tensorflow.keras.layers import Dense
from tensorflow import keras

# [바퀴, 날개]
x_data = np.array(
    [[0, 0], [1, 0], [1, 1], [0, 0], [0, 0], [0, 1]])

y_data = np.array([
    [1, 0, 0],      # 배
    [0, 1, 0],      # 자동차
    [0, 0, 1],      # 비행기
    [1, 0, 0],      # 배
    [1, 0, 0],      # 배
    [0, 0, 1]       # 비행기
])

# 가중치와 옵티마이저를 포함하여 정확히 동일한 모델을 다시 생성
new_model = keras.models.load_model("/content/gdrive/My Drive/Colab Notebooks/my_model.h5")
new_model.summary()

loss, acc = new_model.evaluate(x_data,  y_data, verbose=2)
print("복원된 모델의 정확도: {:5.2f}%".format(100*acc))
```

```
Model: "sequential_16"
_________________________________________________________________
Layer (type)                 Output Shape              Param #
=================================================================
dense_48 (Dense)             (None, 10)                30
_________________________________________________________________
dense_49 (Dense)             (None, 5)                 55
```

```
_________________________________________________________________
dense_50 (Dense)             (None, 3)                 18
=================================================================
Total params: 103
Trainable params: 103
Non-trainable params: 0
_________________________________________________________________
1/1 - 0s - loss: 7.8998e-04 - accuracy: 1.0000
복원된 모델의 정확도: 100.00%
```

5장에서 우리는 단층 퍼셉트론과 다층 퍼셉트론 및 다층 신경망 모델을 만들어보았다. 또한 학습 후에 생성된 가중치를 저장하고 다시 불러오는 방법과, 모델 전체를 파일로 저장하고 불러오는 연습을 해보았다. 6장에서는 일반 데이터가 아니라 입력 차원이 큰 영상에 대해 분류할 수 있는 보다 복잡한 신경망을 공부해 보도록 할 것이다.

CHAPTER 5 정리

1 신경세포는 세포핵(nucleus), 세포체(cell body), 수상돌기(dendrite), 축삭돌기(축색) (axon), 시냅스(synapse)로 구성된다. 신경세포들은 서로 연결되어 자극(전기적 신호)을 주고받는 신경망(neural network)을 형성하고 있다.

2 딥 러닝 알고리즘의 토대는 Rosenblatt이 제안한 퍼셉트론으로부터 출발한다.

3 인공신경망은 80년대에 들어서 Hopfield network, Boltzmann machines, Rumelhart 가 제안한 다층 퍼셉트론과 오류 역전파 알고리즘을 통해서 다양한 비선형분리가 가능한 분류 문제를 해결할 수 있다는 연구가 발표되면서 다시 주목을 받기 시작한다.

4 인공신경망을 학습시킨다는 것은, 입력 값에 곱해지는 가중치를 반복적으로 조정하여 학습한다는 것을 의미를 갖는다. 여기서 입력에 곱해지는 가중치(weight)는 입력 값과 목표 값이 주어지면 목표 값을 만족시키기 위한 학습과정에서 결정되게 된다.

5 인공신경망의 구성은 외부로부터 입력 값을 받아들이는 입력 층(input layer), 활성함수를 적용하여 값을 외부로 내보내는 출력 층(output layer)으로 구성된다. 인공 신경망은 입력 층에서부터 은닉 층을 거쳐 출력 층으로 한 방향으로만 전파되는 신경망 구조로 이러한 구조를 피드포워드 신경망(feedforward neural network)이라고 한다.

6 활성화 함수는 입력 신호의 결합을 그대로 사용하지 않고, 출력 신호로 변환하는 함수인데, 입력 받은 데이터를 다음층으로 출력할지를 활성화함수가 결정하는 역할을 한다.
시그모이드 함수(sigmoid function)는 인공신경망에서 가장 널리 사용되는 활성화 함수로 계단 함수나 부호함수와 다르게 미분이 가능하고 0~1사이로 출력 값이 서서히 그리고 매끄럽게 변화한다는 특징이 있다.

7 단층 퍼셉트론은 하나의 뉴런으로 구성되어 있기 때문에 하나의 선형 함수만을 만들어 낼 수 있다. 하지만 XOR연산을 위해서는 2개의 선형 함수가 필요하다. 따라서 한 개의 뉴런으로는 분류가 불가능하다.

8 케라스는 텐서플로우에서 제공되는 케라스는 'tensorflow.keras'로 구현할 수 있다. tensorflow.keras는 머신러닝 모델을 만들고 훈련하기 위한 고수준 API로서 텐서플로의 특수 기능을 모두 지원한다.

9 다층 인공 신경망의 구성은 외부로부터 입력 값을 받아들이는 입력 층(input layer), 활성함수를 적용하여 값을 외부로 내보내는 출력 층(output layer), 입력 층과 출력 층 사이에 존재하면서 출력 층의 값에 영향을 미치는 은닉 층(hidden layer)으로 구성된다. 은닉 층으로 이름을 붙인 이유는 외부에 직접적으로 드러나지 않지만 출력 값의 변화에 영향을 끼치기 때문이다.

10 다층 신경망에서는 에러를 앞 단계로 다시 되돌림으로써 가중치를 갱신하는 오류 역전파 학습 알고리즘(error backpropagation algorithm)을 사용한다. 역전파란 역방향으로 오류를 전파시키면서 각 레이어의 가중치를 갱신하고 최적의 학습결과를 찾아가는 방법이다.

11 다층 신경망에서 인공지능의 학습알고리즘으로 사용되는 오류 역전파 알고리즘은 기울기 경사하강법에 기반을 하고 있지만 최근에는 네트워크가 복잡해서면서 확률적 경사하강법(SGD) 이나 Adam방법을 많이 사용한다.

12 출력 노드의 값을 그대로 사용할 경우 이를 항등함수라고 하고 주로 회귀(regression)에 사용된다. 반대로 출력 노드의 값에 다시 소프트맥스(softmax)와 같은 활성화 함수를 적용하는 경우 분류(classification)에 사용한다.

13 pandas는 행과 열로 이루어진 데이터 객체를 만들어 다룰 수 있도록 지원하는 사용하는 파이썬용 데이터분석 라이브러리로, 안정적으로 대용량의 데이터들을 처리하는데 매우 편리한 도구이다.

14 학습된 가중치를 저장하는데 사용하는 함수는 tf.keras.callbacks.ModelCheckpoint()이다. 이 함수는 체크포인트를 설정하고 불러오는 작업을 수행하는 콜백(callback)이다. 이 콜백은 체크포인트 작업을 조정할 수 있도록 여러가지 매개변수를 제공한다.

15 텐서플로우 케라스에서는 모델을 저장하기 위해 HDF5 표준을 따르는 기본 저장 포맷을 제공한다. 이것은 저장된 모델을 하나의 이진 파일(binary blob)처럼 다룰 수 있도록 해준다.

연습문제

01 우리는 5.1.1장에서 몇 개의 활성화 함수를 공부해 보았다. 활성화 함수에는 우리가 배운 활성화 함수 이외에도 ArcTan, Leaky ReLU, Gaussian, ELU(Exponential linear unit)등이 있다. 인터넷을 검색하여 각 함수들에 대해 설명해보고 각 함수를 직접 적용하여 그래프를 출력해보자.

```
import numpy as np
import matplotlib.pylab as plt

x = np.arange(-6, 6, 0.01)
# ==========예, Sigmoid 함수 코드 ============
def sigmoid_func(x): # sigmoid 함수
    return 1 / (1 + np.exp(-x))

# 그래프 출력
plt.plot(x, sigmoid_func(x), linestyle='--', label="Sigmoid")
# ========================================
plt.ylim(-5, 5)
plt.legend()
plt.show()
```

02 AND, OR 논리식에 대한 단층 퍼셉트론에 1번 문제에 해당하는 활성화 함수를 적용해보고 학습 과정에서 에러의 변화와 새로운 테스트 데이터에 대해 올바르게 분류하는지를 확인해보자.

03 '여기서 잠깐-단층 퍼셉트론 C구현'에서는 활성화 함수로 step function과 sigmoid함수만을 사용하였다. 추가적으로 tanh함수, Gaussian, ReLU함수를 적용해서 C나 C++언어로 구현해 보자. 또한 AND연산도 동일한 방법을 적용해 보자.

04 연습 (5-6) 실습 코드의 네트워크 구조를 ① 아래 표와 같이 변경해보고 ② 은닉층의 활성화 함수를 'relu','sigmoid', 'tanh' 별로 입력하여 그 결과를 비교해 보자. 어떤 활성화 함수가 가장 효율적으로 학습이 되었는지 비교해보자(최종 출력 레이어는 동일하게 softmax). ③ 최적화 방법을 Adam, SGD, 경사하강법 순서대로 비교해 보고 어느 최적화 방법이 가장 좋은 성능을 보여주는지 알아보자. ④ 가장 좋은 성능을 내는 최적화 방법과 활성화 함수를 선택하고 학습과정을 epoch회수에 따른 loss와 accuracy그래프로 표현해 보자.

입력층	1번 은닉층	2번 은닉층	3번 은닉층	출력 층
2개 노드+ 1개 바이어스	10개 노드	7개 노드	5개 노드,	3개

① 네트워크 구조를 변경 코드 기술

② 은닉층의 활성화 함수를 'relu','sigmoid', 'tanh' 별로 다르게 입력하여 그 결과를 비교(최적화는 Adam으로 고정시켜 테스트)

③ 최적화 방법을 Adam, SGD, 경사하강법 순서대로 비교해보고 어느 최적화 방법이 가장 좋은 성능을 보여주는지 설명(2번에서 찾은 가장 좋은 활성화 함수로 고정시키고 테스트)

④ 가장 좋은 성능을 내는 최적화 방법과 활성화 함수를 선택하고 학습과정을 epoch회수에 따른 loss와 accuracy그래프로 표현

05 입력벡터의 차원이 50이고, 훈련데이터가 100개 이상인 훈련데이터 세트를 만들고 별도로 테스트 데이터를 50개 생성한다. 훈련데이터 세트와 테스트 데이터 세트는 모두 csv 파일로 구글 드라이브에 저장하고 콜랩 코드에 마운트 시켜서 학습과 테스트에 사용한다.

① 초기 가중치로만 테스트데이터 세트를 오픈해서 테스트 해보고 정확도를 측정해보자.

② 학습 후에 가중치를 ckpt파일로 저장하고, ckpt를 다시 호출해서 테스트 데이터 세트에 적용하고 정확성을 검증해 보자.

③ 전체 모델을 저장한 후, 다시 테스트데이터와 모델만 로드해서 정확도를 테스트해 보자.

06 학습과정에서 fit() 함수는 모델을 학습하는데 사용한다. 모델이 오차로부터 매개변수를 업데이트 시키는 과정을 학습, 훈련, 또는 적합(fitting)이라고 하기도 하는데, 모델이 데이터에 적합해 가는 과정이기 때문이다. 그런 의미에서 fit()은 모델의 훈련을 시작한다는 의미도 가지고 있다. fit()의 파라미터 중에서 아래 파라미터들에 대한 의미가 무엇인지 인터넷 검색이나 관련 서적을 찾아 조사해보고 프로그래밍을 통해 차이점을 분석해 보자.

① model.fit(X_train, y_train, epochs=10, batch_size=32, verbose=0, validation_data(X_val, y_val))

② model.fit(X_train, y_train, epochs=10, batch_size=32, verbose=0, validation_split=0.2))

참고문헌

[1] 텐서플로우 공식 홈페이지 https://www.tensorflow.org/

[2] 데이터 사이언스 스쿨, https://datascienceschool.net/

[3] 백견불여일타 딥러닝 입문 with 텐서플로우 2.x

[4] 고병철, 영상처리기반의 인공지능 입문, 도서출판 그린, 2018.

6

Convolutional Neural Network

CHAPTER 6

Convolutional Neural Network

6.1 심층 신경망(deep neural network)만들기

6.1.1 심층 신경망의 기본개념

5장까지 우리는 입력 벡터의 차원이 작은 데이터만을 다루어 보았다. 하지만 실제 훈련데이터들은 입력 벡터의 차원이 크고 개수도 몇만 개 이상으로 많으므로 이를 처리하기 위해서는 복잡한 신경망의 구성이 필요하다. 딥 러닝(deep learning)이란 이렇게 복잡한 데이터들을 효과적으로 학습하기 위한 노력의 과정에서 출발했다. 딥 러닝 알고리즘은 지금까지 우리가 배워온 다층 신경망을 더 많은 여러 겹의 계층으로 쌓아서 학습모델을 구현한 것으로 이해하면 된다. 따라서 딥 러닝 알고리즘은 딥 뉴럴 네트워크(deep neural networks, 심층 신경망)라고 부르는 것이 올바른 표현이다.

지금까지 우리가 배운 다층 퍼셉트론은 은닉 계층이 1~2개 정도의 얕은 신경망 구조(shallow architecture)이라면 심층 신경망은 그림 (6-1)과 같이 은닉 계층이 수 개에서 수백 개에 이를 정도로 깊은 신경망 구조를 이루고 있다.

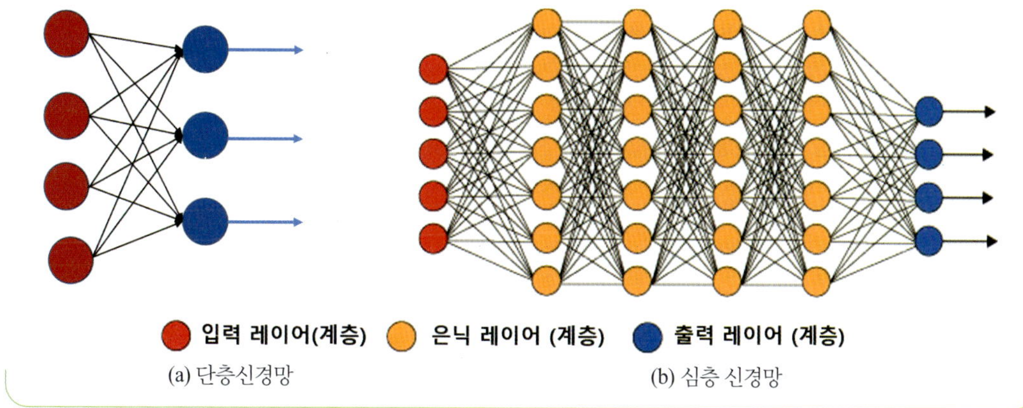

그림 6-1 단증 신경망 (a)과 심층 신경망 (b) 구조[1)]

심층 신경망은 구조적으로는 단층 신경망에 은닉 계층에만 연속적으로 추가하면 되므로 설계에 어려움이 크게 없어 보인다. 하지만 왜 과거 수십 년 동안 심층 인공신경망은 연구가 더디어왔을까? 기존의 연구에서 심층 인공신경망이 가지고 있던 문제점을 나열하면 아래와 같다.

- 오류 역진파(backpropagation) 자체의 문제점: 손실을 계산한 후 앞쪽 계층으로 오류가 역전파 되면서 에러의 값이 점차 줄어들어 변경 효과가 희석되는 기울기 소멸(vanishing gradient) 문제가 발생한다. 또한, 초기 가중치를 랜덤하게 설정할 경우 역전파 과정에서 학습이 제대로 이루어지지 않을 수 있다.
- 학습에 불충분한 데이터 수: 심층 신경망이 충분히 잘 학습되기 위해서는 수만 개에서 수백만 개의 레이블 된 훈련데이터 세트가 필요하다. 하지만 과거에는 훈련데이터 세트 수집과 레이블이 모두 사람의 손에 의존했으므로 훈련데이터 세트 수집에 한계가 있었다. 학습에 사용된 훈련데이터 수가 적을수록 학습과정에서 역전파를 이용한 학습이 한쪽 데이터에 치우치는 과적합(오버피팅, overfitting) 현상이 발생할 수 있다.
- 컴퓨팅 파워의 한계: 계층과 노드의 수가 늘어날수록 연산에 필요한 파라미터(가중치)의 수도 늘어날 수밖에 없다. 하지만 80~90년 초반까지도 이렇게 많은 학습 관련 연산을 처리할 수 있는 컴퓨터 하드웨어의 성능이 뒷받침되지 못했다.
- 효율적인 학습 알고리즘의 부재: 계층의 수가 늘어날수록 역전파 과정에서 발행하는 기울기 소멸이나 과적합 등의 문제로 훈련데이터에서는 성능이 뛰어나지만, 학습과는 조금 변형된 테스트 데이터를 입력하면 성능이 급격히 떨어지는 문제가 발생하였다. 80년대 전반까지도 학습과 테스트

1) 본문에서는 문맥에 따라 '레이어(layer)'와 '계층', '층'이라는 용어가 번갈아 사용되고 있다.

에서 동일한 성능을 보이는 일반화(generalization)[2]를 높이기 위한 알고리즘이 부족하였다.

- 지역최소에 갇힘: 학습과정에서 가중치를 변경하면서 손실을 최소화 할 수 있는 가중치 파라미터를 찾아야 하지만 학습과정의 오류로 인해 지역 극소점(local minima)에 갇힐 수 있는데 이러한 지역극소점 갇힘현상은 계층의 수가 늘어날수록 높아질 수 있다.

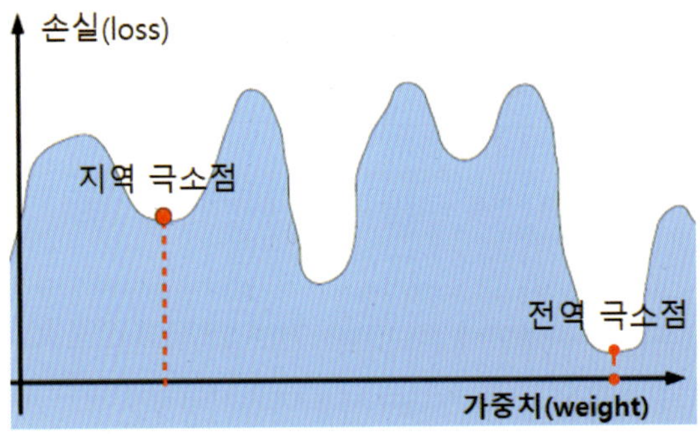

그림 6-2 지역극소점(local minima)과 전역 극소점(global minima)

2000년대 중반에 오면서 심층 신경망의 다양한 문제점들을 해결할 수 있는 방법들이 제안되었다. 먼저 2006년 Hinton은 Deep Belief Nets을 발표하면서 심층 신경망에서 역전파 학습의 문제점이었던 기울기 소멸(vanishing gradient) 문제를 해결할 수 있도록 시그모이드 활성화 함수 대신에 ReLU(Rectified Linear Unit)라는 활성화 함수를 제안하였다. ReLU 함수는 0보다 작을 때는 0을 사용하고, 0보다 큰 값에 대해서는 해당 값을 그대로 사용하는 방법이다. 또한, 드롭아웃(dropout)알고리즘을 개발하여 학습과정에서 노드의 일부를 생략하면서 링크를 연결하여 과적합 없이 학습의 안정성과 정확도를 향상 할 수 있는 알고리즘을 개발하였다. 또한, 최근에는 심층 신경망 학습이 CPU대신 GPU연산을 하게 되었으며 연산 방식도 멀티코어/GPGPU(General-Purpose computing on Graphics Processing Units, GPU 상의 범용 계산) 연산이 가능하게 되었다. 이러한 이유로 심층 신경망은 이전과 같은 컴퓨팅파워의 부족을 겪지 않게 되었다. 최근 구글과 같은 거대 IT 기업을 중심으로 대용량 훈련데이터가 축적되어 학습에 활용할 수 있는 데이터의 수가 많아지고 있다.

학습과정에서 발생하는 초기 가중치 설정 문제를 해결하기 위해 사전 학습(pre-training)방법을 많이 사용한다. 이 방법은 대용량의 훈련데이터로 신경망을 학습시켜 가중치를 미리 설정(pre-training)하고 동

2) 일반화 능력(generalization): 지도학습에서 분류기는 훈련데이터로 학습이 되는데 만약 훈련에 참여하지 않은 새로운 데이터가 주어졌을 경우에 대해서도 학습된 분류기가 정확하게 예측을 할 수 있으면 이를 일반화 되었다고 한다.

일한 신경망 구조와 사전 학습된 가중치를 기반으로 우리가 학습시키고자 하는 새로운 훈련데이터로 신경망을 추가 학습시키는 방법이다(fine tunning이라고도 불림). 이렇게 하면 과적합이나 기울기 소멸 현상이 덜 발생하게 되고 학습이 빠르게 이루어지는 장점이 있다.[3]

여기서 잠깐~!

과적합(overfitting)과 과소적합(underfitting)[4] – 1장 내용 복습하기

지도학습에서는 훈련데이터로 분류 모델을 학습하게 되는데 분류 모델이 훈련데이터의 각 샘플에 너무 가깝게 맞춰져서 새로운 데이터에 일반화되기 어려울 때(잘 분류하지 못할 때) 분류기가 훈련데이터에 과적합 되었다고 부른다. 과적합은 훈련데이터에 대해서는 정확도가 100%에 가깝게 수렴하지만 새로운 데이터에 대해서는 분류 성능이 현저히 떨어진다(그림 6-3 (a)). 반대로 과소적합은 훈련데이터에 대해 학습이 부족하여 데이터의 다양성을 반영하지 못하는 분류 모델이 선택되는 현상을 말한다(그림 6-3 (b)).

학습 시간이 지날수록 모델은 훈련데이터에 과적합되어 훈련데이터의 오차는 줄어들지만, 테스트 데이터에 대해서는 오차가 증가한다. 따라서 과적합이 발생하기 전의 최적을 모델을 선택해야 한다. 이를 위해 검증 데이터 세트(validation set)를 이용하여 각 에폭마다 학습을 끝낸 모델을 평가를 수행하고, 평가된 loss 값과 accuracy 값을 관찰하면서 최적의 모델을 선택할 수 있다.

인공지능에서 지향하는 학습은 과적합이나 과소적합이 아닌 일반화 능력이 우수한 적정 수준의 학습이다. 이를 위해서는 다양한 훈련데이터를 충분히 확보하고 일반화 성능이 우수한 분류 알고리즘을 사용하여 분류기를 설계하도록 해야 한다.

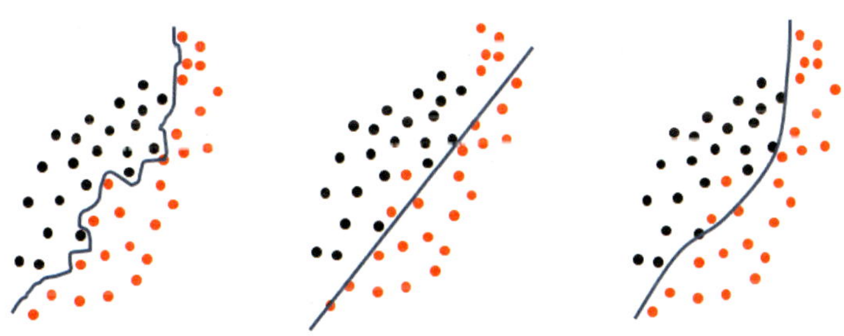

(a) 과잉적합 (b) 과소적합 (c) 일반화 성능이 우수한 적합

그림 6-3 과적합, 과적합, 바람직한 적합

3) 사전학습과 유사한 개념으로 전이학습(transfer learning)이 있다. 전이학습은 기존의 만들어진 모델을 기반으로 하여 새로운 훈련데이터를 사용하여 신경망 모델을 만드는 것으로 학습을 빠르게 하며, 예측 성능을 더 높일 수 있다.

4) 고병철, 영상처리기반의 인공지능 입문, 도서출판 그린, 2018

6.1.2 간단한 심층 신경망 만들기

5장에서 우리는 입력벡터의 차원이 작은 간단한 다층 신경망을 만들어봤다. 이번 장에서는 입력벡터의 차원이 큰 영상을 사용해서 다층 신경망을 만들어 보자. 우리는 이번 실습에서 MNIST 필기체 인식용 데이터 세트를 사용할 것이다. MNIST 데이터 세트란 필기체 숫자 영상들을 모아놓은 데이터 세트로 0~9까지의 숫자를 28×28픽셀 크기의 이미지로 구성해 놓은 것으로 훈련데이터 60,000개, 테스트 데이터 10,000개로 구성된다. MNIST 데이터 세트는 http://yann.lecun.com/exdb/mnist에서 내려받아 사용할 수 있으며 코랩에서는 기본적으로 MNIST 데이터 세트를 제공하고 있다.

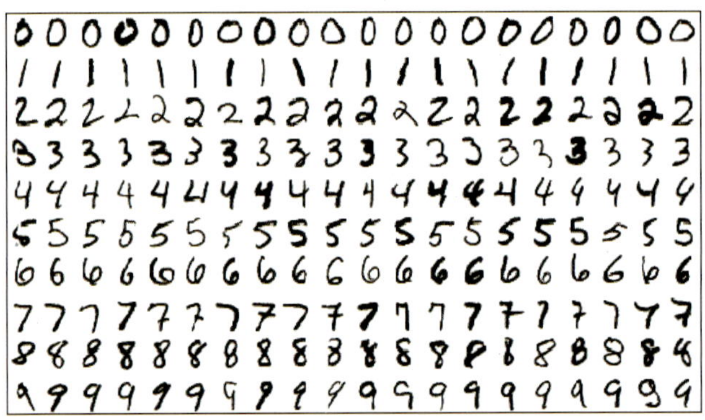

그림 6-4 MNIST 필기체 영상 데이터 셋 예제

텐서플로우에 기본 내장된 MNIST 모듈을 이용하여 데이터를 로드해보자. load_data()는 훈련데이터를 train_images에 (60000, 28, 28) shape의 배열로 영상별 픽셀값을 저장, train_lables에 (60000) shape의 배열로 훈련 영상별 레이블(0~9)을 저장한다. 마찬가지로 test_images에는 (10000, 28, 28) shape의 배열로 영상별 픽셀값을 저장하고 test_labels에는 (10000) shape의 배열로 각 테스트 영상의 레이블 값을 저장한다.

```
# MNIST 데이터셋을 로드하여 준비.
import tensorflow as tf
import matplotlib.pylab as plt

(train_images, train_labels), (test_images, test_labels) =
tf.keras.datasets.mnist.load_data()
```

불러온 영상을 화면에 출력해 보자.

```
plt.figure(figsize=(6, 1)) # 그림(figure)의 크기. (가로, 세로) 인치 단위
for i in range(36): # 36장만 출력해보자.
    plt.subplot(3, 12, i+1) # 3행12열의 플롯에서 1번째, 2번째...플롯을 지정
    plt.imshow(train_images[i], cmap="gray")
    plt.axis("off") # 축은 생략
plt.show()
```

영상은 가로×세로 행렬로 구성되지만 입력 레이어는 벡터값을 넣어주어야 한다. 따라서 훈련영상과 테스트 영상의 차원을 reshape()으로 789차원의 벡터로 변경시켜주는 과정이 필요하다. 동시에 각 영상을 픽셀 최대값인 255로 나누어 0~1사이로 정규화 시켜준다.

```
train_images = train_images.reshape((60000, 784)) # 28x28
test_images = test_images.reshape((10000, 784))
train_images, test_images = train_images / 255.0, test_images / 255.0
```

이번에는 훈련데이터의 레이블을 확인해보자. 앞의 10개 영상에 대해서만 확인해 본 결과 첫 번째 영상은 숫자 5, 두 번째 영상은 숫자 0으로 레이블 되어 있는 것을 알 수 있다.

```
print(train_labels[:10])
[5 0 4 1 9 2 1 3 1 4]
```

하지만 우리가 만들고자 하는 네트워크는 출력계층이 10개로 구성되어 있다(0~9까지 구분하는 문제임으로). 따라서 출력계층은 10차원의 벡터로 값을 출력하고 그 값은 소프트 맥스에 의해 0.0~1.0사이의 값으로 출력된다. 예를 들어 [0.1, 0.1, 0.1...0.2, 0.4]과 같이 출력되면 우리는 입력영상을 마지막 클래스로 (9)로 판단한다. 따라서 훈련데이터도 이러한 벡터로 정의되는 것이 필요하다. 이때 훈련 영상의 실제 레이블만 1로 표시하고 다른 클래스들은 0으로 표시하는 방법을 one hot encoding이라고 한다. 따라서 우리는 훈련데이터의 레이블을 다시 one hot 코드로 변경하는 과정을 추가해야 한다. 아래 코드에서 'to_categoricla()함수가 배열을 one hot코드로 변경시켜주는 역할을 하며 두 번째 파라미터인 10차원의 벡터에서 레이블에 해당되는 위치만 '1'로 마킹하고 그 이외의 위치는 '0'으로 마킹한다. 이 함수를 적용하고 나면 one_hot_train_labels는 [60000, 10]의 배열이 되고, one_hot_test_labels는 [10000,10]의 배열이

된다. 아래 코드를 수행하여 앞의 10개 영상에 대한 one hot 인코딩 결과 확인해보자.

```
from tensorflow.keras.utils import to_categorical

one_hot_train_labels = to_categorical(train_labels, 10)
one_hot_test_labels = to_categorical(test_labels, 10)
print(one_hot_train_labels[:10]) # 앞의 10개 영상에 대한 one hot 인코딩 결과 확인

[[0. 0. 0. 0. 0. 1. 0. 0. 0. 0.]  # 5
 [1. 0. 0. 0. 0. 0. 0. 0. 0. 0.]  # 0
 [0. 0. 0. 0. 1. 0. 0. 0. 0. 0.]  # 4
 [0. 1. 0. 0. 0. 0. 0. 0. 0. 0.]  # 1
 [0. 0. 0. 0. 0. 0. 0. 0. 0. 1.]  # 9
 [0. 0. 1. 0. 0. 0. 0. 0. 0. 0.]  # 2
 [0. 1. 0. 0. 0. 0. 0. 0. 0. 0.]  # 1
 [0. 0. 0. 1. 0. 0. 0. 0. 0. 0.]  # 3
 [0. 1. 0. 0. 0. 0. 0. 0. 0. 0.]  # 1
 [0. 0. 0. 0. 1. 0. 0. 0. 0. 0.]] # 4
```

이제 신경망 모델을 만들어 보자. 모델은 입력 계층, 1개의 은닉 계층, 1개의 출력 계층으로 구성된다. 입력 계층의 노드는 784, 은닉 계층의 노드는 128, 출력 계층의 노드는 10개로 구성된다.

```
# 층을 차례대로 쌓아 tf.keras.Sequential 모델 생성
# 은닉층의 활성화 함수는 ReLu를 사용하고 출력층은 소프트맥스를 사용
model = tf.keras.models.Sequential()
model.add(tf.keras.layers.Dense(input_dim=784, units=128, activation='relu'))
model.add(tf.keras.layers.Dense(units=10, activation='softmax'))
```

최적화알고리즘은 Adam을 사용하고 손실함수는 클래스의 수가 10개임으로 'categorical_crossentropy'를 사용하자. epoch은 5로 하고 배치 사이즈는 10으로 설정한다.

```
model.compile(optimizer=tf.optimizers.Adam(learning_rate=0.01),
loss='categorical_crossentropy', metrics=['accuracy'])

model.summary()
history = model.fit(train_images, one_hot_train_labels, epochs=5, batch_size=10)
```

모델이 학습되는 과정을 그래프로 그려보자.

```
plt.figure(figsize=(12, 4)) # 그래프의 가로세로 비율
plt.subplot(1, 1, 1) # 1행1열의 첫 번째 위치
plt.plot(history.history['loss'], 'b--', label='loss') # loss는 파란색 점선
plt.plot(history.history['accuracy'], 'g-', label='Accuracy') # accuracy는 녹색실선
plt.xlabel('Epoch')
plt.legend()
plt.show()
print('최적화 완료!')
```

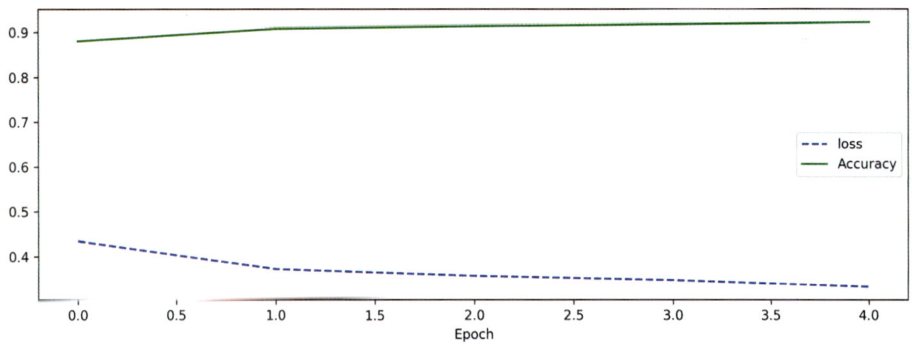

이제 테스트 영상들을 학습된 신경망에 입력하여 정확도를 측정해 보자. 또한 테스트 영상 중 10개만 출력하고 예측결과를 그림 위에 표시해 보자.

```
labels=model.predict(test_images)

print("\n Accuracy: %.4f" % (model.evaluate(test_images, one_hot_test_labels, verbose=2)[1]))
# list index
# 테스트 영상 중 10개만 출력하고 예측결과를 그림 위에 표시해 보자.
fig = plt.figure()
for i in range(10):
    subplot = fig.add_subplot(2, 5, i+1)
    subplot.set_xticks([])
    subplot.set_yticks([])
    subplot.set_title('%d' % np.argmax(labels[i]))
    subplot.imshow(test_images[i].reshape((28, 28)), cmap=plt.cm.gray_r)
plt.show()
```

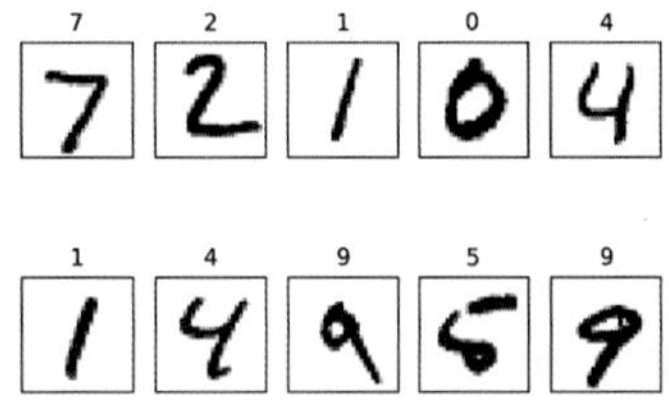

결과에서 보듯이 테스트 영상에 대해 모두 정확하게 예측하는 것을 알 수 있다. 이제 전체 코드를 작성해 보도록 하자.

연습 6-1

```
import tensorflow as tf
import numpy as np
from tensorflow.keras.models import Sequential
from tensorflow.keras.layers import Dense

# MNIST 데이터셋을 로드하여 준비. 샘플 값을 정수에서 부동소수로 변환

(train_images, train_labels), (test_images, test_labels) = tf.keras.datasets.mnist.load_data()

import matplotlib.pylab as plt

plt.figure(figsize=(6, 1))
for i in range(36):
    plt.subplot(3, 12, i+1)
    plt.imshow(train_images[i], cmap="gray")

    plt.axis("off")
plt.show()
train_images = train_images.reshape((60000, 28*28))
test_images = test_images.reshape((10000, 28*28))
train_images, test_images = train_images / 255.0, test_images / 255.0

print(train_labels[:10])

from tensorflow.keras.utils import to_categorical

one_hot_train_labels = to_categorical(train_labels, 10)
one_hot_test_labels = to_categorical(test_labels, 10)
```

```
print(one_hot_train_labels[:10])

# 층을 차례대로 쌓아 tf.keras.Sequential 모델을 만든다..
# 훈련에 사용할 옵티마이저(optimizer)와 손실 함수를 선택:
model = tf.keras.models.Sequential()
model.add(tf.keras.layers.Dense(input_dim=784, units=128, activation='relu'))
model.add(tf.keras.layers.Dense(units=10, activation='softmax'))

model.compile(optimizer=tf.optimizers.Adam(learning_rate=0.01),
loss = 'categorical_crossentropy', metrics=['accuracy'])

model.summary()
history = model.fit(train_images, one_hot_train_labels, epochs=5, batch_size=10)

plt.figure(figsize=(12, 4)) # 그래프의 가로세로 비율
plt.subplot(1, 1, 1) # 1행1열의 첫 번째 위치
plt.plot(history.history['loss'], 'b--', label='loss') # loss는 파란색 점선
plt.plot(history.history['accuracy'], 'g-', label='Accuracy') # accuracy는 녹색실선
plt.xlabel('Epoch')
plt.legend()
plt.show()
print('최적화 완료!')

print("\n=============test results==========")
labels = model.predict(test_images)
# verbose=2로 실정하여 신행 막대(progress bar)가 나오지 않도록 설정한다.
print("\n Accuracy: %.4f" % (model.evaluate(test_images, one_hot_test_labels,
verbose=2)[1])) # list index

fig = plt.figure()
for i in range(10):
    subplot = fig.add_subplot(2, 5, i+1)
    subplot.set_xticks([]) # x축 부 눈금을 제거([])
    subplot.set_yticks([]) # y축 부 눈금을 제거([])
    subplot.set_title('%d' % np.argmax(labels[i]))
    subplot.imshow(test_images[i].reshape((28, 28)),
                   cmap=plt.cm.gray_r)
plt.show()

print("====================================")
```

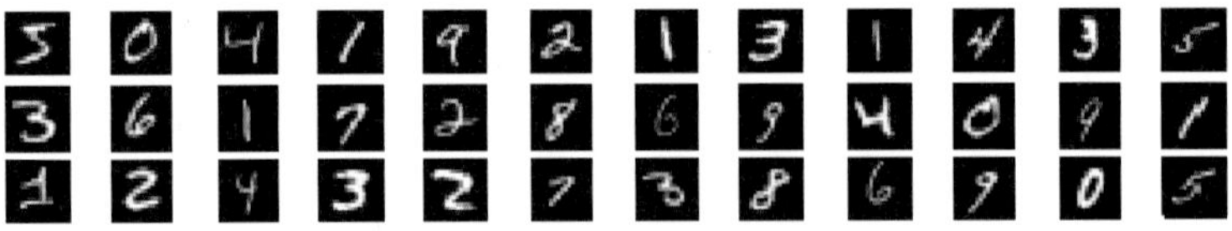

```
[5 0 4 1 9 2 1 3 1 4]
[[0. 0. 0. 0. 0. 1. 0. 0. 0. 0.]
 [1. 0. 0. 0. 0. 0. 0. 0. 0. 0.]
 [0. 0. 0. 0. 1. 0. 0. 0. 0. 0.]
 [0. 1. 0. 0. 0. 0. 0. 0. 0. 0.]
 [0. 0. 0. 0. 0. 0. 0. 0. 0. 1.]
 [0. 0. 1. 0. 0. 0. 0. 0. 0. 0.]
 [0. 1. 0. 0. 0. 0. 0. 0. 0. 0.]
 [0. 0. 0. 1. 0. 0. 0. 0. 0. 0.]
 [0. 1. 0. 0. 0. 0. 0. 0. 0. 0.]
 [0. 0. 0. 0. 1. 0. 0. 0. 0. 0.]]
Model: "sequential_44"
_________________________________________________________________
Layer (type)                 Output Shape              Param #
=================================================================
dense_85 (Dense)             (None, 128)               100480
_________________________________________________________________
dense_86 (Dense)             (None, 10)                1290
=================================================================

Total params: 101,770
Trainable params: 101,770
Non-trainable params: 0
_________________________________________________________________
Epoch 1/5
6000/6000 [==========] - 15s 3ms/step - loss: 0.4368 - accuracy: 0.8779
Epoch 2/5
6000/6000 [==========] - 13s 2ms/step - loss: 0.3755 - accuracy: 0.9072
Epoch 3/5
6000/6000 [==========] - 13s 2ms/step - loss: 0.3533 - accuracy: 0.9150
Epoch 4/5
6000/6000 [==========] - 14s 2ms/step - loss: 0.3409 - accuracy: 0.9183
Epoch 5/5
6000/6000 [==========] - 13s 2ms/step - loss: 0.3404 - accuracy: 0.9205
```

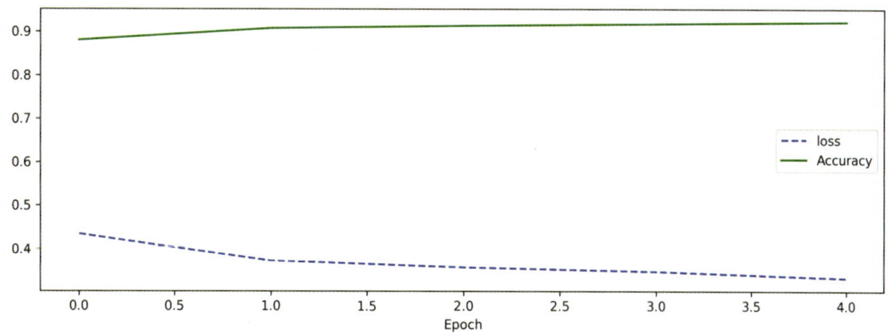


```
최적화 완료!

=============test results==========
313/313 - 0s - loss: 0.3063 - accuracy: 0.9438

 Accuracy: 0.9438
```

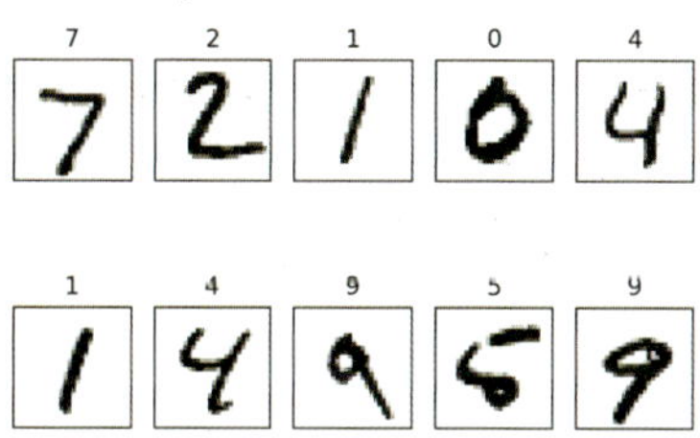


```
===================================
```

6.2 정규화 방법

인공신경망에서는 과적합 문제를 해결하기 위해 다양한 방법의 정규화(normalization) 방법들이 제안되었다. 본 장에서는 신경망에서 많이 사용되는 몇 가지 정규화 방법을 소개하도록 한다.

6.2.1 드롭아웃(Dropout)[5)]

드롭아웃이란 계층과 계층간의 모든 노드(뉴런)를 연결하는 대신 일부만 연결하는 방법으로 모델 계층이 깊어질 경우 발생하는 과적합을 방지하는 목적으로 개발되었다. 만약 학습과정에서 훈련데이터에

5) N. Srivastava, G. Hinton, et al. Dropout: A Simple Way to Prevent Neural Networks from Overfitting, JMLR, 2014

관해서는 예측이 잘 되었는데 테스트 데이터에 대해서는 예측이 잘 안 되는 경우가 발생한다면 우리는 과적합을 의심해야 한다. 드롭아웃의 원리는 학습 시 전체 신경망 중 일부만을 사용하도록 하는 것으로 학습 단계마다 일부 노드를 제거(사용하지 않도록)함으로써, 일부 특징이 특정 노드에 고정되는 것을 막아 가중치의 균형을 잡도록 하여 과적합을 방지하는 방법이다. 학습 시 일부 노드를 학습시키지 않기 때문에 신경망이 충분히 학습되기까지의 시간은 조금 더 오래 걸리는 편이지만 과적합을 비교적 간단한 알고리즘으로 피할 수 있기 때문에 많이 사용되고 있다.

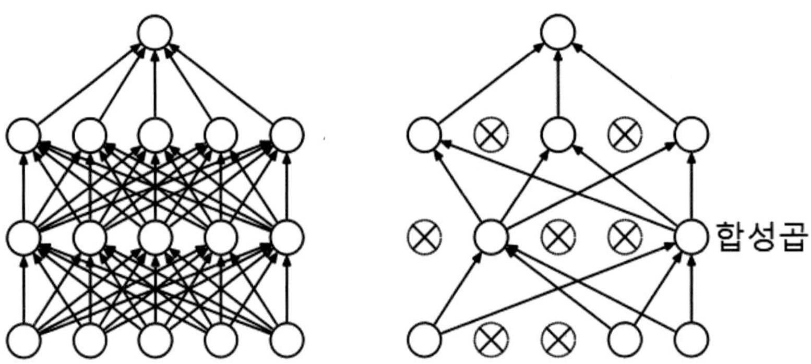

(a) 일반적인 신경망 구조 (b) 드롭아웃이 적용된 신경망 구조

그림 6-5 심층 신경망에서 드롭아웃의 적용

MNIST 영상 분류 신경망 모델에 드롭아웃을 적용해보자 드롭아웃을 0.2로 적용하여 전체노드 중 80%만 사용하도록 하자. 신경망 모델 구성 코드에서 드롭아웃은 아래 코드와 같이 추가할 수 있다.

```
model = tf.keras.models.Sequential()
model.add(tf.keras.layers.Dense(input_dim=784, units=128, activation='relu'))
model.add(tf.keras.layers.Dropout(0.2))
model.add(tf.keras.layers.Dense(units=10, activation='softmax'))
```

드롭아웃을 사용한 경우와 사용하지 않은 경우의 결과를 살펴보면 아래와 같이 사용한 경우가 정확성이 더 좋은 것을 알 수 있다.

① Dropout 0.2로 사용한 경우(epoch 20)

```
Epoch 18/20
6000/6000 [==============================] - 8s 1ms/step - loss: 0.2861 - accuracy: 0.9346
Epoch 19/20
6000/6000 [==============================] - 8s 1ms/step - loss: 0.2981 - accuracy: 0.9338
Epoch 20/20
6000/6000 [==============================] - 8s 1ms/step - loss: 0.3026 - accuracy: 0.9348

=============test results==========
313/313 - 0s - loss: 0.4615 - accuracy: 0.9488

 Accuracy: 0.9488
```

② Dropout 사용하지 않은 경우(epoch 20)

```
Epoch 18/20
6000/6000 [==============================] - 8s 1ms/step - loss: 0.1627 - accuracy: 0.9661
Epoch 19/20
6000/6000 [==============================] - 8s 1ms/step - loss: 0.1559 - accuracy: 0.9662
Epoch 20/20
6000/6000 [==============================] - 8s 1ms/step - loss: 0.1582 - accuracy: 0.9668

=============test results==========
313/313 - 0s - loss: 0.4661 - accuracy: 0.9376

 Accuracy: 0.9376
```

6.2.2 배치 정규화(Batch Normalization)[6)]

배치 정규화는 이전 층의 출력값(현재 층에서는 가중치가 결합된 입력값)들을 정규분포로 정규화하는 작업이다. 미니 배치별로 학습을 할 때마다 이전 계층의 출력값을 정규화하여 사용하기 때문에 초기화(가중치 초깃값) 문제에서 비교적 자유로워지는 장점이 있다. 특징은,

① 각 은닉 계층에서 정규화를 하면서 입력분포가 일정하게 됨으로 학습률에 크게 영향을 받지 않는다.

② 학습률 설정에 비교적 자유롭기 때문에 학습률을 높게 설정할 수 있고, 따라서 학습 속도가 개선되는 효과가 있다.

③ 학습할 때마다 출력값을 정규화하기 때문에 가중치 초깃값 선택의 의존성이 적어진다.

④ 과적합(overfitting) 위험을 줄일 수 있다. 따라서 드롭아웃 기법을 대체 할 수 있다.

⑤ 심층 레이어 구조로 인해 오류 역전파과정에서 기울기 소멸(vanishing gradient) 문제를 해결할 수 있다.

6) S. Ioffe, C. Szegedy, Batch Normalization: Accelerating Deep Network Training by Reducing Internal Covariate Shift, arXiv:1502.03167, 2015

실제 구현에서 배치 정규화는 학습 시의 미니배치를 한 단위로 정규화를 하는 것으로 분포의 평균이 0, 분산이 1이 되도록 정규화하는 것을 말한다. 먼저 입력으로 사용된 미니배치의 평균과 분산을 계산하고, 입력을 정규화시킨다.[7] 배치정규화 과정을 통해 입력은 −1 ~ 1의 범위로 분포하게 된다. 배치정규화된 입력은 다시 크기 변화(scale)과 이동(shift) 연산을 위한 γ와 β를 적용하여 변환시켜준다. 두 파라미터는 역전파과정에서 학습이 가능하다. 표 (6-1)의 배치 정규화 알고리즘을 살펴보도록 하자.

표 6-1 배치 정규화(Batch Normalization)

입력: 미니 배치에 사용되는 x 값들: $B = \{x_1, \dots, x_m\}$

학습될 파라미터: γ, β

출력: $\{y_i = BN_{\gamma,\beta}(x_i)\}$

❶ 미니 배치 평균 구하기

$$\mu_B \leftarrow \frac{1}{m}\sum_{i=1}^{m} x_i$$

❷ 미니 배치 분산 구하기

$$\sigma_B^2 \leftarrow \frac{1}{m}\sum_{i=1}^{m} (x_i - \mu_B)^2$$

❸ 정규화(−1 ~ 1)

$$\hat{x} \leftarrow \frac{x_i - \mu_B}{\sqrt{\sigma_B^2 + \epsilon}}$$

❹ 크기변화 및 이동

$$y_i \leftarrow \gamma \hat{x_i} + \beta \equiv BN_{\gamma,\beta}(x_i)$$

배치 정규화는 그림 (6-6)과 같이 입력값이 은닉 계층에 들어가기 전에 배치 정규화 레이어를 추가하여 입력을 정규화한 뒤 결합한 값을 다시 활성화 함수로 넣어주는 방식으로 동작한다.

7) 실제 배치 정규화에서 사용되는 특징은 가중치가 결합된 WX이다.

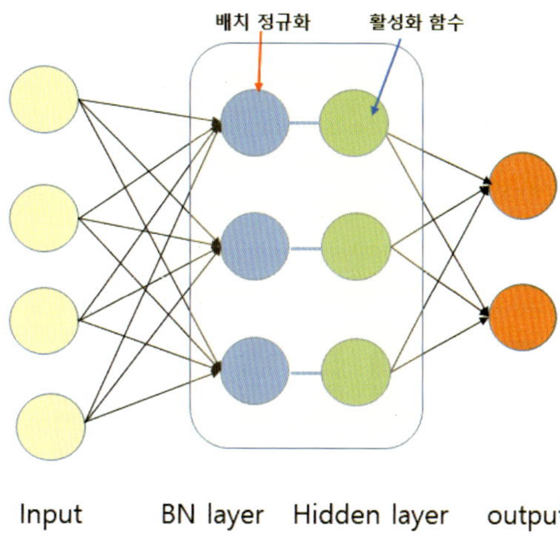

그림 6-6 은닉 레이어 출력전에 배치 정규화가 적용된 신경망 구조

배치 정규화는 학습 시와 테스트 시에 적용하는 방법이 다르다. 학습의 경우에는 각 미니 배치마다 γ와 β를 구해 그 값을 저장해 놓고, 테스트 시에는 학습에서 미니 배치마다 구했던 γ와 β의 평균을 사용한다.

이제 연습 (6-1)을 드롭아웃 대신 배치 정규화로 교체하여 코드를 작성해 보자.

연습 6-2

```
import tensorflow as tf
import numpy as np
from tensorflow.keras.models import Sequential
from tensorflow.keras.layers import Dense

# 연습 6-1과 동일 코드 생략

# 층을 차례대로 쌓아 tf.keras.Sequential 모델을 만든다..
# 훈련에 사용할 옵티마이저(optimizer)와 손실 함수를 선택:
model = tf.keras.models.Sequential()
model.add(tf.keras.layers.Dense(input_dim=784, units=128))
# 배치 정규화 시행
model.add(tf.keras.layers.BatchNormalization())
# 정규화된 결과값에 relu 활성화 함수 적용
model.add(tf.keras.layers.Activation('relu'))
model.add(tf.keras.layers.Dense(units=10, activation='softmax'))
```

```
model.compile(optimizer=tf.optimizers.Adam(learning_rate=0.01),
loss='categorical_crossentropy', metrics=['accuracy'])

model.summary()
history = model.fit(train_images, one_hot_train_labels, epochs=5, batch_size=10)

# 화면 출력: 연습 6-1과 동일(생략)
```

```
[5 0 4 1 9 2 1 3 1 4]
[[0. 0. 0. 0. 0. 1. 0. 0. 0. 0.]
 [1. 0. 0. 0. 0. 0. 0. 0. 0. 0.]
 [0. 0. 0. 0. 1. 0. 0. 0. 0. 0.]
 [0. 1. 0. 0. 0. 0. 0. 0. 0. 0.]
 [0. 0. 0. 0. 0. 0. 0. 0. 0. 1.]
 [0. 0. 1. 0. 0. 0. 0. 0. 0. 0.]
 [0. 1. 0. 0. 0. 0. 0. 0. 0. 0.]
 [0. 0. 0. 1. 0. 0. 0. 0. 0. 0.]
 [0. 1. 0. 0. 0. 0. 0. 0. 0. 0.]
 [0. 0. 0. 0. 1. 0. 0. 0. 0. 0.]]
Model: "sequential_5"
_________________________________________________________________
Layer (type)                 Output Shape              Param #
=================================================================
dense_7 (Dense)              (None, 128)               100480
_________________________________________________________________
batch_normalization_2 (Batch (None, 128)               512
_________________________________________________________________
activation_2 (Activation)    (None, 128)               0
_________________________________________________________________
dense_8 (Dense)              (None, 10)                1290
=================================================================
Total params: 102,282
Trainable params: 102,026
Non-trainable params: 256
_________________________________________________________________
```

```
Epoch 1/5
6000/6000 [=======] - 10s 2ms/step - loss: 0.3319 - accuracy: 0.8989
Epoch 2/5
6000/6000 [=======] - 10s 2ms/step - loss: 0.2315 - accuracy: 0.9292
Epoch 3/5
6000/6000 [=======] - 10s 2ms/step - loss: 0.2032 - accuracy: 0.9386
Epoch 4/5
6000/6000 [=======] - 10s 2ms/step - loss: 0.1858 - accuracy: 0.9434
Epoch 5/5
6000/6000 [=======] - 10s 2ms/step - loss: 0.1763 - accuracy: 0.9471
```

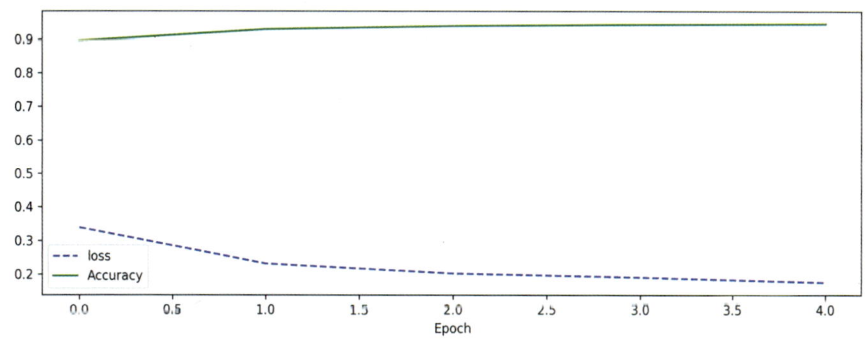


```
최적화 완료!
============test results==========
313/313 - 0s - loss: 0.0898 - accuracy: 0.9729

# 동일한 시행에서 테스트 데이터의 정확도가 드롭아웃보다 더 높아졌다.
```

Accuracy: 0.9729

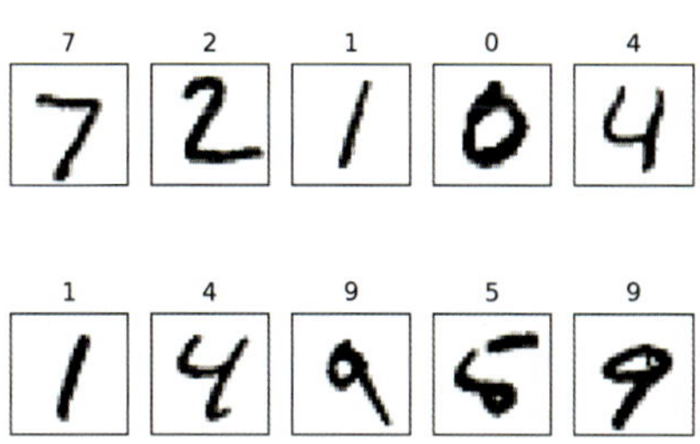

===================================

6.3 CNN 이해

딥 러닝에서 주목할 만한 알고리즘인 컨벌루션(합성곱) 뉴럴 네트워크(Convolutional neural networks, CNN)에 대해 살펴보도록 하자. CNN은 1989년 LeCun박사가 발표한 'Backpropagation applied to hand-written zip code recognition'에서 소개된 알고리즘으로 필기체 zip code 인식을 위해 개발되었다. CNN은 인간 시각 시스템의 수용체(receptive field)구조와 유사하게 영상의 전체 정보가 아니라 지역 정보를 활용한다는 특성을 이용하여 공간적으로 인접한 신호들에 대한 상관관계를 비선형 필터를 적용해서 추출해낸다. 이런 필터를 여러 개 적용(컨벌루션)하면 영상의 다양한 정보를 추출해 낼 수 있다.

컨벌루션은 영상처리에서 나온 용어로 미리 정의된 필터를 영상에 적용하여 적절한 특징을 뽑아내는 과정을 의미한다. CNN에서의 컨벌루션도 동일한 의미이며 컨벌루션이 적용된 결과를 특징 맵(feature map)이라고 부른다. 기존의 전통적인 머신러닝 기법에서는 특징을 추출하기 위해 컨벌루션 필터를 경험에 의해 선택(이러한 방법을 hand-crafted feature라고 함)하고 적용했지만 CNN에서는 실제 데이터를 학습하는 과정에서 최적의 특징 맵을 생성할 수 있는 컨벌루션 필터를 만들어 낸다. 그림 (6-7)은 전체적인 CNN의 구조를 보여준다. CNN은 Convolution Layer와 Max Pooling Layer를 반복적으로 적용하여 스택과 같이 특징 맵을 쌓는 특징 추출(Feature Extraction) 부분과 추출된 특징을 기반으로 분류 작업을 수행하기 위해 특징 차원을 변경하는 Fully Connected Layer로 구성되며 마지막 출력층에 Softmax를 적용한 분류 부분으로 나뉜다. CNN을 구성하면서 Filter의 개수, Stride(간격), Padding(테두리 채우기)을 조절하여 특징 추출(Feature Extraction) 부분의 입력과 출력 크기를 계산하고 맞추는 작업이 중요하다.

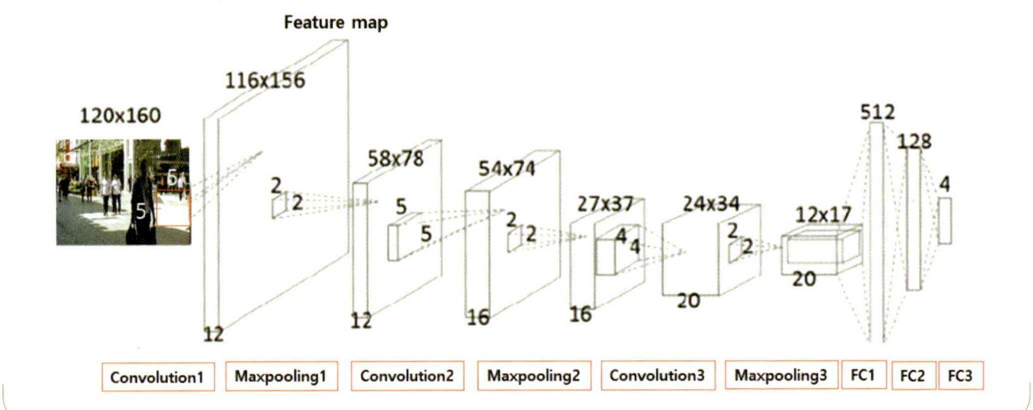

그림 6-7 CNN의 기본 구조 예[8)]

지금부터 각 단계에 대해 자세히 공부해 보도록 하자.

6.3.1 컨벌루션(Convolution, 합성곱)

컨벌루션이란 필터(filter, kernel)를 입력영상에 교차시켜 적용하여 곱(product)연산을 하고 그 합(특징값)을 출력하는 연산을 말한다.[9] 아래와 같이 5×5 크기의 2차원 입력 영상이 있다면 3×3크기의 필터를 영상에 적용하여 컨벌루션 연산을 수행해 보자. 이렇게 컨벌루션이 처리된 결과 영상을 특징 맵(feature map) 또는 활성화 맵(activation map)이라고 부른다. 활성화 맵은 특징 맵 행렬에 활성 함수를 적용한 결과이다. 컨벌루션 필터 연산과정에 대한 이해를 돕기 위해 그림 (6-8)을 살펴보도록 하자.

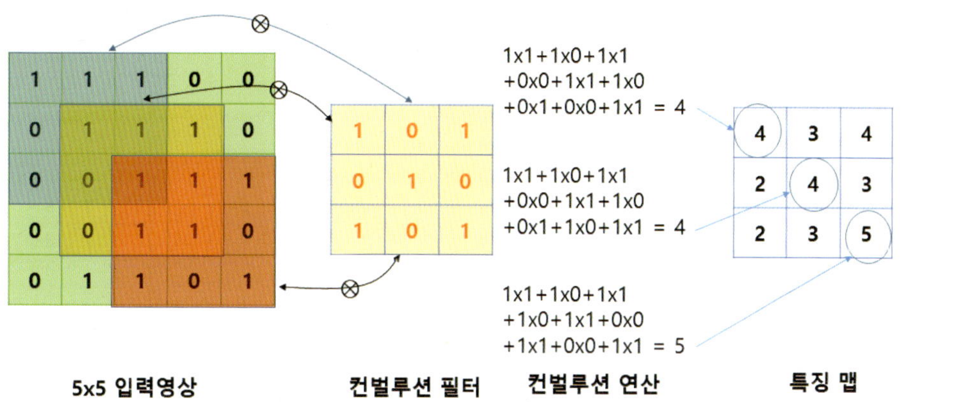

그림 6-8 입력영상에 대한 컨벌루션 필터 연산 과정

CNN을 학습시킨다는 것은, 입력 영상에 곱해지는 컨벌루션 필터의 계수(가중치)를 반복적으로 조정하여 학습한다는 의미를 갖는다. 여기서 입력에 곱해지는 필터의 계수는 입력값과 목푯값을 주면 목푯값을 만족시키기 위한 학습과정에서 결정되게 된다.

학습과정에서 결정된 컨벌루션 필터는 영상의 특징을 찾아내기 위한 공용 파라미터(가중치 공유, weight sharing)이다. 가중치 공유란 각 필터들이 입력에 적용될 때 필터가 적용되는 입력영상은 모두 같은 가중치를 갖는 필터가 적용된다는 의미이다. 여기서 혼동하지 말아야 할 것은 CNN에서는 가중치가 필터의 계수라는 것이다. 그림 (6-8)에서 보듯이 다음 층의 특징 맵을 만들기 위해 필터안의 계수들이 동일한 계수(가중치)값으로 영상을 스캐닝(공유)하면서 컨벌루션을 진행하게 된다. 이렇게 하면 모든 픽

8) https://www.researchgate.net/figure/Architecture-of-our-unsupervised-CNN-Network-contains-three-stages-each-of-which_283433254

9) 컨벌루션을 우리말로 합성곱이라고 부르는 이유이다.

셀에 대해 개별적으로 가중치를 적용하는 방법에 비해 적은 가중치만 가지게 되므로 모델의 복잡성이 줄어든다는 장점이 있다.

컨벌루션 필터는 일반적으로 (3, 3)이나 (5, 5)와 같은 정사각 행렬로 정의된다.

입력 영상은 그레이 영상으로 입력될 수도 있지만 컬러 영상일 경우 R, G, B의 3채널이 입력된다. 입력 영상이 여러 채널을 가질 때 필터는 각 채널을 순회하며 합성곱을 계산한 후, 채널별 피처 맵을 생성한다. 그리고 각 채널의 피처 맵을 합산하여 최종 피처 맵으로 반환한다. 그림 (6-9)는 채널 수가 3개일 경우 특징 맵 추출 과정을 보여준다.

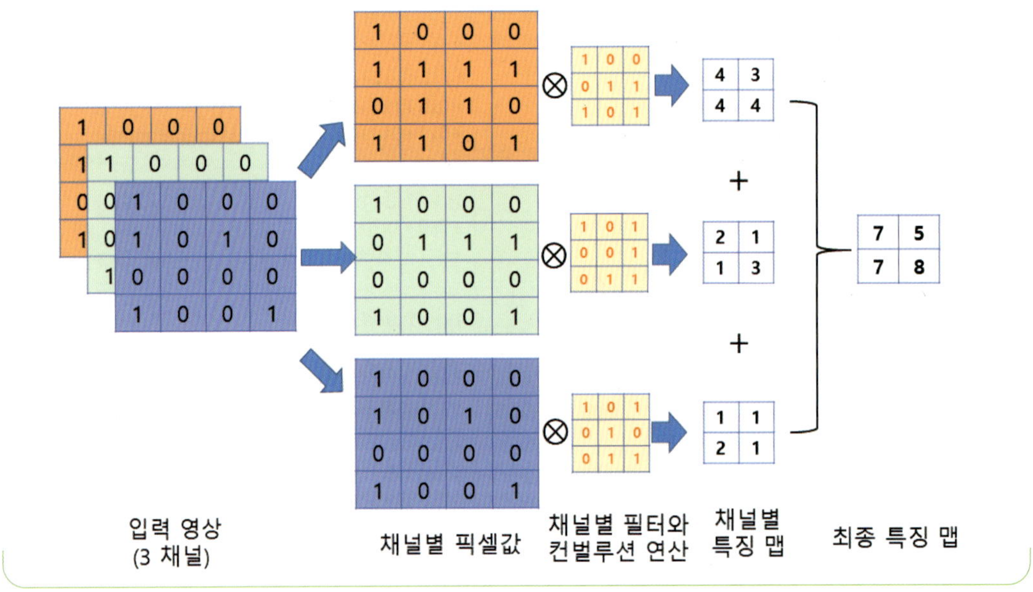

그림 6-9 3개의 채널을 가지는 입력영상에 대한 컨벌루션 필터 연산 과정

이제 좀 더 복잡한 컨벌루션 필터를 설계해 보자. 만약 입력 영상(혹은 컨벌루션 레이어)의 채널(특징맵) 개수가 C개라고 하고 필터의 크기가 $d \times d$라고 하자. 만약 우리가 이번 컨벌루션 레이어의 출력으로 T개의 특징맵을 만들고 싶다면 그림 (6-10)과 같이 $d \times d \times C$개의 필터를 설계하고 $d \times d \times C$필터가 채널별로 이동하면서 1개의 특징 맵을 만들어 낸다(그림 6-10 (오른쪽)). 우리는 T개의 특징 맵을 만들고 싶기 때문에 이러한 채널별 필터가 T개 필요하다. 따라서 아래 그림과 같은 연산을 하려면 총 필요로 하는 필터의 개수는 $d \times d \times C \times T$개이다.

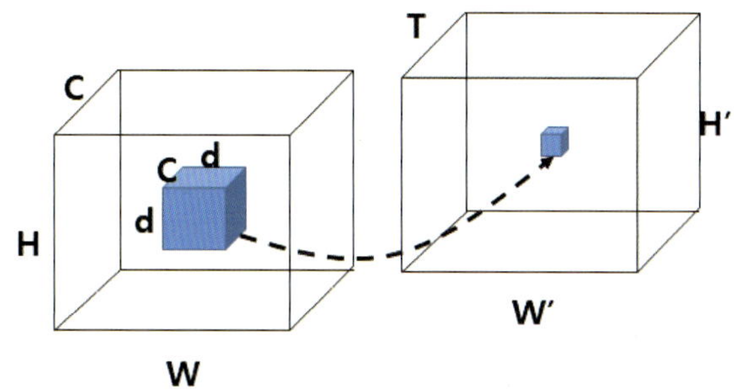

그림 6-10 C개의 채널을 가지는 입력영상에 대한 컨벌루션 필터 연산 과정

이번에는 스트라이드(Stride, 간격)라는 용어를 살펴보자. 이전 예제에서 컨벌루션 필터는 입력 영상을 지정한 간격으로 순회하면서 컨벌루션 연산을 하였다. 여기서 지정된 간격으로 필터를 순회하는 간격을 스트라이드라고 한다. 그림 (6-11) 예제에서는 스트라이드가 2로 설정되었다. 따라서 테두리를 제외하고 컨벌루션이 이루어진 결과 5×5입력 영상이 3×3필터에 의해 2×2출력 영상으로 줄어들었다. 영상이 줄어드는 이유는 테두리 부분에서는 컨벌루션 연산이 이루어지지 못해 발생하는 현상이다. 그림에서 보는 것과 같이 스트라이드의 간격을 조절하므로써 특징 맵의 차원을 줄일 수도 있다.

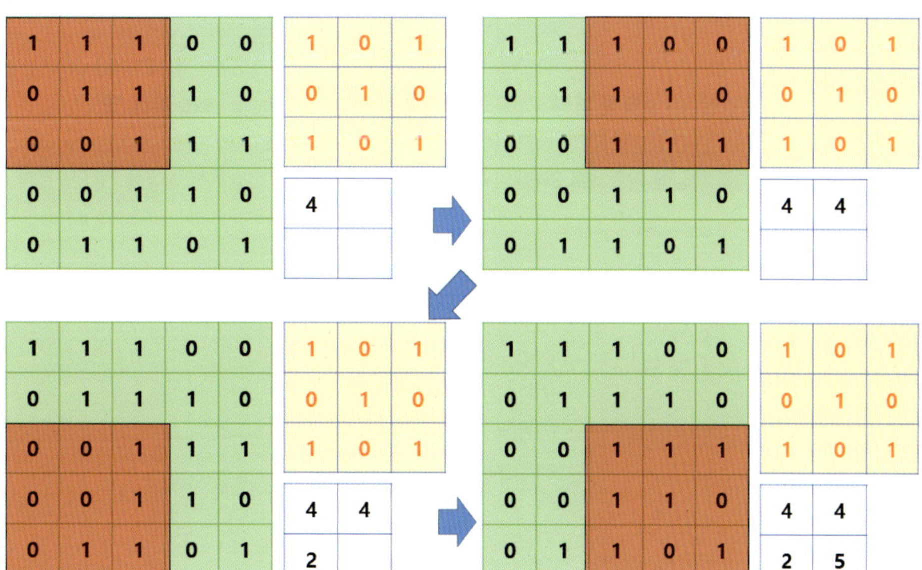

그림 6-11 스트라이드가 2인 경우의 컨벌루션 필터 연산 과정

6.3.2 패딩(Padding)

우리는 컨벌루션 계층에서 필터와 스트라이드에 의해 특징 맵 크기가 입력 영상보다 작아지는 것을 보았다. 만약 컨벌루션 계층의 출력 데이터가 줄어드는 것을 방지하고 싶다면 입력 영상의 테두리에 0의 값을 갖는 픽셀을 채워주면 된다. 패딩은 입력 영상의 외각에 지정된 픽셀만큼 특정 값으로 채워 넣는 것을 의미하며, 보통 패딩 값으로 0을 채워 넣는다. 그림 (6-12)는 5×5 입력영상의 외각에 2픽셀씩 추가하여 7×7영상을 만들고 3×3 컨벌루션 필터를 적용시킨 결과 5×5 특징맵이 만들어지는 과정을 보여준다. 패딩은 출력 데이터의 크기를 조절하는 기능 이외에 외각을 0으로 둘러쌓게 함으로써 인공신경망이 영상의 외각정보를 잃지 않도록 학습시킬 수 있는 효과도 있다.

그림 6-12 5×5입력 영상에 가로세로 2픽셀씩 0으로 패팅 시킨 후 3×3 컨벌루션 필터를 적용한 결과

6.3.3 풀링 계층(Pooling layer)

풀링 계층은 컨벌루션 계층의 특징 맵(활성화 맵)를 입력으로 받아서 특징 맵의 크기를 줄이거나 특정 데이터를 강조하는 용도로 사용된다. 풀링 계층을 처리하는 방법으로는 맥스 풀링(Max Pooling)과 평균 풀링(Average Pooling), 민 풀링(Min Pooling)이 있다. 맥스 풀링은 특징 맵에 2x2의 커널을 씌운 후 해당 커널안의 특징 맵 계수가 가장 큰 대표 값 1개를 추출하여 저장하는 방법이다. 컨벌루션 필터와 마찬가지로 스트라이드마다 건너뛰면서 이 작업을 반복한다. 평균 풀링은 동일한 커널안에서 특징 맵 계수들의 평균값을 대푯값으로 추출한다. 민 풀링은 커널안의 계수 중 최소값을 추출한다. CNN에서는 3가지 풀링 기법들 중에서 맥스 풀링이 가장 좋은 성능을 내는 것으로 알려져 있다. 풀링의 예는 그림 (6-13)과 같다.

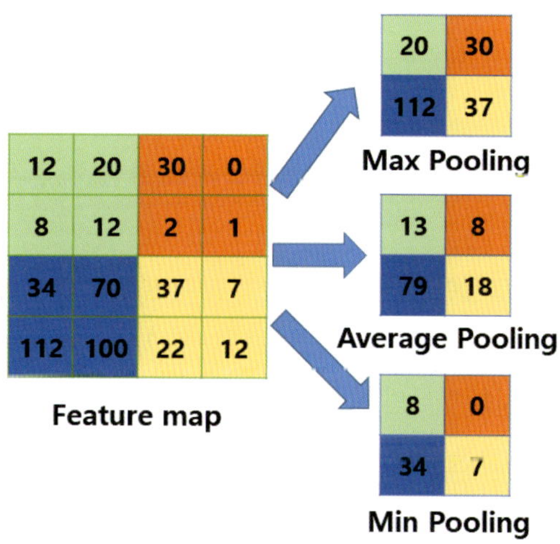

그림 6-13 특징 맵에 3가지 풀링 방법을 적용

풀링 작업을 수행하는 풀링 계층은 컨벌루션 계층과 비교하여 다음과 같은 특징이 있다. 우선 풀링은 커널안의 값에서 최대, 평균, 최소값만을 얻어내는 과정이어서 학습대상 파라미터가 없다. 또한, 예제에서 본 것처럼 풀링 계층을 통과하면 행렬의 크기 감소하여 다음번 계층에서의 연산 회수나 기억(학습)해야 할 파라미터 수를 줄일 수 있다. 풀링 계층을 통과 하더라도 채널 수(특징 맵 수)에는 변경이 없다.

6.3.4 CNN을 이용한 MNIST분류하기

이제는 실제로 MNIST를 분류할 수 있는 CNN을 만들어보자. 우리가 만들 CNN구조는 그림 (6-14)와 같다.

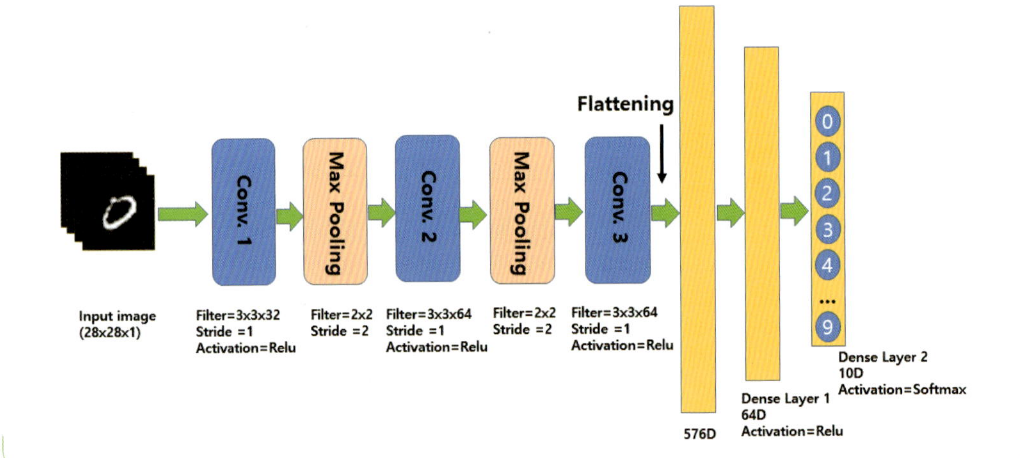

그림 6-14 MNIST분류를 위한 CNN구조, 3개의 컨벌루션, 2개의 맥스풀링, 3개의 dense레이어로 구성

입력으로 28×28크기의 MNIST 그레이 영상이 동일하게 주어진다. 컨벌루션 구조에 영상이 입력되기 전에 먼저 영상의 배열을 재배치해야 한다. 이 과정은 연습 (6-2)와 유사하지만 달라진 점은 이전에는 784(28*28) 차원의 벡터로 재배치를 했다면 이번에는 2차원 컨벌루션 연산을 위해 (28, 28, 1) 텐서 구조를 그대로 가져가야 한다. 마지막 1은 색상 채널을 의미하며 그레이 영상이므로 1로 설정한다.

```
train_images = train_images.reshape((60000, 28, 28, 1))
test_images = test_images.reshape((10000, 28, 28, 1))
```

① 먼저 첫 번째 계층에서 3×3×32(32는 필터의 개수)크기의 필터에 대해 컨벌루션이 이루어지고 활성화 함수로 relu가 적용된다. 영상에 대한 필터의 간격(stride)은 1이다. 필터가 적용된 후에 만들어지는 특징 맵의 개수는 32개이다.

CNN은 배치(batch) 크기를 제외하고 앞의 설명처럼 (영상 높이, 너비, 색상 채널) 크기의 텐서를 입력으로 받는다. MNIST 데이터는 (그레이 영상이기 때문에) 색상 채널(channel)이 하나지만 컬러 영상은 R, G, B로 구성되므로 세 개의 채널을 가진다. MNIST는 영상 포맷이 (28, 28, 1)이므로 아래 코드와 같이 프로그램하면 된다. 이 값을 첫 번째 층의 input_shape 매개변수로 전달한다.

```
model = models.Sequential()
model.add(layers.Conv2D(32, (3, 3), activation='relu', input_shape=(28, 28, 1)))
```

스트라이드는 기본적으로 1로 설정되어 있으므로 따로 설정하지 않아도 되고 만약 바꾸고 싶다면 아래 코드와 같이 가로, 세로 2씩 건너뛸 수 있도록 설정할 수도 있다.

```
model.add(tf.keras.layers.Conv2D(32, (3, 3), activation='relu', strides=(2, 2),
input_shape=(28, 28, 1)))
```

또한 패딩도 조절할 수 있는데

```
model.add(tf.keras.layers.Conv2D(32, (3, 3), activation='relu', padding='valid',
strides=(1, 1), input_shape=(28, 28, 1)))
```

와 같이 'valid'로 설정하면 패딩을 하지 않겠다는 의미(default)이고 'same'으로 설정하면 가로세로 패딩을 하겠다는 의미이다.

② 두 번째 계층에서 맥스 풀링이 적용된다. 맥스 풀링의 필터 크기는 2×2이다.

```
model.add(layers.MaxPooling2D((2, 2)))
```

③ 세 번째 계층에서 또 다시 3×3×64(64는 필터의 개수)크기의 필터에 대해 컨벌루션이 이루어지고 활성화 함수로 relu가 적용된다. 영상에 대한 필터의 스트라이드는 1이다. 필터가 적용된 후에 만들어지는 특징 맵의 개수는 64개이다.

```
model.add(layers.Conv2D(64, (3, 3), activation='relu'))
```

④ 네 번째 계층에서 다시 2×2 맥스풀링이 적용된다.

```
model.add(layers.MaxPooling2D((2, 2)))
```

⑤ 다섯 번째 계층에서 3×3×64(64는 필터의 개수)크기의 필터에 대해 컨벌루션이 이루어지고 활성화 함수로 relu가 적용된다. 영상에 대한 필터의 스트라이드는 1이다. 필터가 적용된 후에 만들어지는 특징 맵의 개수는 64개이다.

```
model.add(layers.Conv2D(64, (3, 3), activation='relu'))
```

현재까지 구성된 모델구조를 출력해 보면 다음과 같다. 케라스에서는 자동적으로 model.summary() 함수를 사용해서 모델을 출력하면 output되는 shape을 쉽게 알 수 있다. 아래 표에서 보는것과 같이 출력 특징맵의 크기는 다섯 번째 레이어를 거치고 나면 3×3×64로 축소되어 있다.

```
_________________________________________________________________
Layer (type)                 Output Shape              Param #
=================================================================
conv2d_24 (Conv2D)           (None, 26, 26, 32)        320
_________________________________________________________________
max_pooling2d_16 (MaxPooling (None, 13, 13, 32)        0
_________________________________________________________________
conv2d_25 (Conv2D)           (None, 11, 11, 64)        18496
_________________________________________________________________
max_pooling2d_17 (MaxPooling (None, 5, 5, 64)          0
_________________________________________________________________
conv2d_26 (Conv2D)           (None, 3, 3, 64)          36928
_________________________________________________________________
```

⑥ 마지막에 dense 계층을 추가하자. Dense계층은 벡터를 입력으로 받기 때문에 현재 출력 계층의 3D텐서(3×3×64)를 벡터로 펼치는 작업이 필요하다. 그 다음 하나 이상의 dense계층을 추가해보자. 아래 코드의 dense 계층에서는 576D로 펼쳐진 특징을 dense계층을 통해 64차원으로 줄인 것이다. 이제 한 번 더 dense계층을 적용해보자. 마지막 dense 계층은 최종 출력을 위한 층으로 클래스 개수인 10으로 설정이 되어 있다. 또한 각 숫자별 클래스 확률값을 나타내기 위해 소프트맥스 활성화 함수를 적용했다.

```
model.add(layers.Flatten())
model.add(layers.Dense(64, activation='relu'))
model.add(layers.Dense(10, activation='softmax'))
```

여기서 마지막 두 개의 dense 계층은 연습(6-2)와 같은 일반적인 신경망 구조로 보면 된다. 앞단의 컨벌루션 계층과 풀링 계층에서는 영상으로부터 분류를 위한 최적의 특징을 추출하는 과정이고, 뒤의 dense계층은 특징 값으로 최적의 분류기를 학습하는 과정이라고 보면 된다.

이제 연습 (6-3)을 통해 전체 과정을 프로그램해 보자.

연습 6-3

```
import tensorflow as tf
import numpy as np
from tensorflow.keras.models import Sequential
from tensorflow.keras.layers import Dense

# MNIST 데이터셋을 로드하여 준비. 샘플 값을 정수에서 부동소수로 변환

(train_images, train_labels), (test_images, test_labels) =
tf.keras.datasets.mnist.load_data()

import matplotlib.pylab as plt

plt.figure(figsize=(6, 1))
for i in range(36):
    plt.subplot(3, 12, i+1)
    plt.imshow(train_images[i], cmap="gray")
    plt.axis("off")
plt.show()

# 28x28차원의 벡터 이미지 6,000개 채널은 1개
train_images = train_images.reshape((60000, 28,28,1))
test_images = test_images.reshape((10000, 28,28,1))
train_images, test_images = train_images / 255.0, test_images / 255.0

print(train_labels[:10])

from tensorflow.keras.utils import to_categorical

one_hot_train_labels = to_categorical(train_labels, 10)
one_hot_test_labels = to_categorical(test_labels, 10)
print(one_hot_train_labels[:10])

# 층을 차례대로 쌓아 tf.keras.Sequential 모델 생성
# 훈련에 사용할 옵티마이저(optimizer)와 손실 함수를 선택
model = tf.keras.models.Sequential()
model.add(tf.keras.layers.Conv2D(32, (3, 3), activation='relu', strides=(1, 1),
```

```
input_shape=(28, 28, 1)))
model.add(tf.keras.layers.MaxPooling2D((2, 2)))
model.add(tf.keras.layers.Conv2D(64, (3, 3), activation='relu'))
model.add(tf.keras.layers.MaxPooling2D((2, 2)))
model.add(tf.keras.layers.Conv2D(64, (3, 3), activation='relu'))
model.add(tf.keras.layers.Flatten())
model.add(tf.keras.layers.Dense(64, activation='relu'))
model.add(tf.keras.layers.Dense(10, activation='softmax'))

model.compile(optimizer=tf.optimizers.Adam(learning_rate=0.01),
loss='categorical_crossentropy', metrics=['accuracy'])

model.summary()
history = model.fit(train_images, one_hot_train_labels, epochs=5, batch_size=10)

# 화면 출력: 연습 6-1과 동일(생략)
```

```
[5 0 4 1 9 2 1 3 1 4]
[[0. 0. 0. 0. 0. 1. 0. 0. 0. 0.]
 [1. 0. 0. 0. 0. 0. 0. 0. 0. 0.]
 [0. 0. 0. 0. 1. 0. 0. 0. 0. 0.]
 [0. 1. 0. 0. 0. 0. 0. 0. 0. 0.]
 [0. 0. 0. 0. 0. 0. 0. 0. 0. 1.]
 [0. 0. 1. 0. 0. 0. 0. 0. 0. 0.]
 [0. 1. 0. 0. 0. 0. 0. 0. 0. 0.]
 [0. 0. 0. 1. 0. 0. 0. 0. 0. 0.]
 [0. 1. 0. 0. 0. 0. 0. 0. 0. 0.]
 [0. 0. 0. 0. 1. 0. 0. 0. 0. 0.]]
Model: "sequential_4"
_________________________________________________________________
Layer (type)                 Output Shape              Param #
=================================================================
conv2d_11 (Conv2D)           (None, 26, 26, 32)        320
_________________________________________________________________
max_pooling2d_8 (MaxPooling2 (None, 13, 13, 32)        0
```

```
_________________________________________________________________
conv2d_12 (Conv2D)           (None, 11, 11, 64)        18496
_________________________________________________________________
max_pooling2d_9 (MaxPooling2 (None, 5, 5, 64)          0
_________________________________________________________________
conv2d_13 (Conv2D)           (None, 3, 3, 64)          36928
_________________________________________________________________
flatten_2 (Flatten)          (None, 576)               0
_________________________________________________________________
dense_4 (Dense)              (None, 64)                36928
_________________________________________________________________
dense_5 (Dense)              (None, 10)                650
=================================================================
Total params: 93,322
Trainable params: 93,322
Non-trainable params: 0
_________________________________________________________________
Epoch 1/5
6000/6000 [=======] - 69s 11ms/step - loss: 0.2358 - accuracy: 0.9345
Epoch 2/5
6000/6000 [=======] - 67s 11ms/step - loss: 0.2024 - accuracy: 0.9520
Epoch 3/5
6000/6000 [=======] - 67s 11ms/step - loss: 0.2053 - accuracy: 0.9543
Epoch 4/5
6000/6000 [=======] - 66s 11ms/step - loss: 0.2194 - accuracy: 0.9550
Epoch 5/5
6000/6000 [=======] - 68s 11ms/step - loss: 0.2337 - accuracy: 0.9542
```

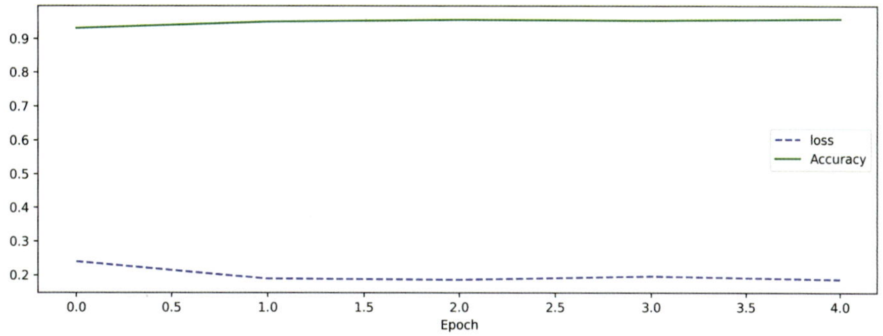

최적화 완료!

```
=============test results==========
313/313 - 3s - loss: 0.1500 - accuracy: 0.9651

 Accuracy: 0.9651
```

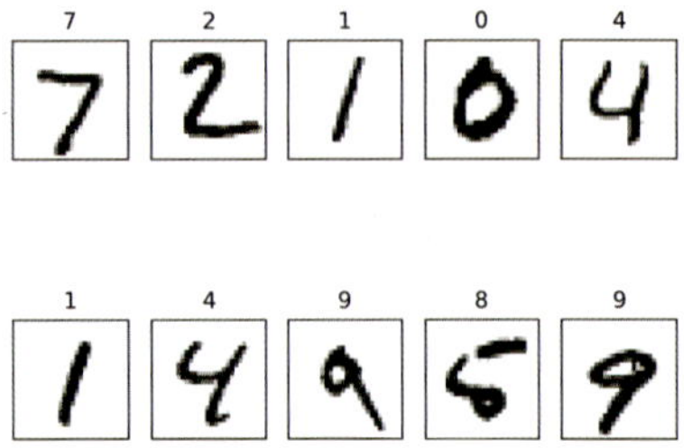

```
==================================
```

CNN으로 MNIST를 구현한 결과가 생각보다 좋지 못하다. 이번에는 batch 사이즈를 좀 더 늘려보도록 하자.

```
history = model.fit(train_images, one_hot_train_labels, epochs=5, batch_size=64)
==============================================================
313/313 - 3s - loss: 0.0664 - accuracy: 0.9829
 Accuracy: 0.9829
```

학습때마다 조금씩 달라질 수는 있지만 대체로 배치 크기를 늘려주니 정확률이 향상되었다. 이렇듯 CNN은 완전 자동화된 학습 알고리즘이라고 보기는 어려우며 데이터와 모델구조에 따라 최적의 성능을 나타내는 파라미터들을 프로그래머가 설정해 주어야 한다.

6.3.5 유효성 검증으로 모델 학습하기

이번에는 코드를 아래와 같이 조금 더 수정해 보자. 아래 코드에서 Validation_split=0.2는 학습과정에서 각 에폭마다 훈련데이터 전체수의 20%를 유효성 검증(validation) 세트로 따로 떼어두어 훈련데이터의 80%로 학습된 모델을 20%의 유효성 검증 세트로 테스트해 보는 과정을 의미한다. 이 과정은 매 에폭마다 다시 랜덤하게 20%의 유효성 검증 세트를 추출하여 반복된다. 유효성 검증을 하는 이유는 훈련데이터가 부족할 경우 모델이 과적합에 빠지는 것을 막고 모델의 견고성을 높이기 위해서이다. 유효성 검증 세트를 추가하여 학습하는 과정은 다음과 같다.

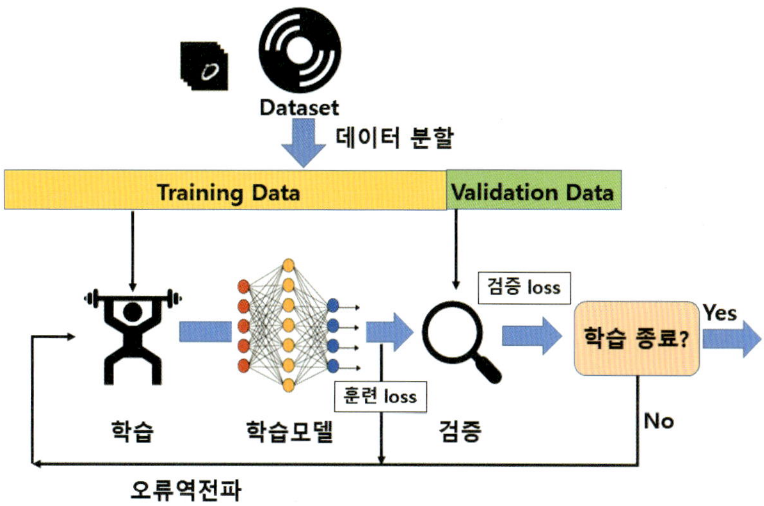

그림 6-15 유효성검사 세트를 이용한 모델 학습방법

먼저 1) 주어진 훈련데이터 세트를 실제 훈련데이터와 유효성검증 세트로 나눈다. 2) 먼저 훈련데이터 세트로 모델을 학습시킨다. 3) 학습된 모델에 대해 유효성 검증 세트로 모델의 정확도와 유효성 검증 loss를 계산한다. 4) 만약 유효성 검증 loss가 떨어지다가 어느 순간 갑자기 증가한다면, 학습을 종료한다. 이것은 모델이 더 이상 학습될 경우 과적합에 빠질 수 있다는 것을 의미한다. 그렇지 않고 계속 감소한다면 2)로 돌아가 다시 학습을 진행한다. 5) 학습이 완료되면 테스트 데이터를 모델에 적용한다.

```
history = model.fit(train_images, one_hot_train_labels, epochs=5, batch_size=64,
validation_split=0.2)
==============================================================
Epoch 1/5
750/750 [===] - 39s 53ms/step - loss: 0.1644 - accuracy: 0.9493 - val_loss: 0.0859 -
val_accuracy: 0.9755
Epoch 2/5
750/750 [===] - 39s 52ms/step - loss: 0.0778 - accuracy: 0.9770 - val_loss: 0.1026 -
val_accuracy: 0.9702
Epoch 3/5
750/750 [===] - 39s 52ms/step - loss: 0.0694 - accuracy: 0.9800 - val_loss: 0.0950 -
val_accuracy: 0.9718
Epoch 4/5
750/750 [===] - 39s 52ms/step - loss: 0.0640 - accuracy: 0.9821 - val_loss: 0.0631 -
val_accuracy: 0.9827
```

```
Epoch 5/5
750/750 [===] - 39s 52ms/step - loss: 0.0609 - accuracy: 0.9825 - val_loss: 0.0783 -
val_accuracy: 0.9800
```

6.3.6 CNN 구조 분석하기

그림 (6-14)의 CNN구조를 아래 표 (6-2)와 같이 표현해 보자. 표 (6-2)에서는 각 계층별 입력 채널 개수부터 학습과정에서 필요한 파라미터 수까지를 수치로 보여준다. 우리는 필요한 딥 러닝 모델을 구성할 때 그림 (6-14)와 같이 그림으로 구성할 수도 있지만 표 (6-2)와 같이 표로 구성해서 표현할 수도 있다. 이 경우 우리는 딥 러닝 모델에 필요한 파리미터의 수까지 계산이 가능하여 실제 모델이 적용되는 시스템 환경에 맞게 모델 사이즈를 조절할 수 도 있다. 파라미터의 수는 컨벌루션 계층과 dense계층에서만 필요하며 컨벌루션 계층1의 예에서 보듯이 **필터크기(W)×(H)×채널개수(특징 맵 개수)×원하는 생성 특징맵의 개수**로 구할 수 있다.

표 6-2 그림 6-14 CNN 구조에 대한 상세구조 및 계층별 파라미터 수

계층	입력 채널	필터	출력 채널	stride	풀링	활성화 함수	입력 shape	출력 shape	파라미터수
컨벌루션 레이어 1	1	(3×3)	32	1	x	relu	(28,28,1)	(26,26,32)	3×3×1×32 =288
풀링 레이어 1	32	x	32	2	(2,2)	x	(26,26,32)	(13,13,32)	0
컨벌루션 레이어 2	32	(3×3)	64	1	x	relu	(13,13,32)	(11,11,64)	3×3×32×64 =18,432
풀링 레이어 2	64	x	64	2	(2,2)	x	(11,11,64)	(5,5,64)	0
컨벌루션 레이어 3	64	(3×3)	64	1	x	relu	(5,5,64)	(3,3,64)	3×3×64×64 =36,864
Flatten	x	x	x	x	x	x	(3,3,64)	(576,1)	0
dense 1	x	x	x	x	x	relu	(576,1)	(64,1)	576×64 =36,864
dense 2	x	x	x	x	x	softmax	(64,1)	(10,1)	64×10=640
총합									93,088

표(6-2)의 결과는 실제 프로그램 실행결과와 약간의 오차가 있다. 이것은 표(6-2)에는 bias에 필요한 가중치가 고려되지 않았기 때문이다. 아래 결과에서 보듯이 실제 프로그램에서는 약 300개 정도의 파라미터가 더 필요한 것을 알 수 있다.

```
_________________________________________________________________
Layer (type)                 Output Shape              Param #
=================================================================
conv2d_9 (Conv2D)            (None, 26, 26, 32)        320
_________________________________________________________________
max_pooling2d_6 (MaxPooling2 (None, 13, 13, 32)        0
_________________________________________________________________
conv2d_10 (Conv2D)           (None, 11, 11, 64)        18496
_________________________________________________________________
max_pooling2d_7 (MaxPooling2 (None, 5, 5, 64)          0
_________________________________________________________________
conv2d_11 (Conv2D)           (None, 3, 3, 64)          36928
_________________________________________________________________
flatten_3 (Flatten)          (None, 576)               0
_________________________________________________________________
dense_6 (Dense)              (None, 64)                36928
_________________________________________________________________
dense_7 (Dense)              (None, 10)                650
=================================================================
Total params: 93,322
Trainable params: 93,322
Non-trainable params: 0
```

CHAPTER 6 정리

1 딥 러닝(deep learning)은 다층 신경망을 여러 겹의 계층으로 쌓아 올려 학습모델을 구현한 것으로 딥 뉴럴 네트워크(deep neural networks, 심층 신경망)라고 부르는 것이 올바른 표현이다.

2 드롭아웃(dropout)은 학습과정에서 노드의 일부를 생략하면서 링크를 연결하여 과적합 없이 학습의 안정성과 정확도를 향상 할 수 있는 알고리즘이다.

3 학습과정에서 발생하는 초기 가중치 설정문제를 해결하기 위해 사전 학습(pre-training)방법을 많이 사용한다. 이 방법은 사전에 우리가 풀고자 하는 문제와 비슷하면서 사이즈가 큰 다른 데이터로 신경망을 학습시켜 가중치를 설정(pre-training)하고 동일한 신경망에 우리가 학습시키고자 하는 훈련데이터에 대해 사전 학습된 가중치를 초기 가중치로 사용하는 방법이다(fine tun-ning이라고도 불림).

4 MNIST 데이터 세트란 필기체 숫자 영상들을 모아놓은 데이터 세트로 0~9까지의 숫자를 28x28 픽셀 크기의 이미지로 구성해 놓은 것으로 훈련데이터 60,000개, 테스트 데이터 10,000개로 구성된다.

5 배치 정규화는 활성화 함수의 활성화값 또는 출력값을 정규분포로 만드는 정규화를 시행하는 하는 작업이다. 학습할 때마다 활성화값/출력값을 정규화하기 때문에 초기화(가중치 초깃값) 문제에서 비교적 자유로워지는 장점이 있다.

6 CNN은 1989년 LeCun박사가 발표한 'Backpropagation applied to handwritten zip code recognition'에서 소개된 알고리즘으로 필기체 zip code 인식을 위해 개발되었다. CNN은 인간 시각 시스템의 수용체(receptive field)구조와 유사하게 영상의 전체정보가 아니라 지역 정보를 활용한다는 특성을 이용하여 공간적으로 인접한 신호들에 대한 상관관계를 비선형 필터를 적용해서 추출해낸다. 이런 필터를 여러 개 적용(컨벌루션)하면 영상의 다양한 정보를 추출해 낼 수 있다.

7 CNN은 Convolution Layer와 Max Pooling Layer를 반복적으로 적용하여 스택과 같이 특징 맵을 쌓는 특징 추출(Feature Extraction) 부분과 추출된 특징을 기반으로 분류 작업을 수행하기 위해 특징 차원을 변경하는 Fully Connected Layer로 구성되며 마지막 출력층에 Softmax를 적용한 분류 부분으로 나뉜다.

8 컨벌루션이란 필터(filter, kernel)를 입력영상에 교차시켜 적용하여 곱(product)연산을 하고 그 합(특징값)을 출력하는 연산을 말한다.

9 가중치 공유란 각 필터들이 입력에 적용될 때 필터가 적용되는 입력영상은 모두 같은 가중치를 갖는 필터가 적용된다.

10 패딩은 입력 영상의 외각에 지정된 픽셀만큼 특정 값으로 채워 넣는 것을 의미하며, 보통 패딩 값으로 0을 채워 넣는다.

11 풀링 계층은 컨벌루션 계층의 특징 맵(활성화 맵)를 입력으로 받아서 특징 맵의 크기를 줄이거나 특정 데이터를 강조하는 용도로 사용된다. 풀링 계층을 처리하는 방법으로는 맥스 풀링(Max Pooling)과 평균 풀링(Average Pooling), 민 풀링(Min Pooling)이 있다.

12 Validation은 학습과정에서 각 에폭마다 훈련데이터 전체 수의 일정 수를 유효성 검증(validation) 세트로 따로 떼어두고 나머지 훈련데이터로 학습된 모델의 유효성을 테스트해 보는 과정이다.

연습문제

01 연습 (6-1)에서 동일한 모델에 드롭아웃을 적용한 결과와 그렇지 않을 결과를 비교해보자. 또한 드롭아웃의 %를 조정해 가면서 성능을 비교해보자. 드롭아웃을 적용하지 않고 모델의 에폭을 증가시키면 결과가 더 좋아지는지 테스트 해보자. 만약 좋아졌다면 원인이 무엇인지 생각해보자.

02 연습 (6-2)에서 은닉 계층의 개수를 2개 층 더 늘여보고 Batch Normalization를 각 은닉층마다 적용해보자. 각 은닉층의 노드 수는 각자 결정한다. 마찬가지로 연습문제 1에서 구한 최적의 드롭아웃%를 적용하여 동일한 신경망을 학습해보자. 두 가지 방법론의 결과를 비교 분석해 보자.

03 연습 (6-2)와 (6-3)에서 우리는 손실함수를 계산하기 위해 크로스 엔트로피 중 'categorical_crossentropy'를 사용하였다. 하지만 인터넷을 검색하다 보면 MNIST 분류를 위한 손실함수로서 'sparse_categorical_crossentropy'를 많이 사용하는 것을 볼 수 있다. 두 크로스 엔트로피 계산 방법의 차이를 조사해보고 연습 (6-3)에 변화된 엔트로피를 적용해 보자.

04 그림 (6-7) 구조에 대해 표 (6-2)와 같은 상세 네트워크 구조 표를 작성하고 각 레이어별 파라미터 수를 계산하시오.

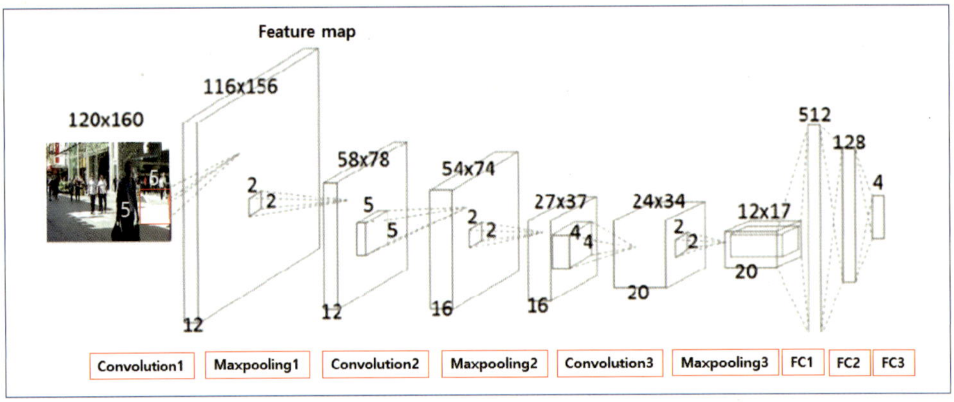

05 그림 (6-14) CNN 구조와 동일한 구조를 사용하면서 데이터를 fashion_mnist로 바꾸어 학습과 테스트를 진행해 보자. Fashion MNIST 데이터 세트는 MNIST와 동일한 개수의 훈련데이터와 테스트 데이터로 구성되어 있지만, 클래스 레이블은 숫자가 아니라 아래와 같이 옷의 종류에 따라 10개의 클래스로 레이블 되어 있다.

'T-shirt/top', 'Trouser', 'Pullover', 'Dress', 'Coat', 'Sandal', 'Shirt', 'Sneaker', 'Bag', 'Ankle boot'

동일한 CNN 네트워크 구조를 사용하면서 아래와 같이 각 입력 영상의 클래스를 표시하도록 프로그램 해보자.

*힌트 1: fashion_mnist도 역시 콜랩에서 제공하고 있으므로 아래와 같이 불러 사용할 수 있다.

(train_images, train_labels), (test_images, test_labels) = tf.keras.datasets.fashion_mnist.load_data()

*힌트 2: 학습시에는 클래스별 레이블을 0~9까지 설정하고 테스트 시에는 아래와 같은 배열을 만들어 결과를 표시하자.

class_names = ['T-shirt/top', 'Trouser', 'Pullover', 'Dress', 'Coat', 'Sandal', 'Shirt', 'Sneaker', 'Bag', 'Ankle boot']

출력 결과는 아래와 같이 나오도록 프로그램하자.

```
=============test results==========
313/313 - 3s - loss: 0.4381 - accuracy: 0.8406

 Accuracy: 0.8406
```

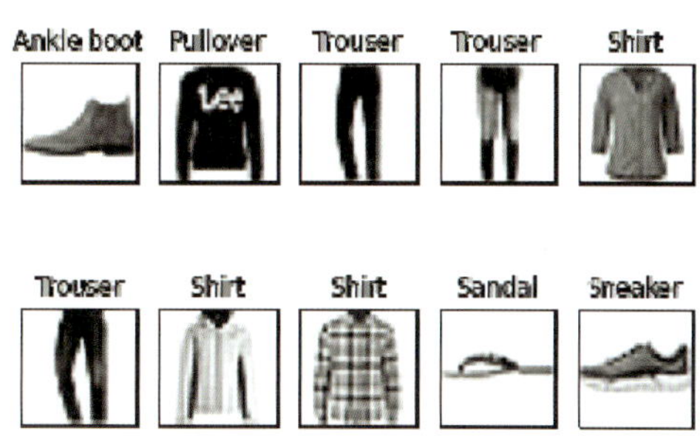

06 CIFAR-10 데이터를 load하여 아래 구조를 갖는 심층 인공신경망을 학습하고 테스트 결과를 화면에 출력하자. CIFAR-10 데이터는 아래와 같이 10개 클래스로 구성된다. 자세한 클래스 구성은 다음과 같다.

- 훈련데이터: 50,000개, 32×32 크기의 RGB영상(3채널)
- 테스트데이터: 10,000개, 32×32크기의 RGB영상(3채널)

https://www.cs.toronto.edu/~kriz/cifar.html

① CIFAR-10 데이터를 아래와 같이 오픈한다.

```
(train_images, train_labels), (test_images, test_labels) = tf.keras.datasets.cifar10.load_data()
```

② 각 클래스에 대한 label을 아래와 같이 입력해 준다.

```
class_names = ['airplane', 'automobile', 'bird', 'cat', 'deer', 'dog', 'frog', 'horse', 'ship', 'truk']
```

출력결과를 plot으로 그릴 때 그림위에 클래스 번호 대신 클래스 이름이 들어가도록 하자.

③ 모델의 구조는 다음과 같다.

은닉층의 활성화 함수를 'relu'로 사용, 출력층은 소프트맥스 사용(최적화는 Adam으로 고정시켜 테스트)

입력층	Conv1	maxpooling	dropout	Conv2	max pooling	dropout	Conv3	maxpooling	dropout	Flatten	FC	Dropout	FC
32×32	3×3×32		0.25	3×3×64		0.25	3×3×128		0.25		64	0.25	10

- padding, strides, activation 함수는 본인 마음대로 정한다.
- epoch은 5회, 배치사이즈는 10
- 최적화 함수는 Adam, 학습율은 0.001
- loss는 sparse_categorical_crossentropy를 사용

참고문헌

[1] IT Review/AI, 활성화함수의 역할 및 종류, https://saintbinary.tistory.com/8

[2] 고병철, 영상처리기반의 인공지능 입문, 도서출판 그린, 2018.

[3] PANDAS(판다스) 기초 정리, https://doorbw.tistory.com/172

[4] Colab 구글 드라이브 연동, https://redapply.tistory.com/entry/Colaboratory-구글-드라이브-연동

[5] 케라스(Keras) 훑어보기, https://wikidocs.net/32105

[6] 텐서플로우 공식 홈페이지 https://www.tensorflow.org/

[7] 텐서플로우 튜토리얼 https://www.tensorflow.org/tutorials/images/cnn?hl=ko

[8] [머신 러닝] 과적합(Overfitting)과 Validation Dataset의 개념, https://untitledtblog.tistory.com/158

7

순환 신경망(Recurrent Neural Network)

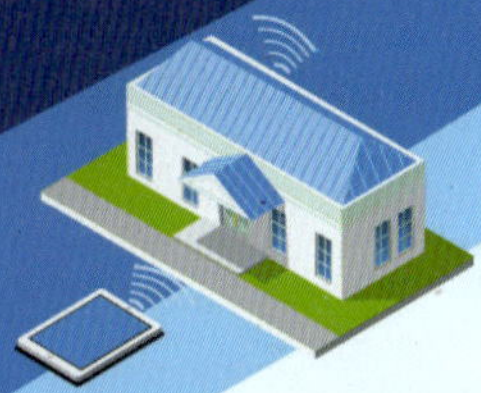

CHAPTER 7

순환 신경망(Recurrent Neural Network)

7.1 RNN 이해

이번 장에서는 시퀀스 데이터(sequence data)가 무엇인지를 알고 이 시퀀스 데이터를 다룰 수 있는 딥 러닝 알고리즘에 대해서 알아보도록 하자. 음성 신호, 날씨 예보, 주가 데이터, 자연어, 동영상 등의 공통점은 무엇일까? 이 데이터들의 공통점은 모두 시간적 순서를 가지는 데이터라는 것이다. 시간적 순서를 가지는 데이터를 시퀀스 데이터 또는 시계열(time series) 데이터라고 한다. 우리는 이러한 시간 순서를 기반으로 데이터들의 상관관계를 파악하고, 이것을 기반으로 현재 및 과거 데이터를 통해서 미래에 발생 될 값을 예측할 수 있다. 다음 문장을 해석하는 문제를 살펴보도록 하자.

"우와, 청소 정말 잘했다" vs. "제길, 청소 정말 잘했다"

두 문장은 동일하게 "청소 정말 잘했다"라고 이야기를 하고 있지만, 두 문장에서 "청소 정말 잘했다"의 의미는 서로 다르다는 것을 우리는 알고 있다. 그 이유는 "청소 정말 잘했다" 앞에 오는 단어로 두 문장의 실제 의미를 유추할 수 있기 때문이다. 이처럼 이전의 정보가 현재 입력에 대한 결과를 유추할 때 사용되어 더 나은 결과를 예측하는 것을 도울 수 있으며, 이러한 시퀀스 데이터를 모델링하기 위해 소개된 딥러닝 알고리즘이 순환 신경망, RNN(Recurrent Neural Network)이다. 일반적으로 순환 신경망을 간단하게 RNN이라고 이야기한다. RNN도 신경망의 일종으로 입력층, 은닉층, 출력층으로 구성된다. RNN의 은닉층에서는 하나 이상의 순환적 구조를 가지는 계층으로 구성되며, 이 은닉층을 RNN에서는 메모리 셀(memory cell) 또는 셀(cell)이라고 부른다. RNN은 현재 입력된 정보와 이전 정보를 함께 고려하여 현재의 결과를 예측하며, 현재의 정보는 다시 다음 입력에 대한 결과를 예측할 때 사용된다. 이처럼 이전의 정보를 현재 입력을 처리하는데 사용하기 위해서 각 셀의 은닉 상태(hidden state)에서 각 시퀀스에서의 정보들을 기억하고 있다가 다음 셀에 전달한다(그림 7-1). 전달된 이전 셀의 상태는 현재 셀에서 결과를 예측하기 위한 연산에 사용된다.

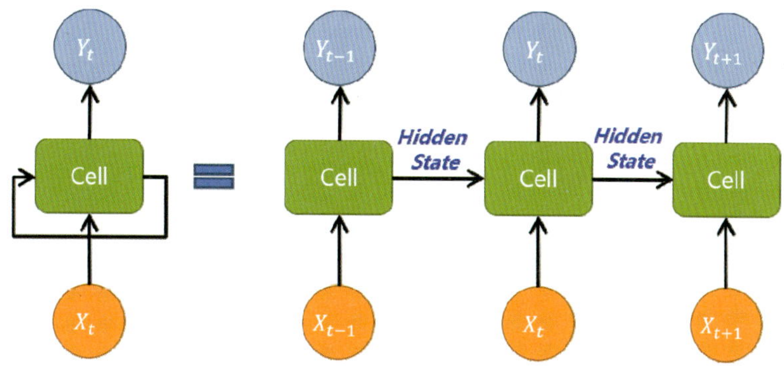

그림 7-1 순환적 구조를 가지는 RNN 구조도

RNN에 대한 수식을 그림 (7-2)를 통해 좀 더 자세히 살펴보자. 먼저 시간 t에서의 입력을 X_t, 출력을 Y_t, 은닉 상태를 h_t라고 했을 때, 먼저 입력 X_t에 대한 h_t를 계산한다. 입력 X_t는 RNN의 셀로 입력되며, 입력층과 셀 간에 존재하는 가중치 W_{xh}와 입력 X_t의 곱, 이전의 은닉 상태 h_{t-1}와 셀 간에 존재하는 가중치 W_{hh}의 곱, 그리고 바이어스 b_h를 모두 더한 결과에 하이퍼볼릭 탄젠트(tanh, hyperbolic tangent) 함수를 적용하여 h_t를 얻을 수 있다. 시간 t의 출력 Y_t는 앞서 계산된 h_t에 셀과 출력층 간에 존재하는 가중치 W_{hy}를 곱한 후에 출력층 바이어스 b_y를 더한 결과에 활성화 함수 f를 적용해서 얻을 수 있다(수식 7.1, 7.2 참조). RNN에서 현재의 은닉 상태를 계산하기 위한 활성화 함수로는 하이퍼볼릭 탄젠트 함수를 주로 사용하며, 최종 Y 계산에서 사용되는 활성화 함수는 주어진 데이터를 고려하여 적절한 활성화 함수를 사용하면 된다.

각 타임 스텝에서 입력에 대한 은닉 상태와 출력을 추출하기 위해서는 반드시 가중치 및 바이어스 값들이 필요하다. RNN 구조에서 타임 스텝 t에서 필요한 가중치 및 바이어스 값들 W_{xh}, W_{hh}, b_h, W_{hy}, b_y는 타임 스텝 t-1, t+1에서도 동일한 가중치 및 바이어스가 공유되어 사용된다. 즉, RNN에서 요구되는 가중치 및 바이어스 값들은 학습과정을 통해 획득되며, 획득된 값들은 모든 타임 스텝에서 공유된다.

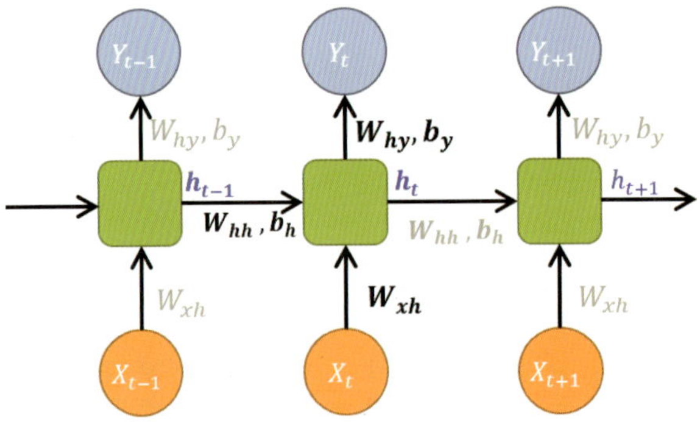

$$h_t = \tanh(X_t \cdot W_{xh} + h_{t-1} \cdot W_{hh} + b_h) \tag{7.1}$$

$$Y_t = f(h_t \cdot W_{hy} + b_y) \tag{7.2}$$

그림 7-2 RNN의 시간 t에서의 입력 X_t, 은닉 상태 h_t, 출력 Y_t에 대한 연산

RNN의 셀 안에도 신경망의 은닉층을 구성하는 노드(unit)가 존재한다. 아래 그림 (7-3)처럼 만약 셀에서 은닉 노드가 3개 존재한다면, 이 셀에는 3개의 바이어스 b가 존재하게 된다. 현재 셀의 은닉 상태를 계산하기 위해서 입력값 X_t, 이전 은닉 상태값 h_{t-1}, 바이어스 b를 기반으로 현재 셀의 은닉 상태값을 구할 수 있다. 현재 셀의 은닉 상태값은 수식 (7.1)과 같이 입력 X_t와 3개의 은닉 노드들의 가중치들 값을 곱하고 $(X_t \cdot W_{xh})$, 이전 셀의 은닉 노드와 현재 셀의 은닉 노드들 간의 가중치 값들과 이전 셀의 은닉

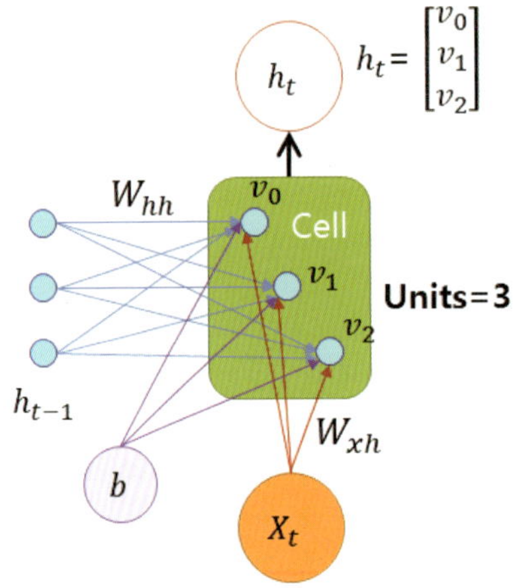

그림 7-3 3개의 은닉 노드로 구성된 셀

상태 값의 곱을 구한다($h_{t-1} \cdot W_{hh}$). 앞서 구한 두 가지 값과 바이어스를 더한 결과를 활성화 함수(RNN에서는 tanh를 주로 사용)를 적용하여 최종 은닉 노드의 값을 계산할 수 있으며, 이 값이 은닉 상태 값이 된다. 셀이 3개의 노드(유닛)로 구성되므로 출력값인 은닉 상태 값은 3개가 된다.

7.1.1 RNN 구현하기

텐서플로우 케라스에서는 앞서 살펴보았던 RNN에 대한 함수를 제공하고 있으며, 함수 내부적으로 RNN 연산들을 모두 처리해주고 있어 간단하게 RNN을 사용해 볼 수 있다. 텐서플로우 케라스에서 제공하는 RNN 함수는 tensorflow.keras.layers.SimpleRNN이다. 우리는 이 함수에 대한 사용방법을 알아보기 전에 SimpleRNN 함수의 사용방법에 대해 이해할 필요가 있다. 앞서 설명했던 RNN은 입력부터 최종 출력까지 얻을 수 있는 하나의 완성된 신경망을 표현하였다. 하지만, 텐서플로우 케라스에서 제공하고 있는 SimpleRNN 함수는 그림 (7-4)와 같이 RNN 셀(은닉층)을 기준으로 입력 및 출력을 다루게 된다. 즉, 이 함수에 X_t를 입력하게 되면 이전 은닉 상태 h_{t-1}을 고려하여 셀에서는 은닉 상태 h_t가 출력된다. 그러므로 SimipleRNN 함수를 사용할 때, 출력되는 값은 은닉 상태값이며, 최종적인 출력값 Y를 얻고 싶다면 계층을 추가해야만 한다.

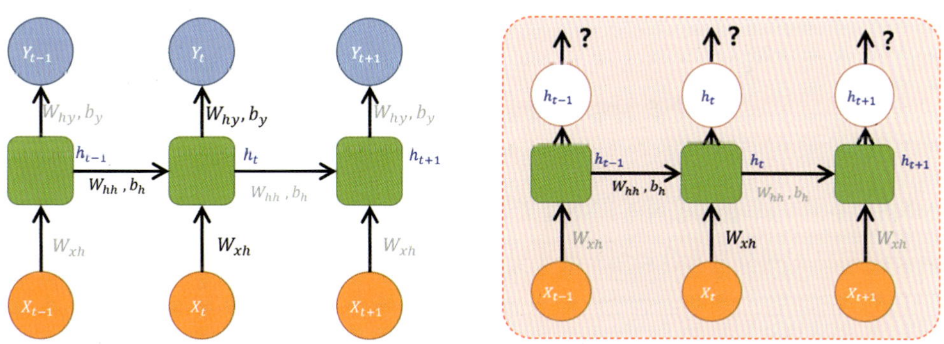

일반 RNN 표현
입력층부터 출력층까지 하나의 완성된 신경망을 표현

텐서플로우 케라스 RNN 표현
입력층과 셀(은닉층)만을 표현

그림 7-4 텐서플로우 케라스 SimpleRNN함수와 일반 RNN의 구조 차이

시퀀스 데이터를 모델링하기 위해 RNN을 구성하여 보자. 우리는 시퀀스 데이터를 사용하는 대신, 앞장에서 다루었던 MNIST 데이터세트를 시퀀스 데이터로 변환하여 RNN를 구성할 것이다. MNIST 데이터를 구성하고 있는 이미지는 높이(height) 28 픽셀, 너비(width) 28 픽셀로 이루어져 있다. 이 이미지를 시

퀀스 데이터로 재구성하기 위해서 그림 (7-5)와 같이 각 타임 스텝마다 한 행씩 RNN에 입력하자. 총 스텝 수는 28이며, 한 스텝마다 입력되는 입력 벡터의 크기는 28이다. 즉, 이미지의 높이는 타임 스텝에 해당하고, 이미지의 너비는 각 타임 스텝의 입력 벡터가 된다. RNN은 각 타임 스텝마다 *Y*를 추정할 수도 있고, 아래 그림처럼 마지막 스텝에서 최종 *Y*를 추정할 수도 있다. 이번 실습에서는 28회의 매 타임 스텝마다 RNN으로 값을 입력하고 마지막 스텝에서 최종적인 Y값을 추정하도록 네트워크를 구성할 것이며, 네트워크의 최종 출력은 숫자 0~9의 10개 클래스에 대한 확률값이 도출되도록 전체 RNN 네트워크를 구성할 것이다.

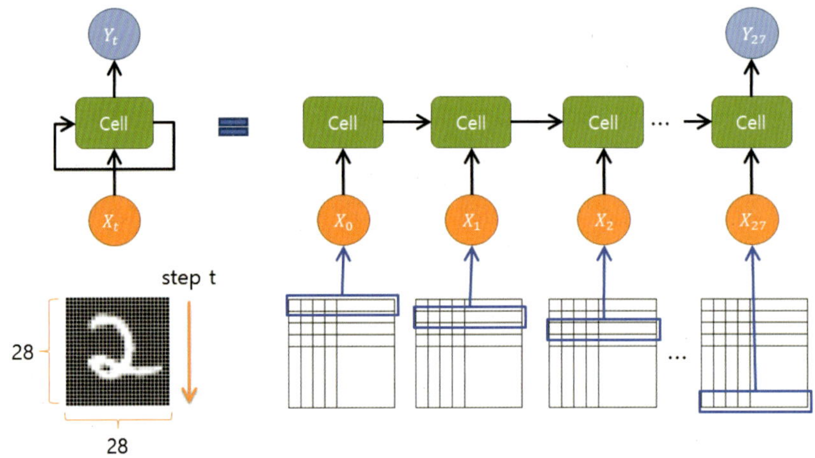

그림 7-5 MNIST 데이터세트을 이용한 시퀀스 데이터 구성

이제 MNIST 데이터세트를 이용하여 RNN을 만들어보자. 먼저 필요한 라이브러리 및 모듈을 가져오자. 다음과 같이 코드 상에서 필요한 라이브러리 및 특정 모듈을 모두 임포트해보자.

```
# 라이브러리 및 모듈 임포트
import tensorflow as tf
import numpy as np
import matplotlib.pylab as plt
from tensorflow.keras.utils import to_categorical
from tensorflow.keras.models import Sequential
from tensorflow.keras.datasets.mnist import load_data
from tensorflow.keras.layers import SimpleRNN, Dense
from tensorflow.keras.optimizers import Adam
```

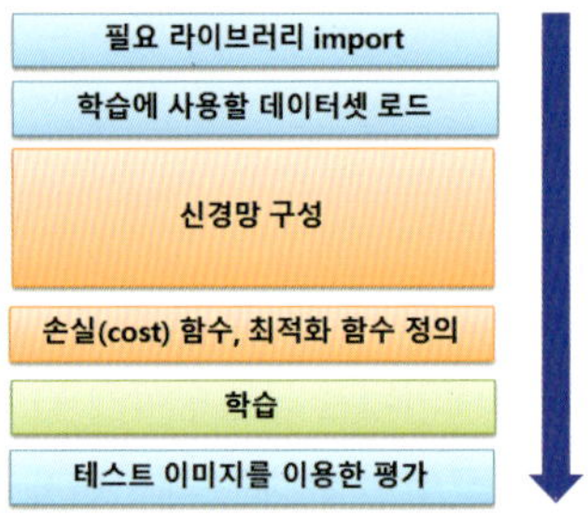

먼저 훈련 및 테스트 데이터를 로드하여 RNN 네트워크의 입력에 맞게 재구성해야 한다. tf.keras.datasets.mnist.load_data 함수로 로드된 train_images의 shape은 (배치크기, 이미지높이, 이미지너비)가 되는데, RNN에서 요구되는 입력 데이터의 input_shape은

- **3D 텐서 shape (nb_samples, timesteps, input_dim) // (샘플수, 타임스텝수, 입력차원)**

이다. 여기서 우리는 MNIST 데이터를 시퀀스 데이터로 변경하기 위해서 이미지의 높이 크기를 타임 스텝 수로 사용하고, 이미지 너비 크기를 입력 데이터의 차원 수로 사용하기로 하였으므로 load_data()로 로드한 train_images와 test_images를 기존 shape 그대로 사용하면 된다. 우리는 별도의 데이터 재구성(reshape) 없이 픽셀값에 대한 0.0~1.0 사이의 값으로 정규화만 다음과 같이 수행하면 된다.

```
# MNIST 데이터 로드
(train_images, train_labels), (test_images, test_labels) = load_data()
# train_image's shape : (nb_samples, img_height, img_width)
# Input data of RNN : (nb_samples, timesteps, input_dim)

# 픽셀값 0~1로 정규화
train_images, test_images = train_images / 255.0, test_images / 255.0
```

다음은 데이터 레이블의 one hot 코드로 변경해야 한다. 이를 위해 tensorflow.keras.utils.to_categorical 함수를 사용하여 0~9로 구성된 레이블 값을 10차원 벡터인 one hot 코드로 변경한다.

```
# 데이터 레이블의 one hot 코드 변환
one_hot_train_labels = to_categorical(train_labels, 10)
one_hot_test_labels = to_categorical(test_labels, 10)
```

이제 모델을 구성할 차례이다. 우리는 RNN 모델의 최종 출력을 0~9의 10개 클래스에 대한 확률값이 출력되어야 하므로 다음과 같이 RNN 계층 뒤에 Fully Connected Layer인 Dense 계층을 추가하여 다음과 같이 구성할 것이다. 그림 (7-6)은 그림 (7-5)의 구조를 연속적인 계층 형식으로 구성한 것이다. 그림 (7-6)과 같이 구성한다면 아래 그림에서 RNN 셀의 노드들은 이미지의 너비 벡터들이 입력될 때마다 연산을 하고, 두 번째 너비 벡터들이 입력되면 이전 은닉 상태를 현재 셀의 노드 계산에 활용한다. 이미지의 모든 너비가 계산되면 최종 셀은 노드의 값을 출력층에 전달한다. 만약 셀마다 출력을 하는 경우에는 셀에서 나온 은닉 상태값은 매번 출력층으로 전달된다.

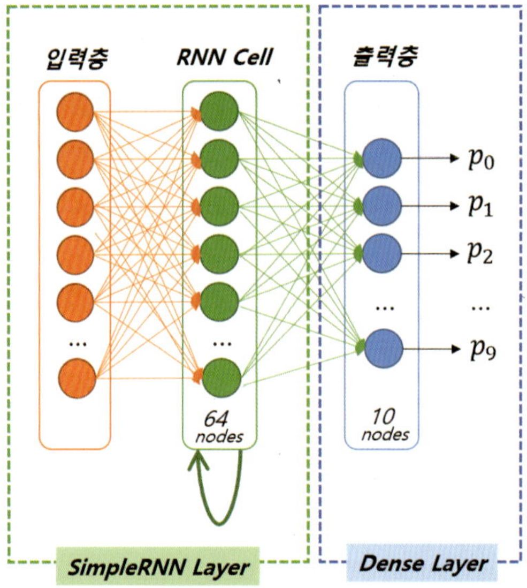

그림 7-6 MNIST 시퀀스 데이터 모델링을 위한 전체 RNN 네트워크 구성도

RNN 셀에서 사용하는 노드 수는 64개이며, 최종적으로 10개의 클래스에 대한 확률값을 출력해야하므로 10개의 노드를 가지는 Dense 계층을 생성하며, 이 계층의 활성화 함수는 소프트맥스로 구성하도록 하자.

```
# 모델 구성
model = Sequential()
model.add(SimpleRNN(units=64, input_shape = (28, 28)))
model.add(Dense(10, activation='softmax'))
```

위와 같이 RNN 네트워크 구성을 위한 코드는 매우 간략한 것을 확인할 수 있다. RNN 계층은 SimpleRNN () 함수를 사용하여 쉽게 구현할 수 있으며, 이 함수가 가지는 여러 매개변수들 중에서 몇 개의 중요한 매개변수들만 살펴보도록 하자. 먼저 이 함수를 사용할 때, 셀에 존재하고 있는 은닉 노드 수를 나타내는 'units' 매개변수를 반드시 지정해야 한다. RNN에서 출력값의 차원은 셀의노드 수와 동일하므로 셀에 존재하고 있는 노드 수에 따라서 출력되는 은닉 상태값 h_t의 차원이 결정된다. 예를 들어, 3개 값을 가지는 은닉 상태 값을 표현하고 싶다면, 'units=3'으로 설정하여 셀의 은닉 노드 수를 3개로 구성하면 된다. 그림 (7-7)은 셀의 노드 수를 3개로 설정한 경우로 함수에 대한 출력 h_t를 계산하는 과정에서 필요한 입력값, 이전 은닉 상태값, 바이어스, 가중치들의 관계를 그림으로 표현한 것이며, 이 그림에서 노드 간의 연결 화살표마다 가중치가 존재한다고 볼 수 있다.

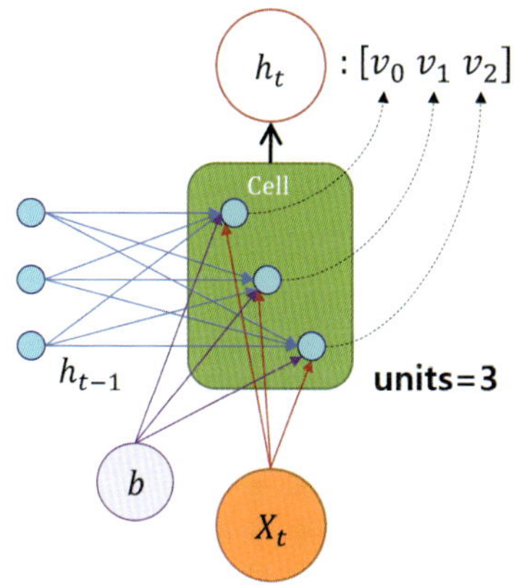

그림 7-7 텐서플로우 케라스 SimpleRNN 함수의 Units=3일 경우 구조

SimpleRNN 레이어가 케라스 모델의 첫 번째 계층이므로 'input_shape' 매개변수를 반드시 지정해야 한다. SimpleRNN 함수에 대한 input_shape은 (**타임 스텝 수, 입력 벡터 차원 수**) 형식으로 입력하면 된다. 여기서 타임 스텝 수는 입력 데이터의 시퀀스 길이, 즉, 입력 데이터로 몇 개를 순차적으로 입력할 것인지를 나타내며, 두 번째 값은 입력 벡터의 크기를 나타내므로 (28, 28) = (타임 스텝수 28, 입력값의 원소 28개)로 설정하면 된다.

다음 살펴볼 SimpleRNN 함수의 매개변수는 'return_sequences'이다. 이 매개변수는 RNN에서 각 타임 스텝마다 은닉 상태를 출력할 것인지를 의미한다.

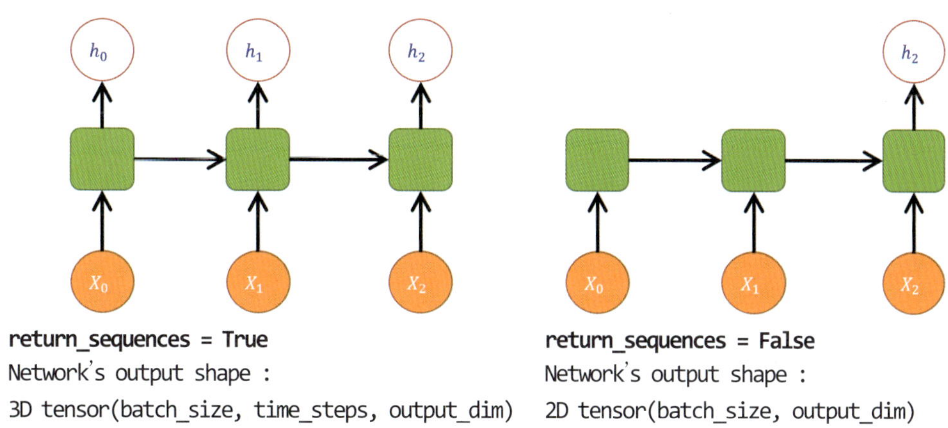

그림 7-8 입력 시퀀스 길이(타임 스텝 크기) 3을 가지는 SimpleRNN 함수의 'return_sequence' 설정에 따른 네트워크 구조 및 출력 shape 비교

그림 (7-8)과 같이, 'return_sequences = True'로 설정되면, 각 타임 스텝마다 셀에서는 은닉 상태 값을 출력하게 되며, 'return_sequences = False'로 설정되면, 마지막 타임 스텝에서만 은닉 상태 값을 출력하게 된다. 따라서 이 매개변수의 설정으로 SimpleRNN 함수의 출력값에 대한 output_shape이 달라지게 된다. 'return_sequences = True'로 설정할 경우, 매 타임 스텝마다 셀에서 은닉 상태 값을 출력하므로 출력 벡터는 3D 텐서인 (**배치크기, 타임 스텝 수, 출력값 차원**)이며, 'return_sequences = False'는 마지막 타임에서만 출력을 가지므로 output_shape은 (**배치크기, 출력값 차원**)의 2D 텐서가 된다. 현재 구현하고 있는 네트워크에서는 마지막 스텝의 셀에서만 출력을 수행하면 되므로 'return_sequences' 매개변수는 False로 설정한다. 또한, SimpleRNN 함수는 'return_sequences' 매개변수에 대해 False를 디폴트(default)값으로 가지므로 별도로 값을 지정하지 않으면 이 함수는 마지막 셀에서만 은닉 상태 값을 출력시킨다.

> 코드에서 input_shape과 output_shape에 대한 batch_size가 명시되지 않았는데 모델 생성시에는 아래 그림과 같이 None으로 설정되고 fit()에서 설정한 batch_size에 의해 실행시에 정해진다. 만약 input_shape에서 배치 크기를 명시하고 싶을 때는 batch_input_shape(32, 28, 28)과 같이 코딩하면 된다.
>
> ```
> input_shape = (28, 28)
> model.add(Dense(10, activation='softmax'))
> ....
> history = model.fit(train_images, one_hot_train_labels, epochs=5,
>                     batch_size=32)
> ```
>
> ```
> _________________________________________________________________
> Layer (type)                 Output Shape              Param #
> =================================================================
> simple_rnn_11 (SimpleRNN)    (None, 64)                5952
> _________________________________________________________________
> dense_8 (Dense)              (None, 10)                650
> =================================================================
> ```

이제 우리는 마지막으로 Dense 계층을 추가하여 10개 클래스에 대한 확률값을 출력하도록 할 것이다. 이를 위해 추가하는 Dense 계층의 첫 번째 매개변수인 'units'를 10으로 설정하고, 활성화 함수를 소프트맥스를 사용하여 구현하여 보자. 드디어, RNN을 사용한 전체 네트워크 구성이 완료되었다.

```
# 모델 학습을 위한 최적화 함수 및 손실 함수 등 설정
model.compile(optimizer=Adam(learning_rate=0.001),
              loss='categorical_crossentropy', metrics=['accuracy'])

# 모델 구조 출력
model.summary()

# 모델 평가
print("\n============test results=========")
labels = model.predict(test_images)
print("\n Accuracy: %.4f" % (model.evaluate(test_images, one_hot_test_labels)[1]))

# 결과 이미지로 출력
fig = plt.figure()
for i in range(10):
    subplot = fig.add_subplot(2, 5, i+1)
    subplot.set_xticks([])
    subplot.set_yticks([])
    subplot.set_title('%d' % np.argmax(labels[i]))
    subplot.imshow(test_images[i],
                   cmap=plt.cm.gray_r)
plt.show()
print("==================================")
```

이번 RNN 네트워크에서의 학습에는 Adam 최적화 함수를 사용할 것이며, 이때 학습률은 0.001로 설정하도록 한다. 이 이후의 코드는 이전 실습에서 사용했던 코드와 동일하므로 따로 설명하지는 않겠다.

이제 연습 (7-1)을 통해 전체 과정을 프로그램해보자.

연습 7-1

```
import tensorflow as tf
import numpy as np
import matplotlib.pylab as plt
from tensorflow.keras.datasets.mnist import load_data
from tensorflow.keras.utils import to_categorical
from tensorflow.keras.models import Sequential
from tensorflow.keras.layers import SimpleRNN, Dense
from tensorflow.keras.optimizers import Adam

# MNIST 데이터셋을 로드하여 준비
(train_images, train_labels), (test_images, test_labels) = load_data()

# shape of train_image & test_image : (nb_samples, image_height, image_width)
# Input data of RNN : (nb_samples, timesteps, input_dim)

# 픽셀값 0~1로 정규화
train_images, test_images = train_images / 255.0, test_images / 255.0

# 데이터 레이블 one hot 코드 변경
one_hot_train_labels = to_categorical(train_labels, 10)
one_hot_test_labels = to_categorical(test_labels, 10)

# 모델 구성 (model = tf.keras.models.Sequential())
model = Sequential()
model.add(SimpleRNN(units=64, input_shape = (28, 28),
                                          return_sequences=False))
model.add(Dense(10, activation='softmax'))

# 모델 학습을 위한 최적화 함수 및 손실 함수 등 설정
model.compile(optimizer=Adam(learning_rate=0.001),
             loss='categorical_crossentropy', metrics=['accuracy'])

# 모델 구조 출력
model.summary()

# 모델 학습 수행
history = model.fit(train_images, one_hot_train_labels, epochs=5,
                    batch_size=32)
```

```
# 모델 평가
print("\n============test results=========")
labels=model.predict(test_images)
print("\n Accuracy: %.4f" % (model.evaluate(test_images,
                                            one_hot_test_labels)[1]))

# 결과 이미지로 출력
fig = plt.figure()
for i in range(10):
    subplot = fig.add_subplot(2, 5, i+1)
    subplot.set_xticks([])
    subplot.set_yticks([])
    subplot.set_title('%d' % np.argmax(labels[i]))
    subplot.imshow(test_images[i],
                   cmap=plt.cm.gray_r)
plt.show()

print("==================================")
```

```
Downloading data from
https://storage.googleapis.com/tensorflow/tf-keras-datasets/mnist.npz
11493376/11490434 [==========] - 0s 0us/step
Model: "sequential"
_________________________________________________________________
Layer (type)                 Output Shape              Param #
=================================================================
simple_rnn (SimpleRNN)        (None, 64)                5952
_________________________________________________________________
dense (Dense)                (None, 10)                650
=================================================================
Total params: 6,602
Trainable params: 6,602
Non-trainable params: 0
_________________________________________________________________
Epoch 1/5
1875/1875 [==========] - 11s 6ms/step - loss: 0.5249 - accuracy: 0.8427
Epoch 2/5
1875/1875 [==========] - 10s 5ms/step - loss: 0.2711 - accuracy: 0.9216
Epoch 3/5
1875/1875 [==========] - 10s 5ms/step - loss: 0.2197 - accuracy: 0.9360
```

```
Epoch 4/5
1875/1875 [==========] - 10s 5ms/step - loss: 0.1962 - accuracy: 0.9442
Epoch 5/5
1875/1875 [==========] - 10s 5ms/step - loss: 0.1815 - accuracy: 0.9479

=============test results==========
313/313 [==========] - 1s 2ms/step - loss: 0.1814 - accuracy: 0.9479

 Accuracy: 0.9479
```

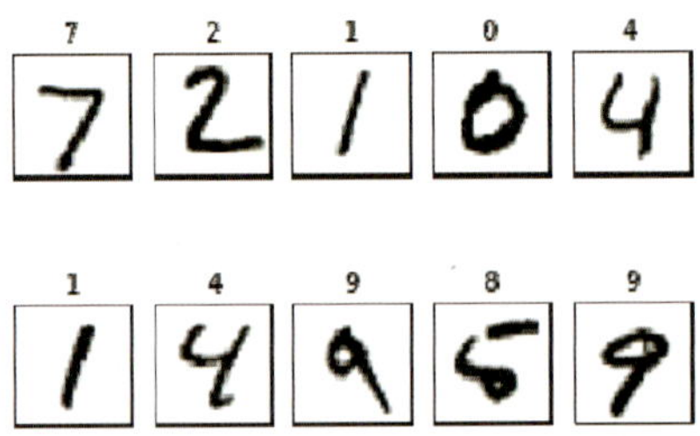


```
===================================
```

model.summary 함수에 의해 출력되는 네트워크 구조를 살펴보자. 예상했던 것처럼 SimpleRNN 계층은 셀에서 64개의 노드를 가지므로 출력되는 값의 shape은 (배치크기, 64)이며, 이 64개의 값이 Dense 계층에 입력되고, Dense 계층은 10개 값을 가지는 배열을 출력시키게 된다. MNIST의 테스트 데이터세트에 대한 정확도는 94.79%로 MNIST를 시퀀스 데이터로 변경하여 RNN 모델의 통해 괜찮은 모델로 학습되었다고 볼 수 있다.

이번에는 RNN 모델에서 매 스텝에서 은닉 상태를 출력하도록 이전 예제 코드를 변경해보자. RNN 모델에서 매 스텝마다 은닉 상태를 출력하기 위해서 SimpleRNN 함수에서 'return_sequences' 매개변수를 True로 설정하면 된다. 여기서 주의할 것은 SimpleRNN 함수에서 'return_sequences = True'로 설정할 경우, 이 함수에서 반환되는 결과는 3D 텐서(배치크기, 타임 스텝 수, 출력값 차원)의 값을 가진다다. 하지만, 앞서 Dense 계층의 입력값은 반드시 1차원 배열(벡터) 구조를 가져야 하므로 우리는 SimpleRNN 함수에서 반환된 값에 **Flatten 함수**를 사용하여 값을 1차원 배열(벡터) 구조로 변환시켜 준 후에 Dense 계층에 적용해야한다. Flatten 함수를 사용하기 위해서 다음 코드와 같이 임포트 시켜줘야 한다.

```
from tensorflow.keras.layers import SimpleRNN, Dense, Flatten
```

이번에는 네트워크 마지막 계층에 2개의 Fully Connected Layer를 구현해보자. 이를 위해 첫 번째 Dense 계층에서는 32개의 노드를 가지도록 하며, 활성화 함수는 ReLU를 사용하도록 설정하자. 두 번째 Dense

계층에서는 이전 코드와 동일하게 10개의 노드를 가지고 활성화 함수로 소프트맥스를 사용하도록 하자.

```
from tensorflow.keras.models import Sequential
from tensorflow.keras.layers import SimpleRNN, Dense, Flatten

model = Sequential()
model.add(SimpleRNN(units=64, return_sequences = True, input_shape = (28, 28)))
model.add(Flatten())
model.add(Dense(32, activation='relu'))
model.add(Dense(10, activation='softmax'))
```

위와 같이 코드를 수정하여 전체 코드를 실행하면 다음과 같은 결과를 확인할 수 있다. 먼저 모델 구조를 살펴보면, 예상한 바와 같이 SimpleRNN 함수에서 출력되는 값은 배치 크기를 제외하고 (28, 64) shape이고, 우리는 이를 Flatten 함수를 사용해서 1차원 벡터인 1792(=28×64)의 원소를 갖는 1차원 배열(벡터)로 변환시킨 후에 Dense 계층에 입력하였다. 첫 번째 Dense 계층을 통과한 후의 출력값은 배치 크기를 제외하고 32개의 원소를 가지는 벡터가 추출되고, 두 번째 Dense 계층을 통과한 후에는 최종적인 10개 클래스에 대한 확률값이 출력되는 것을 확인할 수 있다. 학습된 모델을 평가하기 위해 테스트 데이터를 기반으로 정확도를 측정하였을 때, 정확도는 97.82%로 이전 코드보다 약 3% 향상한 것을 확인할 수 있다.

```
Downloading data from
https://storage.googleapis.com/tensorflow/tf-keras-datasets/mnist.npz
11493376/11490434 [==========] - 0s 0us/step
Model: "sequential"

_________________________________________________________________
Layer (type)                 Output Shape              Param #
=================================================================
simple_rnn (SimpleRNN)       (None, 28, 64)            5952
_________________________________________________________________
flatten (Flatten)            (None, 1792)              0
_________________________________________________________________
dense (Dense)                (None, 32)                57376
_________________________________________________________________
dense_1 (Dense)              (None, 10)                330
=================================================================
```

```
Total params: 63,658
Trainable params: 63,658
Non-trainable params: 0
_________________________________________________________________
Epoch 1/5
1875/1875 [==========] - 12s 6ms/step - loss: 0.2277 - accuracy: 0.9307
Epoch 2/5
1875/1875 [==========] - 12s 6ms/step - loss: 0.1127 - accuracy: 0.9654
Epoch 3/5
1875/1875 [==========] - 12s 6ms/step - loss: 0.0878 - accuracy: 0.9732
Epoch 4/5
1875/1875 [==========] - 12s 6ms/step - loss: 0.0742 - accuracy: 0.9766
Epoch 5/5
1875/1875 [==========] - 12s 6ms/step - loss: 0.0636 - accuracy: 0.9801

=============test results==========
313/313 [==========] - 1s 3ms/step - loss: 0.0773 - accuracy: 0.9782

 Accuracy: 0.9782
```

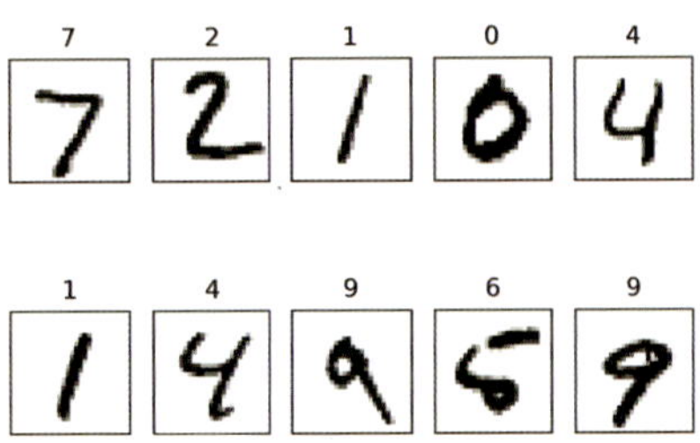

7.1.2 심층 RNN 구현하기

우리는 앞서 하나의 RNN을 사용하여 딥러닝 네트워크를 구현해 보았다. 이번 챕터에서는 여러 개의 RNN으로 구성된 심층 순환 신경망(Deep recurrent neural network)에 대해서 알아보자. 심층 순환 신경망은 그림 (7-9)와 같이 여러 개의 RNN 계층을 쌓아 구성한 것을 말하며, 간단히 심층 RNN 또는 Deep RNN이라고 부른다. 심층 RNN에서 첫 번째 RNN 계층은 입력 데이터가 입력되며, 마지막 RNN 계층에서는 원하는 시점에서의 RNN 셀에서만 최종값을 출력된다. 하지만, 심층 RNN을 구성하는 중간 RNN 계층에서는 이전 RNN 계층에서 출력된 값을 다음 RNN 계층의 입력으로 전달해야 하므로 모든 시퀀스마다 출력값을 가져야 한다.

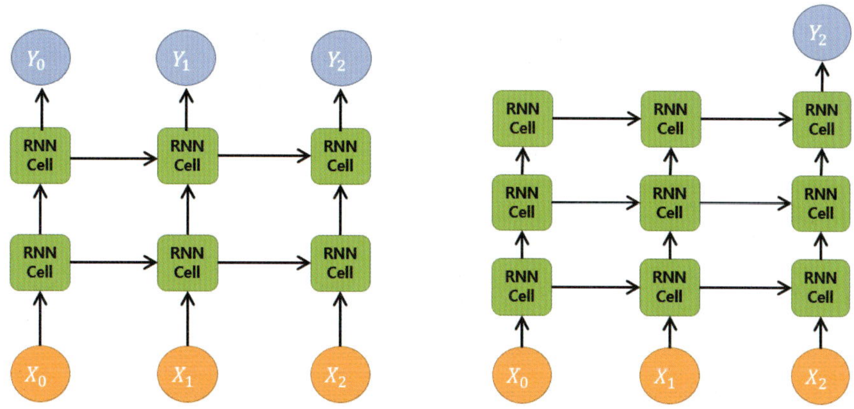

그림 7-9 다층 RNN으로 구성된 심층 RNN 예시

텐서플로우 케라스에서 심층 RNN을 구현하기 위해서는 여러 개의 RNN 계층을 차례대로 추가시켜주면 된다. 아래 코드에서처럼 units 개수는 RNN 셀의 은닉 노드의 개수이자 RNN 셀의 출력 벡터 크기이기도 하다. 이제 우리는 첫 번째 RNN 계층에서는 64개의 unit을 사용하며, 두 번째 계층도 64개의 unit, 세 번째 RNN 계층에는 32개의 unit을 사용하여 3개의 은닉계층으로 구성된 심층 RNN을 구성하여 보자. 주의할 점은 첫 번째와 중간 RNN 계층에서는 매 시퀀스마다 RNN 셀에서 출력값을 가지도록 하여 다음 RNN 계층의 입력으로 사용해야 하므로 'return_sequences' 매개변수는 반드시 True로 설정해야 한다.

```
from tensorflow.keras.models import Sequential
from tensorflow.keras.layers import SimpleRNN, Dense

model = Sequential()
model.add(SimpleRNN(units=64, return_sequences=True, input_shape = (28, 28)))
model.add(SimpleRNN(units=64, return_sequences=True))
model.add(SimpleRNN(units=32))
model.add(Dense(10, activation='softmax'))
```

우리는 다음과 같이 구성한 모델을 mdel.summary 함수를 사용해서 모델의 출력 shape을 살펴보자.

```
Model: "sequential"
_________________________________________________________________
Layer (type)                 Output Shape              Param #
=================================================================
simple_rnn (SimpleRNN)       (None, 28, 64)            5952
_________________________________________________________________
simple_rnn_1 (SimpleRNN)     (None, 28, 64)            8256
_________________________________________________________________
simple_rnn_2 (SimpleRNN)     (None, 32)                3104
_________________________________________________________________
dense (Dense)                (None, 10)                330
=================================================================
Total params: 17,642
Trainable params: 17,642
Non-trainable params: 0
```

첫 번째 RNN 계층의 unit 개수는 64개로 설정하고, 모든 시퀀스에서 은닉 상태를 출력시키도록 설정하였다. MNIST 예제에서 모델에 입력되는 시퀀스 길이는 28이므로 첫 번째 RNN 계층의 출력값은 배치크기를 제외하고 (28, 64)이다. 두 번째 RNN 계층도 첫 번째 RNN 계층과 동일하게 unit 개수는 64개이고 매 시퀀스마다 은닉 상태를 출력시키므로 출력값의 shape은 (28, 64)이다. 세 번째 RNN 계층에서는 32개의 unit을 사용하고, return_sequence가 디폴트인 False로 설정되어 있으므로 마지막 시퀀스에서만 은닉 상태 값이 출력된다. 따라서 배치크기를 제외한 출력 벡터의 크기는 32가 되며, 마지막 10개 노드로 구성된 Dense 계층을 거쳐 나온 최종 출력 벡터의 크기는 10이 되었다. 이처럼 우리는 RNN 계층을 여러 개 쌓아서 심층 RNN을 구성할 수 있다.

이전 실습에서 작성한 전체 코드를 참고하여 심층 RNN 모델의 전체 코드를 완성하고 모델 학습 및 평가하여 보도록 하자.

연습 7-2

```
import tensorflow as tf
import numpy as np
import matplotlib.pylab as plt
from tensorflow.keras.datasets.mnist import load_data
from tensorflow.keras.utils import to_categorical
from tensorflow.keras.models import Sequential
from tensorflow.keras.layers import SimpleRNN, Dense
from tensorflow.keras.optimizers import Adam

# MNIST 데이터셋을 로드하여 준비
(train_images, train_labels), (test_images, test_labels) = load_data()

# shape of train_image & test_image : (nb_samples, image_height, image_width)
# Input data of RNN : (nb_samples, timesteps, input_dim)
# 픽셀값 0~1로 정규화
train_images, test_images = train_images / 255.0, test_images / 255.0
# 데이터 레이블 one hot 코드 변경
one_hot_train_labels = to_categorical(train_labels, 10)
one_hot_test_labels = to_categorical(test_labels, 10)

# 모델 구성
model = Sequential()
model.add(SimpleRNN(units=64,return_sequences=True, input_shape=(28, 28)))
model.add(SimpleRNN(units=64,return_sequences=True))
model.add(SimpleRNN(units=32))
model.add(Dense(10,activation='softmax'))

# 모델 학습을 위한 최적화 함수 및 손실 함수 등 설정
model.compile(optimizer=Adam(learning_rate=0.001),
              loss='categorical_crossentropy', metrics=['accuracy'])

# 모델 구조 출력
model.summary()

# 모델 학습 수행
history = model.fit(train_images, one_hot_train_labels, epochs=5,batch_size=32)
```

```
# 모델 평가
print("\n============test results=========")
labels=model.predict(test_images)
print("\n Accuracy: %.4f" % (model.evaluate(test_images,one_hot_test_labels)[1]))

# 결과 이미지로 출력
fig = plt.figure()
for i in range(10):
    subplot = fig.add_subplot(2, 5, i+1)
    subplot.set_xticks([])
    subplot.set_yticks([])
    subplot.set_title('%d' % np.argmax(labels[i]))
    subplot.imshow(test_images[i],
                   cmap=plt.cm.gray_r)
plt.show()

print("==================================")
```

```
Downloading data from
https://storage.googleapis.com/tensorflow/tf-keras-datasets/mnist.npz
11493376/11490434 [==============================] - 0s 0us/step
Model: "sequential"
_________________________________________________________________
Layer (type)                 Output Shape              Param #
=================================================================
simple_rnn (SimpleRNN)       (None, 28, 64)            5952
_________________________________________________________________
simple_rnn_1 (SimpleRNN)     (None, 28, 64)            8256
_________________________________________________________________
simple_rnn_2 (SimpleRNN)     (None, 32)                3104
_________________________________________________________________
dense (Dense)                (None, 10)                330
=================================================================
Total params: 17,642
Trainable params: 17,642
Non-trainable params: 0
_________________________________________________________________
Epoch 1/5
1875/1875 [==============================] - 25s 14ms/step - loss: 0.4317 -
accuracy: 0.8705
```

```
Epoch 2/5
1875/1875 [==============================] - 26s 14ms/step - loss: 0.2177 -
accuracy: 0.9372
Epoch 3/5
1875/1875 [==============================] - 26s 14ms/step - loss: 0.1820 -
accuracy: 0.9486
Epoch 4/5
1875/1875 [==============================] - 26s 14ms/step - loss: 0.1702 -
accuracy: 0.9519
Epoch 5/5
1875/1875 [==============================] - 26s 14ms/step - loss: 0.1602 -
accuracy: 0.9544

=============test results==========
313/313 [==============================] - 2s 5ms/step - loss: 0.1393 - accuracy:
0.9602

 Accuracy: 0.9602
```

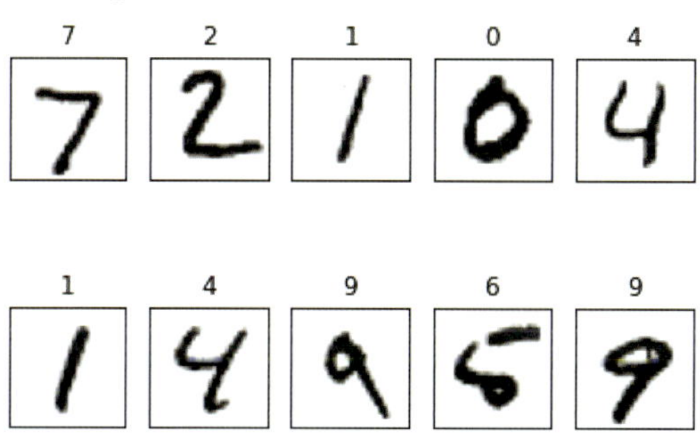


```
==================================
```

인식 결과가 96.02%로 마지막 은닉층의 출력이 'return_sequences = True'였던 이전 결과와 비교해 떨어진 것을 알 수 있다. 실험에서 알 수 있듯이 대체로 각 타임 스텝마다 출력값을 내고 그 출력을 결합하여 인식에 사용하는 경우가 인식률이 더 높을 것을 알 수 있다. 3개의 타임 스텝마다 최종 출력을 하는 경우는 연습문제에서 다루어 보도록 하자.

7.2 LSTM 이해

시퀀스 데이터를 모델링하기 위해서 앞서 배운 RNN을 사용할 수 있었다. 하지만, RNN은 짧은 시퀀스 길이를 가지는 데이터에 대해서는 좋은 결과를 보여주지만 시퀀스 길이가 길어질수록 모델의 성능이 감소되는 한계를 가진다. 즉, 고려해야 하는 시퀀스 길이가 길어질수록 이전의 정보가 뒤쪽으로 충분히 전달되지 못하는 현상이 RNN 모델에서 발생되며, 우리는 이 문제를 장기 의존성 문제(The problem of Long-term dependencies)라고 부른다. RNN 모델의 장기 의존성 문제를 개선하기 위해서 장단기 메모리(Long Short-Term Memory, LSTM) 모델링 방법이 소개되었다. 이 방법은 RNN과 비교하여 단기 기억은 물론 장기 기억을 고려할 수 있어 시퀀스 길이가 긴 과거 데이터를 고려하여 미래의 데이터를 예측할 수 있다. 이 모델은 현재 시퀀스 데이터를 모델링할 수 있는 딥러닝 알고리즘 중에 가장 많이 사용되고 있다. LSTM은 그림 (7-10)과 같이 RNN의 은닉 상태(hidden state)에 셀 상태(cell state)가 추가된 구조를 가지며, 셀 상태가 '장기 기억'을 의미하며 은닉 상태가 '단기 기억'을 담당하게 된다. 각 타임 스텝에서의 입력된 데이터를 이전의 셀 상태와 은닉 상태를 고려하여 결과를 도출하게 된다. 셀 상태는 그림 (7-10)의 LSTM 셀 구조와 같이 이전 셀 상태는 현재 LSTM 셀을 거치면서 원소별(element-wise) 곱셈(⊗) 및 원소별 덧셈(⊕)에 의해서 셀 상태의 기억을 감쇠, 삭제 및 추가시킬 수 있다.

LSTM의 셀에서는 삭제 게이트(forget gate), 입력 게이트(input gate), 출력 게이트(output gate)를 사용하여 은닉 상태와 셀 상태를 추정하게 된다.

삭제 게이트(forget gate)는 셀 상태에서 감쇠 및 삭제시킬 기억을 결정하는 역할을 한다. 그림 (7-10)에서 보는 것처럼 이전 은닉 상태 h_{t-1}와 현재 입력 x_t을 받아서 시그모이드 함수를 통과시킴으로써 그 결과 f_t는 0과 1 사이의 값을 가지게 되고, 원소별 곱셈 연산 때문에 셀 상태값을 제어하게 된다(수식 7.3). 만약 시그모이드 함수를 거쳐 나온 값이 1이라면 셀 상태의 모든 정보를 보존하게 되고, 그 값이 0이라면 셀 상태의 모든 정보는 삭제된다.

입력 게이트(input gate)는 현재 입력된 정보 중에서 어떤 것을 셀 상태에 저장할 것인지를 결정한다. 입력 게이트에서도 이전 은닉 상태 h_{t-1}과 현재 입력 x_t를 받아서 각 시그모이드 함수와 tanh 함수를 거쳐 i_t와 g_t를 계산한다. g_t는 이전 은닉 상태 h_{t-1}와 현재 입력 x_t를 입력받아서 새로운 상태 값을 생성하며 (수식 7.4 ~ 7.5), i_t는 g_t의 어느 부분이 기존의 셀 상태와 더해져야 하는지를 제어하게 된다. 따라서 이전 셀 상태에 삭제 게이트의 결과 f_t를 원소별 곱셈을 수행해서 셀 상태 정보를 삭제시키고, 입력 게이트의 결과인 $i_t \otimes g_t$를 이용하여 셀 상태 C_t를 업데이트시키게 된다(수식 7.6).

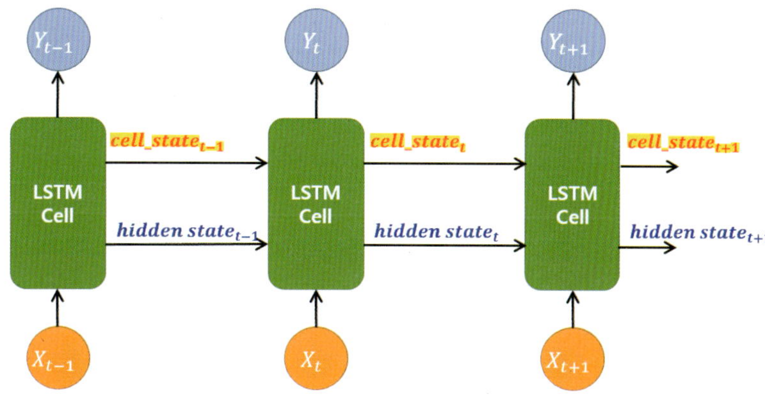

<LSTM의 기본 구조>

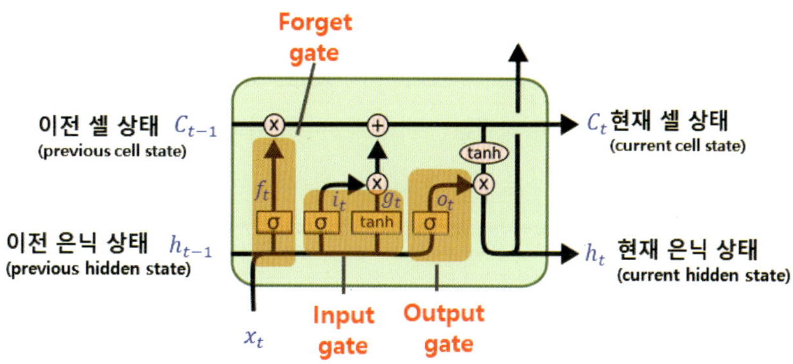

<LSTM 셀 구조>

그림 7-10 LSTM 및 LSTM 셀의 구조

마지막으로 **출력 게이트(output gate)**는 업데이트된 셀 상태 C_t를 기반으로 특정 부분을 읽어 현재 타임 스텝의 은닉 상태 h_t를 제어하게 된다. 먼저 출력 게이트는 이전 은닉 상태 h_{t-1}와 현재 입력 x_t를 입력 받아서 셀 상태 C_t의 어느 부분을 출력으로 내보낼지를 o_t에 저장하게 된다(수식 7. 7). 그리고 셀 상태 C_t를 tanh 함수를 거쳐 -1과 1 사이의 값으로 변경시킨 후에 시그모이드 함수의 결과 o_t와 원소별 곱셈을 수행하여 셀 상태 C_t에서 o_t에 설정된 특정한 부분만을 출력시켜 현재의 은닉 상태 h_t를 결정하게 된다(수식 7.8). 아래 수식은 그림 (7-10)에서 타임 스텝 t에서 LSTM 셀의 셀 상태, 은닉 상태, 그리고 각 게이트의 출력을 계산하는 식을 나타낸 것이다. W는 가중치 행렬, b는 바이어스를 나타낸다.

$$f_t = \sigma(W_{xf}^T \cdot x_t + W_{hf}^T \cdot h_{t-1} + b_f) \tag{7.3}$$

$$i_t = \sigma(W_{xi}^T \cdot x_t + W_{hi}^T \cdot h_{t-1} + b_i) \tag{7.4}$$

$$g_t = \tanh(W_{xg}^T \cdot x_t + W_{hg}^T \cdot h_{t-1} + b_g) \tag{7.5}$$

$$C_t = f_t \otimes C_{t-1} + i_t \otimes g_t \tag{7.6}$$

$$o_t = \sigma(W_{xo}^T \cdot x_t + W_{ho}^T \cdot h_{t-1} + b_o) \tag{7.7}$$

$$h_t = o_t \otimes \tanh(C_t) \tag{7.8}$$

7.2.1 LSTM 구현하기

텐서플로우에서는 LSTM 모델을 함수로 제공하고 있으며, tensorflow.keras.layers.LSTM을 사용하면 된다. 이 함수의 사용방법은 RNN과 유사하다. 다음 코드에서 LSTM 함수에서 units 매개변수를 64로 설정하였으므로[1] LSTM 셀에서 출력되는 벡터의 크기는 64, 'return_sequences' 매개변수를 True로 설정하였으므로 각 타임 스텝에서 LSTM 셀은 출력값을 가지게 된다. LSTM도 RNN과 마찬가지로 LSTM 함수에서 반환되는 값은 은닉 상태가 되므로 우리가 원하는 결과를 도출하기 위해서는 LSTM 계층 뒤에 Dense 계층을 추가시켜야 한다.

```
import tensorflow as tf
from tensorflow.keras.models import Sequential
from tensorflow.keras.layers import LSTM, Dense, Flatten
model = Sequential()
model.add(LSTM(units=64, return_sequences=True,
input_shape = (28, 28)))
model.add(Flatten())
model.add(Dense(10, activation='softmax'))
```

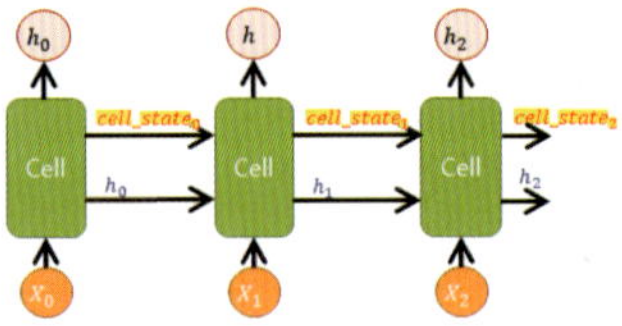

1) LSTM에서 유닛의 개수는 입력벡터와 각 게이트들의 출력값을 이용하여 계산한 내부 은닉상태와 셀 상태 벡터의 크기이다.

만약 'return_sequences' 매개변수를 False로 설정하고 싶다면 코드는 아래와 같다.

```
import tensorflow as tf
from tensorflow.keras.models import Sequential
from tensorflow.keras.layers import LSTM, Dense, Flatten

model = Sequential()
model.add(LSTM(units=64, input_shape = (28, 28)))
model.add(Dense(10, activation='softmax'))
```

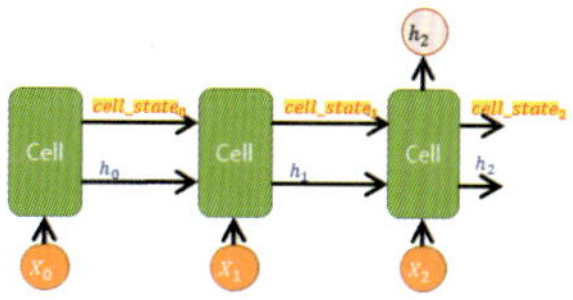

이제 RNN에서 다루었던 시퀀스 MNIST 데이터셋을 위한 예제 코드를 LSTM 모델로 변경하여 학습 및 평가를 수행하여 보자.

연습 7-3

```
import tensorflow as tf
import numpy as np
import matplotlib.pylab as plt
from tensorflow.keras.datasets.mnist import load_data
from tensorflow.keras.utils import to_categorical
from tensorflow.keras.models import Sequential
from tensorflow.keras.layers import LSTM, Dense, Flatten
from tensorflow.keras.optimizers import Adam

# MNIST 데이터셋을 로드하여 준비
(train_images, train_labels), (test_images, test_labels) = load_data()

# shape of train_image & test_image : (nb_samples, image_height, image_width)
# Input data of RNN : (nb_samples, timesteps, input_dim)

# 픽셀값 0~1로 정규화
train_images, test_images = train_images / 255.0, test_images / 255.0

# 데이터 레이블 one hot 코드 변경
one_hot_train_labels = to_categorical(train_labels, 10)
one_hot_test_labels = to_categorical(test_labels, 10)

# 모델 구성
model = Sequential()
model.add(LSTM(units=64, return_sequences=True, input_shape = (28, 28)))
```

```
model.add(Flatten())
model.add(Dense(10, activation='softmax'))

# 모델 학습을 위한 최적화 함수 및 손실 함수 등 설정
model.compile(optimizer=Adam(learning_rate=0.001),
              loss='categorical_crossentropy', metrics=['accuracy'])

# 모델 구조 출력
model.summary()

# 모델 학습 수행
history = model.fit(train_images, one_hot_train_labels, epochs=5, batch_size=32)

# 모델 평가
print("\n============test results=========")
labels = model.predict(test_images)
print("\n Accuracy: %.4f" % (model.evaluate(test_images, one_hot_test_labels)[1]))

# 결과 이미지로 출력
fig = plt.figure()
for i in range(10):
    subplot = fig.add_subplot(2, 5, i+1)
    subplot.set_xticks([])
    subplot.set_yticks([])
    subplot.set_title('%d' % np.argmax(labels[i]))
    subplot.imshow(test_images[i],
                   cmap=plt.cm.gray_r)
plt.show()

print("=================================")
```

```
Downloading data from
https://storage.googleapis.com/tensorflow/tf-keras-datasets/mnist.npz
11493376/11490434 [==========] - 0s 0us/step
Model: "sequential"
_________________________________________________________________
Layer (type)                 Output Shape              Param #
=================================================================
lstm (LSTM)                  (None, 28, 64)            23808
```

```
_________________________________________________________________
flatten (Flatten)            (None, 1792)              0
_________________________________________________________________
dense (Dense)                (None, 10)                17930
=================================================================
Total params: 41,738
Trainable params: 41,738
Non-trainable params: 0
_________________________________________________________________________________
Epoch 1/5
1875/1875 [=========] - 19s 10ms/step - loss: 0.2340 - accuracy: 0.9275
Epoch 2/5
1875/1875 [=========] - 19s 10ms/step - loss: 0.0788 - accuracy: 0.9753
Epoch 3/5
1875/1875 [=========] - 19s 10ms/step - loss: 0.0542 - accuracy: 0.9830
Epoch 4/5
1875/1875 [=========] - 19s 10ms/step - loss: 0.0425 - accuracy: 0.9866
Epoch 5/5
1875/1875 [=========] - 19s 10ms/step - loss: 0.0362 - accuracy: 0.9881

=============test results==========
313/313 [=========] - 1s 4ms/step - loss: 0.0363 - accuracy: 0.9878

 Accuracy: 0.9878
```

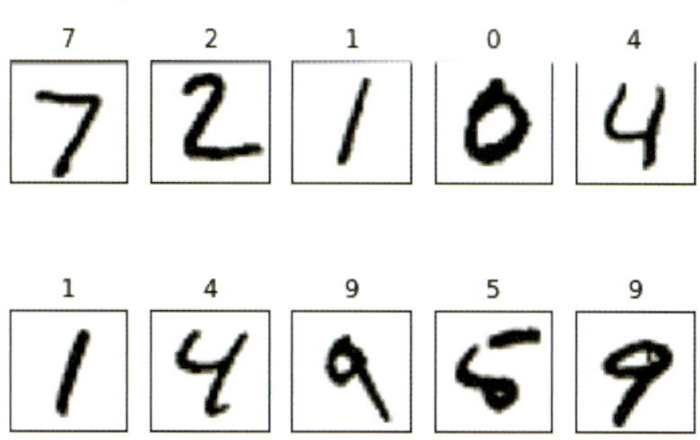


```
===================================
```

model.summary () 함수를 사용해서 네트워크의 각 계층의 출력 shape을 살펴보자. 첫 번째 LSTM 계층에서 출력되는 값은 배치크기를 제외하고 각 스텝마다 64차원의 벡터값이 출력되는 것을 확인할 수 있다. 우리는 LSTM에서 출력된 3D 텐서(배치크기, 타임스텝, 출력벡터차원)를 Flatten 함수를 사용하여 벡터로 변형시켜 Dense 계층에 입력하고, 최종적으로 10클래스에 대한 확률값을 얻게 된다. MNIST 테스트 데이터를 이용한 성능 평가에서도 정확도 98.78%로 RNN의 기본적인 모델보다 좀 더 개선된 성능을 확인할 수 있다.

이번에는 'return_sequences = True' 인 경우와 'return_sequences = False' 인 경우의 loss와 accuracy를 비교해 보자.

return_sequences = False

```
------------------------------------------------------------------
Epoch 1/5
1875/1875 [==============================] - 21s 11ms/step - loss: 0.4162 - accuracy: 0.8680
Epoch 2/5
1875/1875 [==============================] - 21s 11ms/step - loss: 0.1403 - accuracy: 0.9581
Epoch 3/5
1875/1875 [==============================] - 20s 11ms/step - loss: 0.0993 - accuracy: 0.9703
Epoch 4/5
1875/1875 [==============================] - 20s 11ms/step - loss: 0.0752 - accuracy: 0.9772
Epoch 5/5
1875/1875 [==============================] - 21s 11ms/step - loss: 0.0619 - accuracy: 0.9812

=============test results==========
313/313 [==============================] - 1s 5ms/step - loss: 0.0730 - accuracy: 0.9772
```

return_sequences = True

```
------------------------------------------------------------------
Epoch 1/5
1875/1875 [==============================] - 19s 10ms/step - loss: 0.2340 - accuracy: 0.9275
Epoch 2/5
1875/1875 [==============================] - 19s 10ms/step - loss: 0.0788 - accuracy: 0.9753
Epoch 3/5
1875/1875 [==============================] - 19s 10ms/step - loss: 0.0542 - accuracy: 0.9830
Epoch 4/5
1875/1875 [==============================] - 19s 10ms/step - loss: 0.0425 - accuracy: 0.9866
Epoch 5/5
1875/1875 [==============================] - 19s 10ms/step - loss: 0.0362 - accuracy: 0.9881

=============test results==========
313/313 [==============================] - 1s 4ms/step - loss: 0.0363 - accuracy: 0.9878
```

위 결과에서 보듯이 학습과정에서의 최종 accuracy는 큰 차이는 없지만 loss가 'return_sequences = True' 일 때 더 낮다는 것을 알 수 있다. 마찬가지로 테스트 결과에서도 'return_sequences = True'의 성능이 더 높게 나타났다.

LSTM도 심층 모델로 구성할 수 있으며, 심층 RNN과 동일하게 심층 LSTM도 여러 개의 LSTM 레이어를 쌓아서 구성할 수 있다. 각자 심층 LSTM을 구현해보고, 심층 LSTM과 싱글 LSTM의 성능을 비교해 보길 바란다.

7.3 GRU 이해

2014년 LSTM을 간소화한 GRU(Gated Recurrent Unit)가 소개되었다. GRU는 LSTM의 셀 상태를 제거하고 이 역할을 은닉 상태에서 수행하도록 하였다. GRU 셀은 업데이트 게이트(update gate)와 리셋 게이트(reset gate)로 구성된다. 업데이트 게이트(update gate)의 z_t는 LSTM 셀의 삭제 게이트와 입력 게이트의 역할을 모두 담당한다(수식 7. 9). z_t가 1이라면 이전 은닉 상태를 유지하게 되고, 현재 스텝의 입력값은 제외되게 되며, z_t가 0이라면 이전 은닉 상태는 삭제되고, 현재 스텝의 입력값이 저장되게 된다. 리셋 게이트 r_t는 이전 은닉 상태 h_{t-1}의 어느 부분을 리셋시켜 출력시킬지를 제어한다(수식 7.10). 다시 수식 (7.11)을 이용하여 가중치가 곱해진 입력값과 이전 은닉 상태와 리셋 게이트 r_t를 가중치에 곱한 값으로 g_t를 만든다. g_t는 후보(candidate)라는 것으로 현시점의 정보 후보군을 계산한다. 과거 은닉상태의 정보를 그대로 이용하지 않고 수식 (7.11)과 같이 리셋 게이트의 곱을 이용한다.

마지막으로 업데이트 게이트와 후보의 결과를 결합하여 수식 (7.12)와 같이 t시간의 은닉상태를 계산한다. 수식 (7.12)에서 앞쪽 항은 과거 시간의 정보양을 결정하고 뒤쪽 항은 현재 시간의 정보 양을 결정한다.

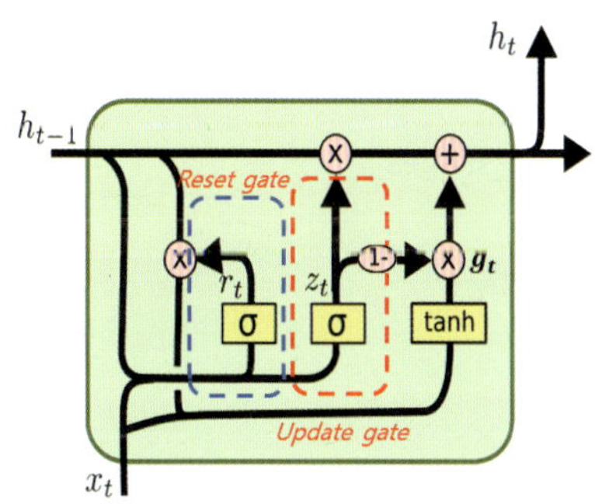

$$z_t = \sigma(W_{xz}^T \cdot x_t + W_{hz}^T \cdot h_{t-1} + b_z) \quad (7.9)$$

$$r_t = \sigma(W_{xr}^T \cdot x_t + W_{hr}^T \cdot h_{t-1} + b_r) \quad (7.10)$$

$$g_t = \tanh(W_{xg}^T \cdot x_t + W_{hg}^T \cdot (r_t \otimes h_{t-1}) + b_g) \quad (7.11)$$

$$h_t = z_t \otimes h_{t-1} + (1 - z_t) \otimes g_t \quad (7.12)$$

그림 7-11 GRU 셀의 구조

7.3.1 GRU 구현하기

텐서플로우에서 tensorflow.keras.layers.GRU 함수를 사용하여 GRU를 구현할 수 있다. GRU 함수도 RNN 및 LSTM과 유사하게 사용하면 된다. 이전 LSTM의 예제와 같이 GRU 함수의 units 매개변수를 64개로 설정하고, 매 시퀀스마다 셀에서 값을 출력하도록 모델을 구성하여 보자.

연습 7-4

```
import tensorflow as tf
import numpy as np
import matplotlib.pylab as plt
from tensorflow.keras.datasets.mnist import load_data
from tensorflow.keras.utils import to_categorical
from tensorflow.keras.models import Sequential
from tensorflow.keras.layers import GRU, Flatten, Dense
from tensorflow.keras.optimizers import Adam

# MNIST 데이터셋을 로드하여 준비
(train_images, train_labels), (test_images, test_labels) = load_data()

# shape of train_image & test_image : (nb_samples, image_height, image_width)
# Input data of RNN : (nb_samples, timesteps, input_dim)
# 픽셀값 0~1로 정규화
train_images, test_images = train_images / 255.0, test_images / 255.0
# 데이터 레이블 one hot 코드 변경
one_hot_train_labels = to_categorical(train_labels, 10)
one_hot_test_labels = to_categorical(test_labels, 10)

# 모델 구성
model = Sequential()
model.add(GRU(64, return_sequences=True, input_shape = (28, 28)))
model.add(Flatten())
model.add(Dense(10, activation='softmax'))

# 모델 학습을 위한 최적화 함수 및 손실 함수 등 설정
model.compile(optimizer=Adam(learning_rate=0.001),
              loss='categorical_crossentropy', metrics=['accuracy'])

# 모델 구조 출력
model.summary()
```

```
# 모델 학습 수행
history = model.fit(train_images, one_hot_train_labels, epochs=5,batch_size=32)

# 모델 평가
print("\n============test results=========")
labels=model.predict(test_images)
print("\n Accuracy: %.4f" % (model.evaluate(test_images,one_hot_test_labels)[1]))

# 결과 이미지로 출력
fig = plt.figure()
for i in range(10):
    subplot = fig.add_subplot(2, 5, i+1)
    subplot.set_xticks([])
    subplot.set_yticks([])
    subplot.set_title('%d' % np.argmax(labels[i]))
    subplot.imshow(test_images[i],
                   cmap=plt.cm.gray_r)
plt.show()

print("=================================")
```

```
Downloading data from
https://storage.googleapis.com/tensorflow/tf-keras-datasets/mnist.npz
11493376/11490434 [==========] - 0s 0us/step
Model: "sequential"
_________________________________________________________________
Layer (type)                 Output Shape              Param #
=================================================================
gru (GRU)                    (None, 28, 64)            18048
_________________________________________________________________
flatten (Flatten)            (None, 1792)              0
_________________________________________________________________
dense (Dense)                (None, 10)                17930
=================================================================
Total params: 35,978
Trainable params: 35,978
Non-trainable params: 0
```

```
_________________________________________________________________
Epoch 1/5
1875/1875 [=========] - 18s 10ms/step - loss: 0.2333 - accuracy: 0.9301
Epoch 2/5
1875/1875 [=========] - 18s 10ms/step - loss: 0.0775 - accuracy: 0.9759
Epoch 3/5
1875/1875 [=========] - 18s 9ms/step - loss: 0.0533 - accuracy: 0.9836
Epoch 4/5
1875/1875 [=========] - 17s 9ms/step - loss: 0.0435 - accuracy: 0.9865
Epoch 5/5
1875/1875 [=========] - 18s 9ms/step - loss: 0.0350 - accuracy: 0.9889

=============test results==========
313/313 [=========] - 1s 4ms/step - loss: 0.0490 - accuracy: 0.9842

 Accuracy: 0.9842
```

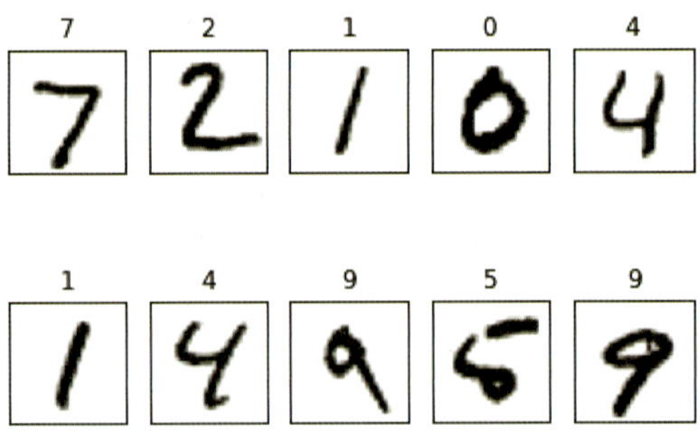


```
====================================
```

MNIST에 대한 GRU 모델의 정확도는 98.42%로 LSTM 모델에 비해 미세하게 낮은 것을 알 수 있다. GRU 모델도 여러 GRU 계층을 쌓아서 심층 GRU 모델을 구성할 수 있으므로 심층 GRU 모델도 한번 구현해보고 그 결과를 각자 확인해보도록 하자.

우리는 지금까지 시퀀스 데이터를 모델링하기 위해서 RNN, LSTM, GRU를 사용하는 방법을 공부하였다. 이 세 개의 모델 중에서 최적의 모델은 주어진 데이터에 따라서 결정된다고 볼 수 있으므로 우리는 항상 주어진 데이터에 대해서 다양한 모델 및 다양한 환경에서 여러 실험을 통해서 최적의 모델을 결정해야만 한다.

7.4 양방향 추론

하나의 문장이 다음과 같이 주어지고 빈칸이 존재할 때, 빈칸에 들어갈 단어를 유추해보자.

"그 가방의 ___은 2만원이었다."

우리는 위 문장을 읽고 빈칸에 들어갈 단어가 '가격'이라는 것을 쉽게 유추할 수 있다. 여기서 빈칸의 단어를 유추할 때, '그 가방의' 단어만을 고려하여 빈칸을 유추할 경우에 굉장히 많은 단어가 유추될 수 있지만, 빈칸 다음의 '2만원'이라는 단어를 함께 고려하게 된다면 빈칸에 들어갈 단어를 매우 한정적으로 좁히면서 최종적으로 '가격'이라는 단어를 도출할 수 있을 것이다. 이처럼 우리는 시간 측면에서 어떤 결과를 추론할 때, **이전의 데이터만을 고려하기 보다는 이후의 데이터도 함께 고려할 경우에 더 좋은 결과를 도출할 수 있는 상황이 존재**한다. 즉, 사용되는 데이터의 특성에 따라서 정방향 추론 못지않게 역방향 추론도 유의미한 결과를 낼 수 있다. 하지만, 지금까지 살펴보았던 시퀀스 데이터를 모델링하기 위한 RNN, LSTM, GRU에서는 오직 정방향 추론을 이용하여 결과를 도출하였다. 이번 장에서는 이전 시퀀스 모델링 방법들을 바탕으로 양방향(Bidirectional) 추론에 대해서 설명하도록 하겠다.

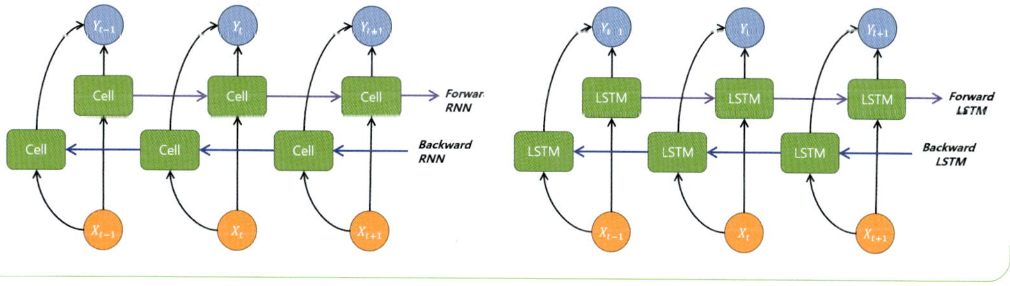

그림 7-12 양방향(Bidirectional) 추론기반의 시퀀스 데이터 모델링 방법(왼쪽: 양방향 RNN, 오른쪽: 양방향 LSTM)

양방향 추론기반의 시퀀스 데이터 모델링 방법들은 셀을 이용하여 그 구조를 그림 (7-12)와 같이 표현할 수 있다. 셀은 정방향(forward) 추론을 위한 셀과 역방향(backward) 추론을 위한 셀로 구분할 수 있다. 각 타임 스텝에서의 입력은 두 개의 셀로 입력되며, 출력은 두 셀의 값을 결합하여 최종적인 결과를 얻을 수 있는 구조를 가진다. 실제로 정방향 추론과 역방향 추론을 위한 네트워크를 따로 학습시킨 후에 두 학습 결과를 합치는 모델에 가깝다고 볼 수 있다.

7.4.1 양방향 추론 구현하기

텐서플로우에서 tensorflow.keras.layers.Bidirectional 함수를 사용하여 양방향 추론을 수행할 수 있다. 다음 코드는 RNN 기반의 양방향 추론을 수행하기 위한 코드이다.

```
import tensorflow as tf
from tensorflow.keras.models import Sequential
from tensorflow.keras.layers import LSTM, Dense, Flatten, Bidirectional

model = Sequential()
model.add(Bidirectional(SimpleRNN(units=64, return_sequences = True),
input_shape = (28, 28)))
model.add(tf.keras.layers.Flatten())
model.add(tf.keras.layers.Dense(10, activation='softmax'))
```

코드에서처럼 tensorflow.keras.layers.Bidirectional 함수의 첫 번째 매개변수로 SimpleRNN, LSTM, GRU 함수를 위치시키면 된다. 이전 예제를 참조하여 위 전체 코드를 SimpleRNN, LSTM, GRU를 이용하여 완성시키고 model.summary 함수를 이용하여 모델에서 출력되는 값의 shape을 살펴보도록 하자.

```
Model: "sequential"
_________________________________________________________________
Layer (type)                 Output Shape              Param #
=================================================================
bidirectional (Bidirection  (None, 28, 128)            11904
_________________________________________________________________
flatten (Flatten)            (None, 3584)              0
_________________________________________________________________
dense (Dense)                (None, 10)                35850
=================================================================
Total params: 47,754
Trainable params: 47,754
Non-trainable params: 0
```

우리는 SimpleRNN 함수에서 unit의 수를 64로 설정하였다. 기존의 SimpleRNN 함수에서는 unit의 수만큼 출력 값 shape이 결정되므로 배치 크기를 제외하고 (28, 64)이지만, 양방향 추론을 사용한 코드에서는 출력 값 shape이 (28, 128)로 28개의 타임 스텝에서 128차원의 출력 벡터를 가졌다. 그 이유는 양방향 추론을 위해서 Bidirectional 계층을 사용했으므로 전방향 추론을 위한 셀과 역방향 추론을 위한 셀 출력을 결합하여 총 128차원의 출력 벡터를 가지게 된 것이다. LSTM, GRU 함수를 모두 양방향 추론을 하도록 코드를 구성하여 MNSIT 데이터세트를 테스트해보자.

```
model.add(tf.keras.layers.Bidirectional(tf.keras.layers.LSTM(units=64, return_sequence
s = True),input_shape = (28, 28)))
model.add(tf.keras.layers.Bidirectional(tf.keras.layers.GRU(units=64, return_sequences
 = True),input_shape = (28, 28)))
```

저자는 세 개의 양방향 추론 모델링 방법을 MNIST 데이터세트에 대해서 정확도를 측정한 결과, SimpleRNN 97.51%, LSTM 98.58%, GRU 98.74%로 GRU가 가장 좋은 성능을 보였다.

양방향 추론 방법을 이용하여 아래 그림 (7-13)과 같이 심층 신경망 모델을 구성할 수도 있다. 코드에서도 기존의 심층 신경망을 구성했던 방법과 마찬가지로 Bidirectional 계층을 모델에 쌓아주는 방식으로 심층 양방향 시퀀스 모델을 구성하면 된다.

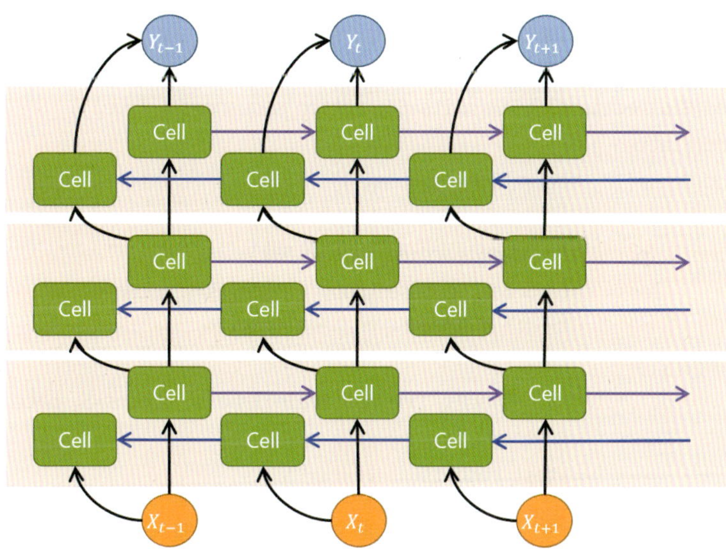

그림 7-13 양방향(Bidirectional) 추론기반의 심층 신경망 구성 방법

이번 코드에서는 Bidirectional-LSTM(Bi-LSTM)을 이용하여 양방향 추론을 수행할 것이다. 모델을 심층 신경망으로 구성하기 위해서 첫 번째 LSTM 계층과 중간 LSTM 계층은 반드시 각 셀의 출력값을 다음 계층의 입력값으로 사용해야 한다. 매 타임 스텝마다 출력을 가지도록 하기 위해서 'return_sequences = True'로 설정하였다. 심층 Bi-LSTM을 구성하여 시퀀스 MNIST 데이터에 대한 평가는 다음과 같이 정

확도 98.94%로 싱글 Bi-LSTM 모델보다 좋은 성능을 보여주었다.

연습 7-5

```
import tensorflow as tf
import numpy as np
import matplotlib.pylab as plt
from tensorflow.keras.datasets.mnist import load_data
from tensorflow.keras.utils import to_categorical
from tensorflow.keras.models import Sequential
from tensorflow.keras.layers import LSTM, Flatten, Dense, Bidirectional
from tensorflow.keras.optimizers import Adam

# 연습 7-2와 코드 동일

# 모델 구성
model = Sequential()
model.add(Bidirectional(LSTM(units=64, return_sequences = True),
                    input_shape = (28, 28)))
model.add(Bidirectional(LSTM(units=64, return_sequences = True)))
model.add(Bidirectional(LSTM(units=64, return_sequences = True)))
model.add(Flatten())
model.add(Dense(10, activation='softmax'))

model.compile(optimizer=Adam(learning_rate=0.001),
              loss='categorical_crossentropy', metrics=['accuracy'])

model.summary()
history = model.fit(train_images, one_hot_train_labels, epochs=5, batch_size=32)

print("\n============test results=========")
labels=model.predict(test_images)
print("\n Accuracy: %.4f" % (model.evaluate(test_images,
                                        one_hot_test_labels)[1]))
print("==================================")
```

```
Downloading data from
https://storage.googleapis.com/tensorflow/tf-keras-datasets/mnist.npz
11493376/11490434 [==========] - 0s 0us/step
Model: "sequential"
_________________________________________________________________
Layer (type)                 Output Shape              Param #
=================================================================
bidirectional (Bidirection   (None, 28, 128)           47616
_________________________________________________________________
bidirectional_2 (Bidirection (None, 28, 128)           98816
_________________________________________________________________
bidirectional_3 (Bidirection (None, 28, 128)           98816
_________________________________________________________________
flatten (Flatten)            (None, 3584)              0
_________________________________________________________________
dense (Dense)                (None, 10)                35850
=================================================================
Total params: 281,098
Trainable params: 281,098
Non-trainable params: 0
_________________________________________________________________
Epoch 1/5
1875/1875 [========] - 147s 78ms/step - loss: 0.2046 - accuracy: 0.9333
Epoch 2/5
1875/1875 [========] - 147s 78ms/step - loss: 0.0649 - accuracy: 0.9801
Epoch 3/5
1875/1875 [========] - 147s 78ms/step - loss: 0.0471 - accuracy: 0.9857
Epoch 4/5
1875/1875 [========] - 145s 77ms/step - loss: 0.0367 - accuracy: 0.9887
Epoch 5/5
1875/1875 [========] - 146s 78ms/step - loss: 0.0288 - accuracy: 0.9910

============test results=========
313/313 [========] - 7s 22ms/step - loss: 0.0379 - accuracy: 0.9894

 Accuracy: 0.9894
==================================
```

여기서 잠깐~!

RGB 컬러 이미지로 LSTM 학습시키기

지금까지 RNN이나 LSTM등을 학습시키는 방법은 모두 gray이미지를 대상으로 하였다. 그렇다면 RGB 3채널로 구성된 컬러 이미지일 경우는 어떻게 될까? 이 경우는 먼저 RGB 3채널을 1개의 채널로 변경해야 한다. 가장 쉬운 방법은 RGB 이미지를 모두 평균하여 1개의 gray이미지를 만드는 방법이 있지만, CNN을 통해 특징 맵을 추출하고 이것을 결합하여 RNN 등에 입력하면 더 좋은 성능을 얻을 수 있다.

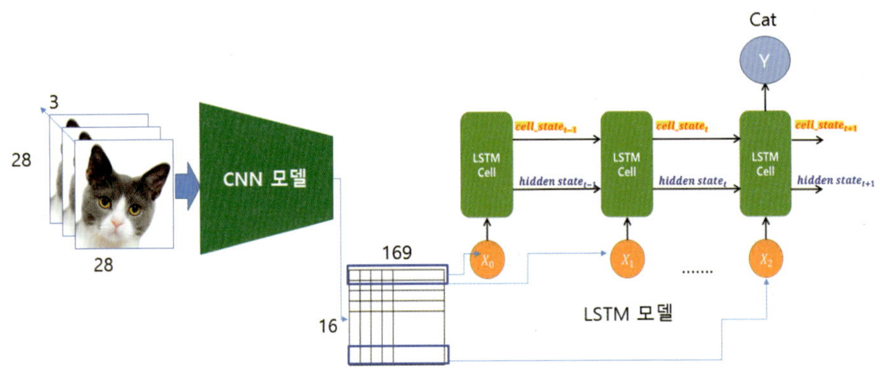

예를 들어 cifar10 데이터 셋을 이용한다고 한다면 먼저 간단한 CNN을 구성한다.

```
train_images = train_images.reshape((50000,32,32,3))
test_images = test_images.reshape((10000,32,32,3))
train_images, test_images = train_images / 255.0, test_images / 255.0
# 데이터 레이블 one hot 코드 변경
one_hot_train_labels = to_categorical(train_labels, 10)
one_hot_test_labels = to_categorical(test_labels, 10)

model = Sequential()
model.add(tf.keras.layers.Conv2D(32, (3, 3), activation='relu', strides=(1, 1), input_shape=(32,
32, 3)))
model.add(tf.keras.layers.MaxPooling2D((2, 2)))
model.add(tf.keras.layers.Conv2D(16, (3, 3), activation='relu'))
```

마지막 계층의 특징 맵을 2D 텐서로 변환시켜준다.

```
model.add(Reshape(target_shape = (16, 13*13)))
```

이제 RGB 3채널의 이미지는 16(height) x 169 (width) 크기의 2D 텐서로 변환 되었다.

다음으로 이 영상을 (batch_size, timesteps, input_dim) 형식으로 RNN, LSTM등에 입력하면 된다. 여기서는 LSTM의 예를 보도록 하자.

```
model.add(LSTM(30, input_shape = (16, 13*13), return_sequences = False))
model.add(Dense(10, activation='softmax'))
model.compile(optimizer=Adam(learning_rate=0.001),
          loss='categorical_crossentropy', metrics=['accuracy'])

model.summary()
history = model.fit(train_images, one_hot_train_labels, epochs=5, batch_size=32)
print("\n============test results==========")
labels=model.predict(test_images)
print("\n Accuracy: %.4f" % (model.evaluate(test_images,
                                    one_hot_test_labels)[1]))
print("==================================")
```

이제 프로그램이 완성되었으면 전체 코드를 동작시켜보자. 두 가지 모델을 동시에 사용하기 때문에 학습시간이 오래걸릴 것이다. 인내하며 기다려보자. 성능이 생각보다 좋지 못하다. 이제 모델구조를 변경시켜 성능을 높이는 것은 여러분의 몫이다.

```
Model: "sequential"
_________________________________________________________________
Layer (type)                 Output Shape              Param #
=================================================================
conv2d_4 (Conv2D)            (None, 30, 30, 32)        896
_________________________________________________________________
max_pooling2d_2 (MaxPooling2 (None, 15, 15, 32)        0
_________________________________________________________________
conv2d_5 (Conv2D)            (None, 13, 13, 16)        4624
_________________________________________________________________
reshape_2 (Reshape)          (None, 16, 169)           0
_________________________________________________________________
lstm_2 (LSTM)                (None, 30)                24000
_________________________________________________________________
dense_2 (Dense)              (None, 10)                310
=================================================================
Total params: 29,830
Trainable params: 29,830
Non-trainable params: 0
```

```
Epoch 1/5
1563/1563 [==============================] - 57s 35ms/step - loss: 1.7302 - accuracy: 0.3544
Epoch 2/5
1563/1563 [==============================] - 55s 35ms/step - loss: 1.4263 - accuracy: 0.4791
Epoch 3/5
1563/1563 [==============================] - 56s 36ms/step - loss: 1.3130 - accuracy: 0.5260
Epoch 4/5
1563/1563 [==============================] - 55s 35ms/step - loss: 1.2386 - accuracy: 0.5526
Epoch 5/5
1563/1563 [==============================] - 55s 35ms/step - loss: 1.1807 - accuracy: 0.5791

=============test results==========
313/313 [==============================] - 4s 10ms/step - loss: 1.1831 - accuracy: 0.5810

Accuracy: 0.5810
===================================
```

7.5 RNN 응용

우리는 지금까지 RNN 계열의 여러 알고리즘을 살펴보았다. 이번 장에서는 실제 응용문제에서 RNN 계열의 알고리즘이 어떻게 활용될 수 있는지 살펴보기로 한다.

우리는 이전 예제에서 RNN이나 LSTM에 정지영상을 적용하여 인식하는 문제를 살펴보았다. 하지만 실제 RNN 계열의 알고리즘은 정지영상보다는 동영상에서 행동인식, 포즈인식, 표정인식, 객체추적, 화재감시 등 다수의 프레임을 분석하는 방법론에서 많이 적용되고 있다. 이 장에서는 여러 예제 중에서 산불 연기감지에 대한 예제를 살펴보도록 할 것이다. 다른 인식문제에도 본 교재의 예시와 유사한 방법으로 구조를 설계하여 적용하면 된다.

7.5.1 산불 조기감지의 필요성

산불은 초기에 진화를 하지 못하게 되면 대규모의 인적, 경제적 피해를 가져오는 자연재해 중의 하나이다. 국토의 70% 이상이 산지로 이루어진 우리나라의 경우 산불의 피해로 많은 인명피해와 경제적 손실이 발생하는데, 초기에 산불을 발견하지 못하여 대형 화재로 번지는 경우가 속출하고 있다. 대부분의 화재에서 불꽃이 보이기 전에 연기가 먼저 발생하게 되지만, 특히 산불의 경우는 관측거리의 특성상 초기단계에서는 연기의 발생만 식별되므로 조기 산불감지를 위해 연기를 감지하는 센서의 개발이 필수적이다.

현재 대부분의 화재 감지 시스템은 광학(optical)센서와 이온(ion)센서를 통해 연기를 감지한다. 하지만 이러한 방법은 건물의 실내와 같이 공간이 폐쇄적이어야 하며 공간의 특정부분에 장착된 센서에 연기가 확산될 때까지 감지가 불가능하고, 야외와 같이 열린 공간의 경우는 바람이나 날씨 등에 의해 연기의 농도가 약해지게 되어, 감지 자체가 불가능해질 수도 있다는 단점이 있다. 또한 산불 감지와 같이 넓은 영역에서의 화재 감지에서도 연기가 특정 위치에서 가동 중인 센서에 도달하기 어렵기 때문에 감지가 늦어지거나 오보를 발생하게 되는 문제점이 있다. 따라서, 이러한 단점들을 보완하고 더 신뢰성 있는 산불 감지를 위해서는 현재 대부분의 산에 설치된 일반 감시용 CCD 카메라에서 입력되는 영상을 분석하여 연기와 불꽃 모두를 감지하는 방법들이 연구함으로써 산불 감지의 성능을 향상시키고 추가 장비 설치를 위한 비용을 절감할 수 있다. 또한 카메라를 이용한 산불 감지 시스템의 경우 오보가 발생하더라도 사람이 직접 모니터를 통해 현장에 출동하지 않고도 화재 여부를 최종 판단할 수 있음으로 효율적일 뿐 아니라 감시를 위한 시간 및 비용을 절감할 수 있다.

7.5.2 산불후보 영역 감지

산불 연기의 후보 영역을 감지하고 연속된 위치에서 RNN이나 LSTM 등의 방법으로 검증하는 과정을 거친다. 입력된 동영상에서 산불후보 영역을 감지하기 위해 프레임마다 아래와 같은 여러 방법들을 적용하여 산불후보를 감지한다. 화재후보 영역을 검출하기 위해 다양한 객체 검출 알고리즘이 발표되었지만 본 교재에서는 빠르면서도 비교적 정확한 객체 검출 성능을 보여주는 YOLOv3 알고리즘을 소개한다.

YOLOv3는[2] 1개의 네트워크로 이루어진 one-stage 검출기(detector)로 한 개의 stage에서 분류(classification)와 검출(detection)이 이루어져 2-stage보다 조금 떨어진 성능을 가지고 있으나, 빠른 속도로 준수한 성능을 보여준다. 이 방법은 기반(backbone) 네트워크로 darknet53을 사용한다.

2) https://pjreddie.com/media/files/papers/YOLOv3.pdf

	Type	Filters	Size	Output
	Convolutional	32	3 × 3	256 × 256
	Convolutional	64	3 × 3 / 2	128 × 128
	Convolutional	32	1 × 1	
1×	Convolutional	64	3 × 3	
	Residual			128 × 128
	Convolutional	128	3 × 3 / 2	64 × 64
	Convolutional	64	1 × 1	
2×	Convolutional	128	3 × 3	
	Residual			64 × 64
	Convolutional	256	3 × 3 / 2	32 × 32
	Convolutional	128	1 × 1	
8×	Convolutional	256	3 × 3	
	Residual			32 × 32
	Convolutional	512	3 × 3 / 2	16 × 16
	Convolutional	256	1 × 1	
8×	Convolutional	512	3 × 3	
	Residual			16 × 16
	Convolutional	1024	3 × 3 / 2	8 × 8
	Convolutional	512	1 × 1	
4×	Convolutional	1024	3 × 3	
	Residual			8 × 8
	Avgpool		Global	
	Connected		1000	
	Softmax			

그림 7-14 YOLOv3의 기반 네트워크인 darknet53의 구조

아래 그림은 여러 객체 검출 알고리즘 중에서 YOLOv3를 이용하여 연기 후보영역을 검출한 결과이다.

(a) TP (b) FP

그림 7-15 YOLOv3를 이용한 연기 후보영역 검출, 정확하게 검출된 산불연기(a)와 오검출된 구름 및 굴뚝 연기의 예(b)

하지만 그림 (7-15)에서 보는 것과 같이 산불에 의해 발생된 연기와 비산불연기(구름, 굴뚝 연기)를 산불연기로 잘못 인식하여 발생한다. 이를 통해 대부분의 검출기들은 정적인 영상(still image)만으로는 산

불연기를 완벽하게 구분하지 못한다는 것을 알 수 있다. 따라서 이를 구분하기 위해선 시간에 따른 연기의 움직임을 고려하여 산불연기를 판단할 수 있는 후처리 검증 알고리즘이 필요하다.

7.5.3 산불후보 영역 검증

검증 알고리즘은 그림 (7-16)과 같이, 기본적으로 연기후보를 50프레임씩 연결하여 smoke-tube를 만들고 각 smoke-tube에 있는 프레임별로 ResNet-50[3])을 이용하여 정적 특징을 추출한다. 이렇게 추출된 특징을 각 RNN 모듈(LSTM, Bidiriectional LSTM, GRU)관련 방법들에 적용하여 출력된 확률값을 결합하여 최종 확률값에 따라 산불 연기인지 아닌지를 검증하는 구조를 가진다. 특징 추출을 위해 사용된 ResNet-50은 50개 계층으로 구성된 컨벌루션 신경망이다.

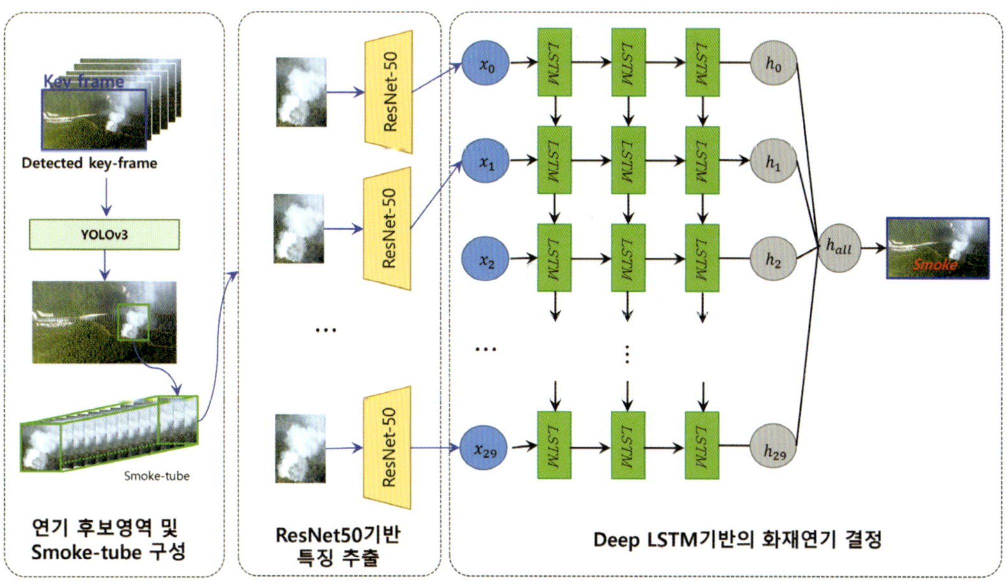

그림 7-16 산불 연기 검증을 위한 YOLOv3 + ResNet50 + deep LSTMs 네트워크 구성 예시

그림 (7-16) 구조에서 검증 네트워크를 deep LSTMs에서 deep Bidirectional LSTMs로 바꿀 수 있다. 같은 방법으로 여러 가지 조합 RNN 네트워크들의 성능을 검증해 볼 수 있다.

3) Kaiming He, Xiangyu Zhang, Shaoqing Ren, Jian Sun, Deep Residual Learning for Image Recognition, arXiv:1512.03385, 2015

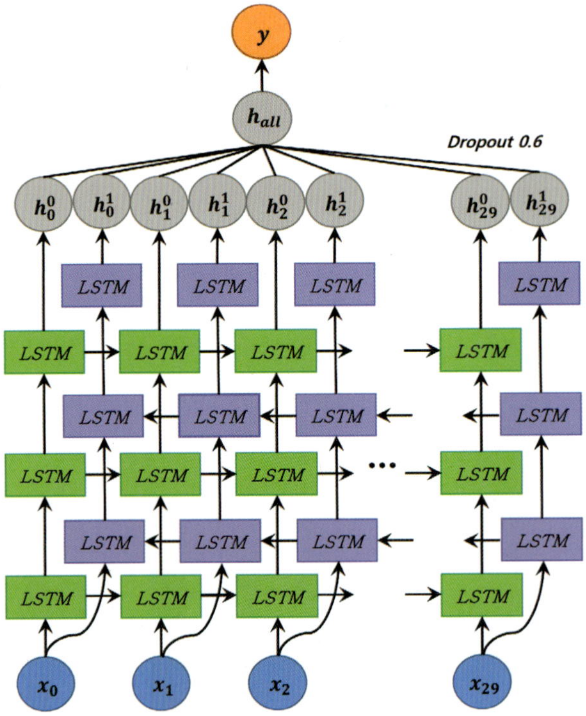

그림 7-17 산불 연기 검증을 위한 Deep Bidirectional LSTMs 구성도

산불 연기 검증을 위한 다양한 알고리즘 비교 실험을 위해서 다음 6가지에 대한 검증 네트워크를 구성하고, 이들에 대한 성능을 평가하였다.

① one LSTM: LSTM 1 Layer 구성

② deep LSTMs: LSTM 3 Layer 구성

③ one Bi-LSTM: Bidirectional-LSTM 1 Layer 구성

④ deep Bi-LSTMs: Bidirectional-LSTM 3 Layer 구성

⑤ one GRU: Gated Recurrent Unit 1 Layer 구성

⑥ deep GRUs Gated Recurrent Unit 3 Layer 구성

산불연기 데이터 및 비산불연기 데이터에 대한 성능 분석을 위해서 산불연기 데이터에 대해서는 TruePositiveRate(TPR), 비산불 연기 데이터에 대해서는 TrueNegativeRate(TNR)를 측정하여 결과 분석을 수행하였다. 여기서 TP, FP, FN, TN은 각 True Positive, False Positive, False Negative, True Negative를 나타낸다.

$$TPR = \frac{TP}{TP+FN},\ TNR = \frac{TN}{TN+FP}$$

또한, 성능 측정을 위해서 분류 성능 평가지표로 많이 사용되는 Precision, Recall, Accuracy를 이용하였으며, 그 수식은 다음과 같다.

$$Precision = \frac{TP}{TP+FP},\ Recall = \frac{TP}{TP+FN},\ F1-score = 2\times\frac{Precision\times Recall}{Precision+Recall}$$

표 7-1 6가지 RNN계열 모델에 대한 비교 실험 결과

Method YOLOv3+ResNet50 + (①~⑥)	Precision (%)	Recall (%)	F1-score (%)	TPR (%)	TNR (%)	Proc. Time (s/frame)
① one LSTM	88.85	84.08	86.40	84.08	85.20	0.143
② deep LSTMs	**86.41**	**89.51**	**87.93**	**89.51**	**80.26**	**0.165**
③ one Bi-LSTM	86.92	88.78	87.84	88.78	81.26	0.143
④ deep Bi-LSTM	89.85	84.32	87.00	84.32	86.65	0.155
⑤ one GRU	87.15	88.20	87.67	88.20	81.77	0.143
⑥ deep GRUs	87.46	86.90	87.18	86.90	82.52	0.153

* TPR: True Positive Rate, TNR: True Negative Rate

표 (7-1)에서 가장 성능이 좋은 모델은 'YOLOv3 + ResNet50 + deep LSTMs' 모델로 F1-score 87.93%였다. 또한 oneLSTM, deepBi-LSTMs을 사용한 연기 검증 알고리즘은 비화재 데이터에 대한 성능이 화재 데이터에서의 성능보다 우세했으며, deepLSTMs, oneBi-LSTM, oneGRU, deepGRUs 기반의 연기 검증 알고리즘은 산불연기 데이터에 대한 성능이 비산불 연기 데이터에 대한 성능보다 더 높았다. 처리시간(Processing Time)은 실험 데이터베이스 전체 시퀀스에 대한 평균 처리시간으로 동일한 Titan 계열 GPU를 사용했을 때, LSTM, Bi-LSTM, GRU 모두 약 0.1초대의 비슷한 처리시간을 가졌다.

알고리즘의 자세한 설명은 "Mira Jeong, MinJi Park, Jaeyeal Nam, Byoung Chul Ko, Light-Weight Student LSTM For Real-Time Wildfire Smoke Detection, Sensors, 20 (18), pp.1-17, Sept. 2020"를 참조하기 바란다.

CHAPTER 7 정리

1 시간적 순서를 가지는 데이터를 시퀀스(sequence) 데이터 또는 시계열(time series) 데이터라고 한다.

2 RNN(Recurrent Neural Network)은 현재 입력된 정보와 이전 정보를 함께 고려하여 현재의 결과를 예측하며, 현재의 정보는 다시 다음 입력에 대한 결과를 예측할 때 사용된다.

3 RNN의 은닉층에서는 하나 이상의 순환적 구조를 가지는 계층으로 구성되며, 이 은닉층을 RNN에서는 메모리 셀(memory cell) 또는 셀(cell)이라고 부른다.

4 텐서플로우의 케라스에서 제공하는 RNN함수는 tensorflow.keras.layers.SimpleRNN으로 현재 시간에서의 입력 X_t를 입력하게 되면 이전 은닉 상태 h_{t-1}을 함께 고려하여 셀에서는 은닉 상태 h_t가 출력된다. 따라서, 최종적으로 네트워크에서 클래스에 따른 확률값을 획득하고 싶다면, RNN 뒤에 Fully Connected Layer 등을 추가시켜줘야 한다.

5 tensorflow.keras.layers.SimpleRNN 함수의 units 매개변수는 셀에 존재하고 있는 은닉 노드의 수를 나타낸다. 신경망에서 출력값의 차원은 계층(Layer)을 구성하고 있는 노드 수와 동일하므로 셀에 존재하고 있는 노드 수에 따라서 출력되는 은닉 상태 h_t의 차원이 결정된다.

6 tensorflow.keras.layers.SimpleRNN 함수에서 매 타임 스텝마다 은닉 상태를 출력시키고 싶다면 return_sequences 매개변수를 'True'로 설정하면 된다.

7 고려해야하는 시퀀스 길이가 길어질수록 이전의 정보가 뒤쪽으로 충분히 전달되지 못하는 현상이 RNN 모델에서 발생되며, 이 문제를 장기 의존성 문제(The problem of Long-term dependencies)라고 부른다.

8 장기 의존성 문제를 개선하기 위해서 장단기 메모리(Long Short-Term Memory, LSTM) 모델링 방법이 소개되었으며, 이 방법은 RNN과 비교하여 단기 기억은 물론 장기 기억을 고려할 수 있어 시퀀스 길이가 긴 과거 데이터를 고려하여 미래의 데이터를 예측할 수 있다.

9 LSTM은 RNN의 은닉 상태(hidden state)에 셀 상태(cell state)가 추가된 구조를 가지며, 여기서 셀 상태가 장기 기억을 담당하게 된다.

10 텐서플로우 케라스에서 제공하는 LSTM 함수는 tensorflow.keras.layers.LSTM이다.

11 GRU(Gated Recurrent Unit)는 LSTM의 간소화 버전으로 LSTM의 셀 상태를 제거하고 이 역할을 은닉 상태에서 수행하도록 구성하였다.

12 텐서플로우 케라스에서 제공하는 GRU 함수는 tensorflow.keras.layers.GRU이다.

13 양방향 추론은 이전의 상태만을 고려하기 보다는 이후의 상태도 함께 고려하여 도 좋은 결과를 도출하는 방법으로 시퀀스 데이터 모델링 방법들의 셀에 대하여 정방형 추론 및 역방향 추론을 결합한 구조를 가진다.

14 RNN, LSTM, GRU를 여러 개 구성하여 심층신경망인 Deep RNN, Deep LSTM, Deep GRU를 생성하여 시퀀스 모델링에 사용할 수도 있다.

연습문제

01 연습 (7-1)에서 Unit 수를 24, 32, 64, 128개 사용하였을 때 성능을 비교하여 보자.

02 아래 그림과 타임 스탬프가 3, 은닉 계층이 3, return_sequences가 True인 심층 RNN을 구성해서 MNIST 데이터에 대해 학습과 테스트를 해보자. 출력층은 32개의 노드와 10개의 노드를 갖는 2개의 층으로 구성하자. 각 계층의 unit 개수는 64, 64, 32로 한다.

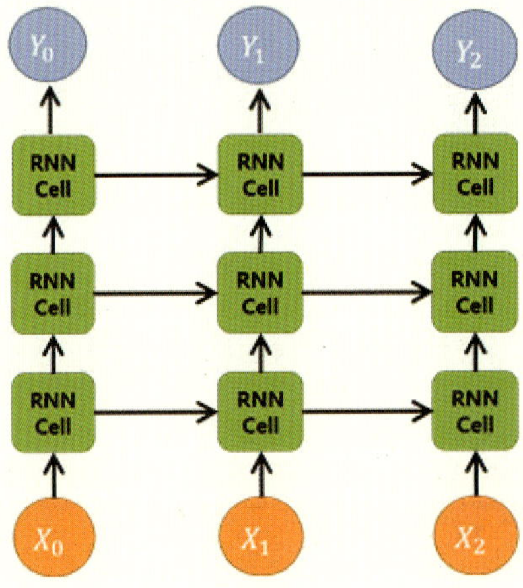

03 연습 (7-5)를 3개의 LSTM으로 구성된 Deep LSTM을 사용하여 네트워크를 만들어 학습 및 테스트를 진행하여 보고, 그 성능을 기존 LSTM 모델과 비교해보자. 또한, tensorflow.keras.layers.LSTM 함수는 드롭아웃 매개변수 'dropout'을 제공하고 있다. Deep LSTM에 드롭아웃을 적용하여 성능 개선이 있는지도 살펴보자.

04 2번 문제에서 양방향 LSTM 네트워크로 구성하여 재학습 및 테스트를 진행하고, 그 성능을 비교하여 보자.

05 연습 (7-4)의 GRU를 3개의 계층으로 늘이고 return_sequence = True로 설정하여 프로그램을 작성해 보자. MNIST 데이터세트를 이용하여 학습을 하고 테스트 정확률이 이전 방법에 비해 얼마나 변화하였는지 분석하여 보자.

06 6장 연습문제에서 사용하였던 Fashion_MNIST 데이터세트를 시퀀스 데이터로 변경하여 클래스로 분류할 수 있도록 모델을 생성하고 학습 및 테스트를 진행해보자. 우리가 배운 세가지 모델인 RNN, LSTM, GRU을 각각 적용해 보고 어느 모델이 가장 성능이 좋은지 비교해 보자.

- 클래스 종류 10개 : 'T-shirt/top', 'Trouser', 'Pullover', 'Dress', 'Coat', 'Sandal', 'Shirt', 'Sneaker', 'Bag', 'Ankle boot'

07 Fashion_MNIST 데이터세트를 이용하여 Bidirectional LSTM, Bidirectional GRU를 구현해 보고 Bidirectional RNN과의 성능을 비교해 보자. 또한 은닉계층을 3개로 늘렸을 경우의 성능도 측정해보자.

08 '여기서 잠깐~!: RGB 컬러 이미지로 LSTM 학습시키기'에서 CNN과 LSTM의 구조를 변화시켜 가면서 성능을 향상시켜 보자. 동시에 RNN, GRU, Bidirectional 방법을 이용하여 성능의 차이를 비교분석해 보자.

참고문헌

[1] 텐서플로우 공식 홈페이지 https://www.tensorflow.org/

[2] 텐서플로우 튜토리얼 https://www.tensorflow.org/tutorials/images/cnn?hl=ko

[3] Kaiming He, Xiangyu Zhang, Shaoqing Ren, Jian Sun, Deep Residual Learning for Image Recognition, arXiv:1512.03385, 2015

[4] Mira Jeong, MinJi Park, Jaeyeal Nam, Byoung Chul Ko, "Light-Weight Student LSTM For Real-Time Wildfire Smoke Detection," Sensors, 20(18), pp. 1-17, Sept. 2020

8

대립생성 네트워크 (Generative Adversarial Network)

CHAPTER 8

대립생성 네트워크 (Generative Adversarial Network)

8.1 GAN 이해

GAN은 이안 굿펠로우(Ian Goodfellow)가 2014년 NeurIPS[1]에서 발표한 논문에서 제안된 딥러닝 네트워크로 'Generative Adversarial Network'의 약자이다. GAN은 서로 대립하며 생성하는 네트워크로 이름만 보더라도 그 의미를 파악할 수 있다. GAN은 생성자(Generator)와 판별자(Discriminator)라는 두 신경망이 서로 경쟁하면서 더 개선된 결과물을 생성하도록 학습하게 된다. 그림 (8-1)은 유명인의 사진으로 GAN을 학습시켜 학습된 생성자에 의해 만들어진 허구의 인물 영상들이다.

그림 8-1 GAN을 이용해 유명인 사진을 바탕으로 생성된 가짜 인물 이미지[2]

1) https://nips.cc/

2) Tero Karras, Timo Aila, Samuli Laine, Jaakko Lehtinen, "Progressive Growing of GANs for Improved Quality, Stability, and Variation," In ICLR, 2018

이안 굿펠로우의 논문에서도 언급되었듯이 생성자와 구분자 신경망은 경찰과 위조 지폐범에 빗대어 설명할 수 있다. 그림 (8-2)와 같이 위조 지폐범은 가짜 돈을 만들되 경찰을 속일 수 있는 진짜같은 가짜 돈을 만드는 것을 목적으로 하며, 경찰은 위조 지폐범이 만들어낸 진짜 같은 돈을 판별하기 위해 노력한다. 위조 지폐범은 경찰을 속일 수 있도록 노력을 할 것이고, 경찰은 위조 지폐범에 의해서 정교하게 만들어진 돈을 판별하기 위해서 노력할 것이다. 이 과정을 반복하면서 각자의 목표를 위해서 노력하다 보면 위조 지폐범은 경찰을 속이기 위해서 정말 진짜 같은 가짜 돈을 생성할 수 있는 능력을 갖추게 된다. 이것이 바로 GAN 네트워크에서 두 신경망을 학습시키는 원리이다.

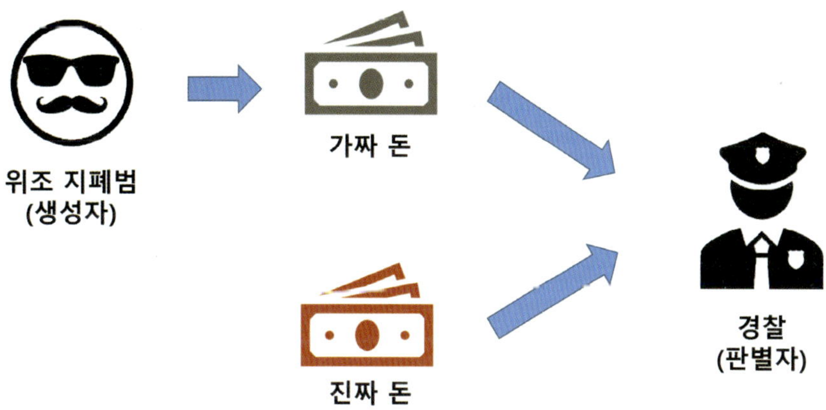

그림 8-2 GAN이 생성자 및 판별자 역할 예시

다시 정리하면, 생성자(Generator)는 판별자(Discriminator)를 속일 수 있는 실제 데이터와 비슷한 데이터를 생성할 수 있는 능력을 가질 수 있는 방향으로 신경망을 개선해 나갈 것이며, 판별자는 생성자가 만든 이미지를 최대한 가짜라고 구분하는 능력을 가질 수 있도록 학습되어질 것이다. 이것이 GAN의 핵심 아이디어인 적대적 학습(Adversarial Training)이다. 결과적으로 생성자 신경망과 판별자 신경망이 경쟁을 통해 생성자는 실제 이미지와 상당히 비슷한 이미지를 생성할 수 있게 된다.

좀 더 자세히 학습을 위한 손실 함수를 정의하면 그림 (8-3)과 같이 정의할 수 있다. 그림 (8-3)의 수식에서 G는 생성자를 D는 판별자를 나타낸다. 랜덤 노이즈 벡터 z를 생성자에 입력하여 생성된 이미지 $G(z)$를 얻을 수 있으며, 이를 판별자에 다시 입력한 $D(G(z))$의 결과에 따라서 진짜(1) 또는 가짜(0)를 판단하게 된다. 또한, 진짜 이미지 x를 판별자에 입력하여 $D(x)$의 결과에 따라 진위여부를 결정한다. 판별자를 학습할 때는 수식에서 두 항을 모두 고려하고, 생성자를 학습할 때는 우측항만을 고려한다.

먼저 판별기와 관련된 항부터 살펴보면, 첫 번째 항은 진짜 이미지에 대하여 판별자가 1(진짜)에 가까운 값을 출력할수록 좋은 판별자가 된다. 이 값에 로그를 취하면 0에서 1에 가까워 질수록 값이 커지므로, 첫 번째 항은 판별자에 대해서는 큰 값을 가질수록 좋다. 두 번째 항은 생성자에 의해 생성된 이미지 $G(z)$를 판별자에 입력했을 경우 0(가짜)에 가까운 값을 출력할수록 좋은 판별자가 된다. 즉, $D(G(z))$가 0에 가까운 값을 출력할수록 $\log(1-D(G(z)))$는 로그 1에 가까운 값이 되므로 판별기 입장에서는 두 번째 항도 큰 값을 출력할수록 좋다. 따라서 판별자 입장에서는 두 항을 모두 고려했을 때 손실 함수의 결과가 크면 클수록 잘 학습되었다고 판단할 수 있다.

다음은 생성자 입장에서 생각해보자. 생성자는 생성된 이미지에 대해서 판별자가 1(진짜)이라고 판단하기를 원하므로 두 번째 항만을 고려한다. 즉, 생성자 입장에서는 $D(G(z))$가 1에 가까운 값을 출력할수록 $\log(1-D(G(z)))$는 로그 0에 가까운 값이 되므로 최종적으로 작은 값을 가질수록 잘 학습되었다고 이야기할 수 있다.

최종적으로 정리하면, 판별자 입장에서는 이 수식에 대한 최대값을 가지는 판별자를 선택하는 것이 최적의 판별자가 되며, 반대로 생성자 입장에서는 수식의 결과가 최소값을 가지는 생성자를 선택하는 것이 최적의 생성자를 선택하는 방법이다.

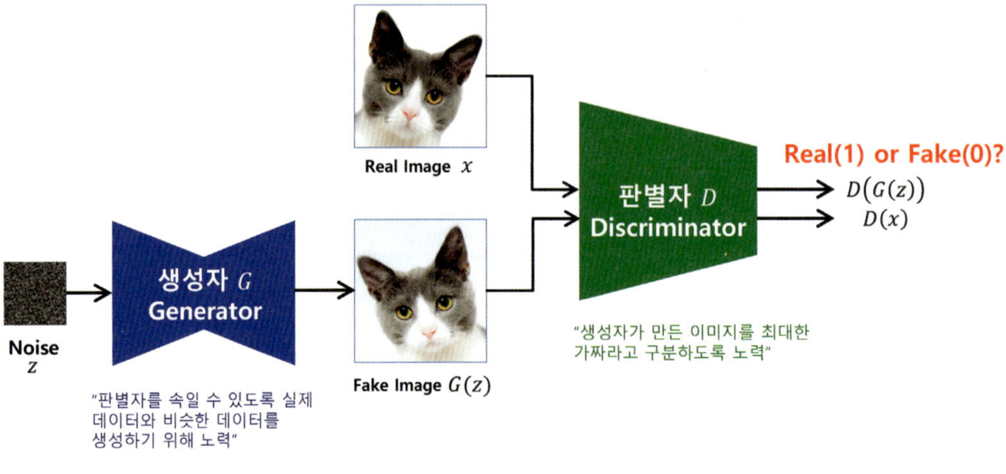

$$\min_G \max_D V(D,G) = \mathbb{E}_{x\sim p_{data}(x)}[\log D(x)] + \mathbb{E}_{z\sim p_x(z)}[\log(1-D(G(z)))]$$

그림 8-3 GAN의 구조 및 학습

8.1.1 GAN 구현하기

이번 장에서는 GAN을 이용하여 MNIST 데이터세트의 필기체 숫자 이미지를 생성해보도록 하자. GAN을 구현하기 위해서는 생성자와 판별자 신경망에 대한 모델을 정의한 후에 두 신경망 모델을 이용하여 학습을 수행하게 된다.

먼저 필요한 텐서플로우 케라스 라이브러리들을 불러오자. 아래 추가된 모듈을 살펴보면 새로운 Input과 Model 함수가 추가되었다. 이 함수들은 텐서플로우 케라스에서 모델을 정의하는 방법중의 하나인 Functional API와 관련된 함수들이며, 자세한 설명은 이후 페이지에서 확인할 수 있다.

```
from tensorflow.keras.datasets import mnist
from tensorflow.keras.layers import Input, Dense, Dropout
from tensorflow.keras.models import Sequential, Model
from tensorflow.keras.optimizers import Adam
import tensorflow as tf
import numpy as np
import matplotlib.pyplot as plt
```

다음으로는 생성자 모델을 정의하여 보도록 하자. 생성자는 랜덤 노이즈 벡터를 입력받아 이미지를 생성하는 신경망이다. 이때 랜덤 노이즈 벡터는 단순히 균등분포(uniform distribution)나 정규분포(normal distribution)에서 무작위로 추출된 값이다. 생성자 신경망은 이 노이스 벡터를 복잡한 이미지로 매핑(mapping)하는 함수라고 볼 수 있다.

우리는 예제에서 128차원의 노이즈 벡터를 입력으로 받아 28×28 크기의 숫자 손글씨 이미지를 생성하기 위해서 784차원의 벡터를 출력하는 신경망을 정의할것이다. 생성자 모델은 입력 레이어 1개, 은닉 레이어 2개와 1개의 출력 레이어로 구성된다. 입력 레이어의 노드는 랜덤 노이즈 벡터 크기인 128개를 사용하며, 첫 번째 은닉 레이어의 노드 수는 256개, 두 번째 은닉 레이어의 노드 수는 512개, 출력 레이어의 노드 수는 이미지 크기인 784(=28×28)개를 가진다. 입력층과 두 개의 은닉층에서는 ReLU 활성화 함수를 사용하며, 출력층에서는 tanh 활성화 함수를 사용한다. 이미지를 출력하는 출력층만 tanh 활성화 함수를 사용하는 이유는 이미지 픽셀값을 tanh 함수가 가지는 출력값의 범위를 -1~1 사이로 하기 위해서이다. MNIST 훈련 이미지의 픽셀값도 -1~1 사이로 통일시켜, 진짜 이미지와 생성자에 의해 만들어진 가짜 이미지 간의 픽셀값을 판별자로 입력할 것이다.

```
n_output = 784      # 28×28 이미지 크기
n_noise = 128       # 랜덤 노이즈 벡터 크기

# 생성자 모델 정의
# 128차원의 랜덤 노이즈 벡터를 입력받아서 784차원의 벡터(28×28)이미지를 출력
generator = Sequential()
generator.add(Dense(units=256, input_dim=n_noise, activation='relu'))
generator.add(Dense(units=512, activation='relu'))
generator.add(Dense(units=n_output, activation='tanh'))
```

다음은 판별자 모델을 정의하여 보자. 판별자 모델은 입력층, 은닉층, 출력층 각 하나씩으로 간단하게 구성하였다. 입력층의 노드 수는 판별자 모델의 입력 이미지 크기인 784차원이며 은닉층의 노드 수는 256개이다. 판별자 모델의 과적합을 최소화시키고 정확도를 향상시키기 위해서 은닉층과 출력층 사이에 드롭아웃을 0.3으로 적용하였다. 또한, 판별자 모델은 입력된 이미지에 대해서 가짜(0)인지 진짜(1)인지를 판단하는 역할을 수행하므로, 이 모델의 출력층은 노드 1개로 구성되며 0~1 사이의 확률값을 출력한다. 은닉층에서 사용되는 활성화 함수는 ReLU를 사용하며, 최종적으로 0~1사이의 확률값을 추출하기 위해서 출력층에서는 시그모이드 활성화 함수를 사용하였다.

```
# 판별자 모델 정의
# 이미지(28×28=784)를 입력받아, 진짜인지 가짜인지 판단
discriminator = Sequential()
discriminator.add(Dense(256, input_dim=n_output, activation='relu'))
discriminator.add(Dropout(0.3))
discriminator.add(Dense(1, activation='sigmoid'))
```

다음은 생성자와 판별자 모델이 합쳐진 GAN 모델을 구성하기 전에 텐서플로우 케라스의 모델을 디자인하는 방법에 대해서 알아야 한다. 텐서플로우 케라스의 모델을 디자인하는 방법은 Sequential API와 Functional API를 기반으로하는 두 가지 방법이 존재한다. 지금까지 우리는 텐서플로우 케라스에서 모델을 구성할 때 Sequential API를 사용하였다. 이 방법은 레이어를 쌓아 구성하는 방법으로 직관적이고 사용하기 쉽다는 특징을 가진다. 하지만 이 방법은 레이어를 공유하는 구조나 다중 입력 및 출력을 가지는 네트워크에 사용하지 못하며 복잡한 네트워크를 구성할 때도 한계가 존재한다(그림 8-4). 이에 반해 Functional API는 Sequential API보다 더 유연하게 모델을 구성할 수 있다. Sequential API가 가지지 못했던 공유 레이어 및 다중 입출력을 사용하여 모델을 처리할 수 있다. 이 방법은 일종의 함수(function)로 각 레이어를 정의하며, 각 함수를 조합하기 위한 연산자들을 제공하는데, 이를 이용하여 모델을 구성한다.

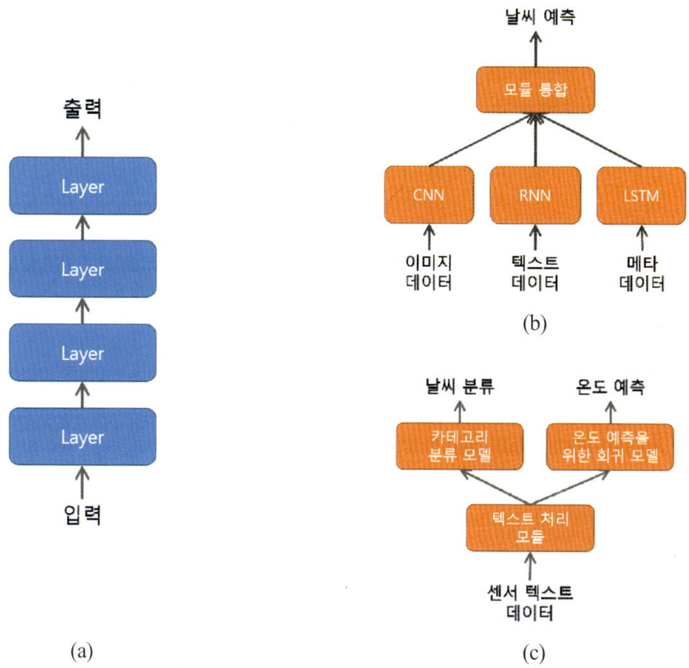

그림 8-4 Sequential API 구조(a)와 Sequential API의 구현 불가능 모델 예시(b: 다중 입력 모델, c: 다중 출력 모델)

다음의 간단한 예제를 통하여 Sequential API과 Functional API를 비교해보자. 두 예제에서는 동일하게 128차원의 벡터를 입력받아서 2개의 은닉층을 거쳐 1개의 값을 출력하는 모델을 구성할 것이다. 각 은닉층에서는 각 256, 512개의 노드를 사용한다. 첫 번째와 두 번째 은닉층의 활성화 함수는 ReLU를 사용하고, 마지막 출력층에서는 시그모이드 활성화 함수를 사용하도록 구성하였다. 먼저 Sequential API를 이용한 예제 코드이다. 예제와 같이 Sequential() 함수를 통하여 Sequential API 모델을 생성하고 여기에 각 레이어를 추가하는 구조로 구성된다.

```
# Sequential API를 이용한 모델 구현
import tensorflow as tf

s_model = tf.keras.models.Sequential()
s_model.add(tf.keras.layers.Dense(units=256 ,input_shape=(128, ), activation='relu'))
s_model.add(tf.keras.layers.Dense(units=512, activation='relu'))
s_model.add(tf.keras.layers.Dense(units=1, activation='sigmoid'))
```

다음은 Functional API 방법이다. 예제와 같이 Functional API는 모델은 먼저 tensorflow.keras.Input() 함

수를 사용하여 입력 벡터의 크기(shape)를 인자로 전달하여 입력층을 정의해야 한다. 이후의 계층부터는 이전 층의 출력을 다음 층의 입력으로 사용하여 모델을 정의하며, 이를 위해 각 층에서 출력된 결과는 텐서 변수에 할당시켜 다음 층의 입력으로 사용한다. 여러 층에 대한 정의를 완료한 후에는 최종적으로 tensorflow.keras.Model() 함수에 입력과 출력을 설정하여 정의된 모델 텐서를 얻을 수 있다. 우리는 이 모델 텐서 변수를 사용하여 모델에 대한 최적화 함수 및 손실 함수 등을 설정할 수 있다.

```
# Functional API를 이용한 모델 구현
import tensorflow as tf

inputs = tf.keras.Input(shape=(128, ))
x = tf.keras.layers.Dense(units=256, activation='relu')(inputs)
x = tf.keras.layers.Dense(units=512, activation='relu')(x)
outputs = tf.keras.layers.Dense(units=1, activation='sigmoid')(x)
model = tf.keras.models.Model(inputs=inputs, outputs=outputs)
```

이제 생성자와 판별자 모델을 Functional API에 적용하여 GAN모델을 구성해 보도록 하자. GAN 모델은 랜덤 노이즈를 입력받아 생성자를 거쳐 생성된 이미지를 판별자에 입력하여 이 이미지에 대한 진위(진짜 or 가짜)를 도출하게 된다. 따라서 GAN 모델의 입력층을 구성하기 위해 tensorflow.keras. layers.Input() 함수의 shape 인자를 랜덤 노이즈 벡터 크기인 (128,)로 설정하여 g_input을 얻는다. 이를 생성자에 전달한 후에 생성자에서 출력되는 784 크기(생성된 가짜 이미지)의 출력값을 다시 판별자에게 전달하여 최종적인 출력 g_output을 얻는 구조로 아래 코드와 같이 작성할 수 있다. 마지막으로 이 모델의 입출력관련 텐서 변수를 tensorflow.keras.models.Model() 함수의 인자로 전달하여 새로운 GAN 모델을 정의하게 된다.

```
# 생성자와 판별자 모델을 통합한 GAN 모델 구현
g_input = Input(shape=(n_noise,))
g_output = discriminator(generator(g_input))
gan = Model(g_input, g_output)
```

GAN에서 학습시켜야 할 신경망은 생성자와 판별자이다. 앞서 생성자와 판별자 모델을 위한 손실 함수에 대해서 설명했지만, 두 신경망의 수행 목적을 고려하였을 때 다음과 같이 binary_crossentropy 함수를 사용하여 간단히 구현가능하다. 먼저 판별자는 진짜 이미지와 가짜 이미지에 대해서 판별자 신경망이 진짜 및 가짜 이미지를 올바르게 분류하는 방향으로 학습이 수행되어야 한다. 따라서 우리는 판별자 신경망에 대한 학습을 위해서 진짜(1) 및 가짜(0)에 대해 분류가 가능한 binary_crossentropy를 손실 함수로 설정하고, Adam 최적화 함수를 사용하여 판별자 모델 discriminator을 컴파일한다. 여기서 사용된 최적화 함수는 학습률(learning rate)은 0.0002, beta_1은 0.5로 설정된 tensorflow.keras.optimizer.Adam() 함수를 정의하여 사용하였다.

```
# 판별자 모델 학습을 위한 최적화 함수 및 손실 함수 설정
discriminator.trainable = True
adam = tf.keras.optimizer.Adam(lr=0.0002, beta_1=0.5)
discriminator.compile(loss='binary_crossentropy', optimizer=adam)
```

생성자 신경망에 대한 학습 목표는 생성자가 생성한 가짜 이미지를 판별자가 진짜 이미지라고 판단하는 방향으로 생성자 신경망을 학습하는 것이다. 따라서 생성자는 단독으로 학습을 수행하는 것이 아니라, 판별자 모델을 함께 학습에 사용해야 한다. 우리는 앞서 정의한 GAN 모델에 대한 학습을 수행하여 생성자 모델을 학습시킬 수 있다. 여기서 주의할 점은 생성자와 판별자가 통합된 GAN 모델은 생성자를 학습시키기 위한 용도로 사용하므로 GAN 모델을 학습시킬 때는 생성자와 관련된 가중치만이 갱신되어야 하고, 판별자의 가중치는 갱신이 되어서는 안된다. GAN 모델의 학습에서 판별자 모델의 가중치 갱신을 수행하지 않기 위해 판별자 모델에 대한 학습 여부를 설정할 수 있는 인자 discriminator.trainable을 False로 아래와 같이 설정하였다. 생성자 학습을 위한 GAN 모델도 최종적인 출력값은 판별자의 진짜 및 가짜에 대한 판별 값이므로 이 모델의 손실 함수도 binary_crossentropy를 사용하였으며, 최적화 함수로는 판별자 모델에서 정의된 adam을 이용하여 컴파일을 수행하도록 하였다.

```
# GAN 모델 학습을 위한 최적화 함수 및 손실 함수 설정
# GAN 모델에 대한 학습은 오직 생성자에 대한 가중치 업데이트가 수행되어야 하므로 판별자 모델의 학습 여부를 False로 설정함
discriminator.trainable = False
gan.compile(loss='binary_crossentropy', optimizer=adam)
```

다음으로 GAN 모델의 구조를 summary() 메소드를 사용하여 확인해보도록 하자.

```
# GAN 모델 구조 출력
gan.summary()
```

이제 학습을 수행하기 위한 코드를 작성해보자. 먼저 학습에 필요한 에폭 수, 배치 크기, 결과 이미지 저장을 위한 간격을 각 epoch, batch_size, saving_interval 변수에 설정하였다.

```
# 학습 관련 변수 설정
n_epoch = 100           # 에폭 수
batch_size = 128        # 미니 배치 크기
saving_interval = 10  # 결과 이미지 저장을 위한 간격
```

다음은 학습에 필요한 MNIST 데이터를 로드한다. MNIST 데이터는 판별자의 학습에만 이용할 것이므로 테스트 데이터를 제외한 훈련 데이터만을 로드하였다. 또한 현재 학습과정에는 MNIST의 이미지별 클래스 레이블은 필요 없으므로 훈련 이미지만을 가져오도록 한다. 28×28 크기의 훈련 이미지는 판별자 모델에 벡터로 입력할 것이므로 이를 reshape() 함수를 사용하여 784차원의 벡터로 변경시키며, 로드한 이미지의 개수를 len(train_images) 코드로 추출하여 reshape() 메소드의 인자를 전달하는데 사용한다. 그 후 로드된 이미지에 대해서 픽셀값을 -1~1 사이의 값으로 정규화를 수행하기 위해서 기존의 픽셀값에 127.5를 뺀 결과에 127.5로 나누어 주었다. 우리는 앞서 생성자 모델 정의와 관련된 코드에서 출력층의 활성화 함수를 tanh로 사용하였는데 그 이유가 바로 로드된 이미지 픽셀과 생성자에 의해 출력되는 이미지의 픽셀값을 -1~1 범위로 일치시키기 위함이다.

```
# MNIST 데이터 불러오기 및 정규화
# 모델 학습을 위해서는 훈련 이미지만 사용할 것이기 때문에 train_images만 로드
(train_images, _), (_, _) = mnist.load_data()

n_image = len(train_images)  # 훈련 이미지 개수 추출 : 60,000개
train_images = train_images.reshape((n_image, 784)) # 28x28

# 이미지 픽셀값을 [-1~1]로 정규화
train_images = (train_images - 127.5) / 127.5
```

다음은 텐서플로우의 tensorflow.data.Dataset.from_tensor_slices() 함수를 이용하여 주어진 batch_size 크기만큼 데이터 배치를 만들고 섞어준다. 여기서 n_image는 훈련 이미지의 개수를 입력하며, batch_size는 원하는 배치 크기를 입력하면 된다.

```
train_dataset =
tf.data.Dataset.from_tensor_slices(train_images).shuffle(n_image).batch(batch_size)
```

이제 각 에폭 수만큼 반복하면서 모델을 학습한다. 각 에폭마다 학습과정은 다음과 같이 모델 오차 계산 및 가중치 갱신을 수행하고, 중간 과정에서 생성자에 의해 생성되는 이미지를 확인하는 코드를 반복 수행하게 된다.

```
for i in range(n_epoch):
    print('Epoch Num : {}/{}'.format((i + 1), n_epoch))
    # 1) 모델 오차 계산 및 가중치 갱신
    # 2) 중간 과정에서 생성되는 이미지 확인
```

위 코드에서 각 1), 2) 주석 부분에 들어갈 모델 오차 계산 및 가중치 갱신 과정과 이미지 확인과 관련된 코드를 살펴보자. 한 에폭마다 배치크기 만큼의 훈련 데이터를 이용하여 모델에 대한 가중치 갱신을 수행하게 되며, 이러한 과정은 n_epoch만큼 반복한다. 먼저 모델 오차 계산 및 가중치 갱신 과정을 살펴보도록 하자.

```
01 # 1) 미니-배치별 모델 가중치 갱신 및 오차 계산
02 for image_batch in train_dataset:    # 미니-배치별 가중치 갱신
03     # 현재 배치 크기만큼 진짜 및 가짜 레이블 배열 생성
04     n_bt_imgs = len(image_batch)                # 현재 반복에서의 배치 이미지 개수 추출
05     true_labels = np.ones((n_bt_imgs, 1))       # 진짜 레이블(1) 생성
06     fake_labels = np.zeros((n_bt_imgs, 1))      # 가짜 레이블(0) 생성
07 
08     # 현재 배치에 대한 판별자 모델의 1회 가중치 갱신 및 오차 계산
09     # 진짜 이미지들에 대한 판별자 모델 가중치 갱신 및 오차 계산
10     d_loss_real = discriminator.train_on_batch(image_batch, true_labels)
11     # 가짜 이미지들에 대한 판별자 모델 가중치 갱신 및 오차 계산
12     noise = np.random.normal(0, 1, (n_bt_imgs, n_noise))
13     gen_imgs = generator.predict(noise)
14     d_loss_fake = discriminator.train_on_batch(gen_imgs, fake_labels)
15     d_loss = 0.5 * np.add(d_loss_real, d_loss_fake)
16 
17     # 현재 배치에 대한 GAN 모델 1회 가중치 갱신 및 오차 계산
18     g_loss = gan.train_on_batch(noise, true_labels)
```

라인-02 우리는 앞서 설정된 train_dataset 변수에 저장된 각 배치 훈련 데이터들을 기반으로 가중치를 갱신하여 위해서 train_dataset의 배치 데이터들을 for-in문을 사용하여 image_batch로 가져와 모델 학습을 진행한다.

라인-04 배치 데이터를 이용한 학습과정에서는 첫 번째로 진짜 및 가짜(생성) 이미지에 대한 레이블을 구성하기 위해서 현재 배치 이미지들에 대한 이미지 데이터의 개수를 len() 함수를 사용하여 추출한다.

라인-05~06 이미지 개수만큼 np.ones() 함수를 사용하여 0으로 채워진 배열을 생성하여 true_labels 변수에 저장하고, np.zeros() 함수를 사용하여 1로 채워진 배열을 생성하여 fake_labels 변수에 저장시킨다. 이를 학습에서 판별자와 GAN 모델의 학습에서 입력 데이터(x)에 대한 목표 레이블 값(y)으로 사용한다.

라인-10~15 이제 진짜 및 가짜 이미지와 레이블 정보를 이용하여 현재 판별자 모델에 입력한다. 가중치 갱신 및 오차를 추출하기 위해서 판별자 모델에 대하여 train_on_batch() 함수를 사용한다. train_on_batch(x, y) 함수는 입력 값(x)과 레이블 값(y)을 입력 받아서 모델의 가중치를 1회 갱신하는 함수로 오차값을 반환시켜 준다.

라인-10 train_on_batch(x, y) 함수에 대한 입력값으로는 image_batch를 사용한다. 레이블 값으로는 true_labels를 전달하여 진짜 이미지를 기반으로 판별자 모델의 가중치를 갱신하고 오차를 계산하여 d_loss_real 변수에 저장한다.

라인-12~14 가짜 이미지에 대한 판별자 모델 갱신과 오차를 계산을 수행한다. 먼저 numpy.random.normal() 함수를 사용하여 평균 0, 표준편차 1인 정규분포를 기반으로 랜덤 노이즈를 (배치 크기, 노이즈 벡터 크기)로 추출하고, 추출된 랜덤 노이즈 벡터를 생성자 모델에 입력하여 가짜 이미지를 생성한다.

라인-14 생성된 이미지 gen_imgs와 가짜 레이블 값 fake_labels을 train_on_batch() 함수에 입력하여 가중치를 1회 갱신하고 오차를 계산하여 d_loss_fake 변수에 저장한다.

라인-15 판별자에 대한 최종 오차는 d_loss_real과 d_loss_fake의 평균값으로 계산한다.

라인-18 생성자 모델을 학습시키기 위해서 앞서 정의한 GAN 모델을 사용하여 학습을 진행한다. 이를 위해 GAN 모델에 대하여 train_on_batch() 함수를 사용하여 모델의 가중치를 갱신시키고 오차를 추출한다. 이때 train_on_batch() 함수의 인자값으로는 생성자 모델의 입력으로 앞서 추출한 랜덤 노이즈 벡터 noise와 이 노이즈 벡터를 기반으로 생성자 모델이 만든 각 이미지에 대한 레이블 값인 true_labels가 입력된다. 여기서 true_labels인 이유는 생성자 모델은 판별자가 진짜(1)로 판별하는 방향으로 모델이 학습되어야 하기 때문이다.

각 에폭에 대한 학습을 수행하는 과정 중에 학습 결과 및 생성자에 의해 생성되는 이미지를 직접 확인하기 위한 코드를 작성한다. 결과 확인은 에폭 수에 대하여 지정된 saving_interval 마다 25개의 이미지를 생성자로부터 획득하고 그 결과를 이미지로 출력 및 저장한다.

```
01 # 2) 중간 과정에서 생성되는 이미지 확인
02     if (i + 1) % saving_interval == 0 or i == 0:
03         print('Epoch:%d' % (i + 1),
04               'd_loss:%.4f' % d_loss, ' g_loss:%.4f' % g_loss)

05         # 학습된 생성자 모델을 이용하여 25개의 이미지 생성
06         noise = np.random.normal(0, 1, (25, n_noise))  # 25개의 노이즈 벡터 생성
07         gen_imgs = generator.predict(noise)  # 생성자를 이용한 25개의 이미지 생성
08 
09         # 이미지 픽셀값 0~1로 조정
10         gen_imgs = 0.5 * gen_imgs + 0.5
11 
12         # 생성된 이미지 출력 및 저장
13         fig, axs = plt.subplots(5, 5)  # 5×5 subplot에 25개 이미지 출력
14         count = 0
15         for j in range(5):
16             for k in range(5):
17                 axs[j, k].imshow(np.reshape(gen_imgs[count], (28, 28)))
18                 axs[j, k].axis('off')
19                 count += 1
20         plt.show()
21         fig.savefig("gan_results/g_mnist_%d.png" % (i + 1))  # 반드시 경로 존재
```

라인-03~04 먼저 현재 에폭 횟수와 판별자 및 GAN 모델에 대한 손실(loss)값을 출력한다.

라인-06 현재 학습된 생성자 모델에서 출력되는 이미지를 획득하기 위해서 먼저 랜덤 노이즈 벡터를 생성한다. 총 25개의 이미지에 대한 결과를 확인하기 위해서 랜덤 노이즈 벡터는 (25, 128) 크기로 생성하여 noise 변수에 저장한다.

라인-07 현재 학습된 생성자 모델에 대하여 predict() 함수에 랜덤 노이즈 벡터를 인수로 전달하여 25개 이미지를 생성한다.

라인-10 추출된 이미지의 픽셀값을 0~1 사이로 범위를 조정한다.

라인-12~21 추출된 25개의 이미지를 5×5의 subplot에 출력 및 지정된 경로에 저장한다. 이때 해당 경로에 디렉터리가 존재하고 있어야 한다.

이제 연습 (8-1)을 통해 전체 과정을 프로그램해보자.

연습 8-1

```
from tensorflow.keras.datasets import mnist
from tensorflow.keras.layers import Input, Dense
from tensorflow.keras.models import Sequential, Model
from tensorflow.keras.optimizers import Adam
import tensorflow as tf
import numpy as np
import matplotlib.pyplot as plt

n_output = 784   # 28×28 이미지 크기
n_noise = 128    # 랜덤 노이즈 벡터 크기

# 생성자 모델 정의
# 128차원의 랜덤 노이즈 벡터를 입력받아서 784차원의 벡터(28×28)이미지를 출력
generator = Sequential()
generator.add(Dense(units=256, input_dim=n_noise, activation='relu'))
generator.add(Dense(units=512, activation='relu'))
generator.add(Dense(units=n_output, activation='tanh'))
# 판별자 모델 정의
discriminator = Sequential()
discriminator.add(Dense(256, input_dim=n_output, activation='relu'))
discriminator.add(Dropout(0.3))
discriminator.add(Dense(1, activation='sigmoid'))
# 생성자와 판별자 모델을 통합한 GAN 모델 구현
g_input = Input(shape=(n_noise,))
g_output = discriminator(generator(g_input))
gan = Model(g_input, g_output)

# 판별자 모델 학습을 위한 최적화 함수 및 손실 함수 설정
discriminator.trainable = True
adam = Adam(lr=0.0002, beta_1=0.5)
discriminator.compile(loss='binary_crossentropy', optimizer=adam)

# GAN 모델 학습을 위한 최적화 함수 및 손실 함수 설정
# GAN 모델에 대한 학습은 오직 생성자에 대한 가중치 업데이트가 수행되어야 하므로 판별자
  모델의 학습 여부를 False로 설정함
discriminator.trainable = False
gan.compile(loss='binary_crossentropy', optimizer=adam)

# GAN 모델 구조 출력
gan.summary()
```

```
# 모델 학습
n_epoch = 100
batch_size = 128
saving_interval = 10

# MNIST 데이터 불러오기
# 모델 학습을 위해서는 훈련 이미지만 사용할 것이기 때문에 train_images만 로드
(train_images, _), (_, _) = mnist.load_data()

buffer_size = len(train_images)  # 60000
train_images = train_images.reshape((buffer_size, n_output)) # 28x28
# 이미지 픽셀값을 [-1~1]로 정규화
train_images = (train_images - 127.5) / 127.5

train_dataset =
tf.data.Dataset.from_tensor_slices(train_images).shuffle(buffer_size).batch(batch_
size)

for i in range(n_epoch):
    print('Epoch Num : {}/{}'.format((i + 1), n_epoch))

    # 1) 미니-배치별 모델 가중치 갱신 및 오차 계산
    for image_batch in train_dataset:    # 미니-배치별 가중치 갱신
        # 현재 배치 크기만큼 진짜 및 가짜 레이블 배열 생성
        n_bt_imgs = len(image_batch)
        true_labels = np.ones((n_bt_imgs, 1))  # 진짜 레이블(1) 생성
        fake_labels = np.zeros((n_bt_imgs, 1)) # 가짜 레이블(0) 생성

        # 현재 배치에 대한 판별자 모델의 가중치 1회 갱신 및 오차 갱신
        # 진짜 이미지에 대한 판별자 모델 가중치 갱신 및 오차 계산
        d_loss_real = discriminator.train_on_batch(image_batch, true_labels)
        # 가짜 이미지에 대한 판별자 모델 가중치 갱신 및 오차 계산
        noise = np.random.normal(0, 1, (n_bt_imgs, n_noise))
        gen_imgs = generator.predict(noise)
        d_loss_fake = discriminator.train_on_batch(gen_imgs, fake_labels)
        d_loss = 0.5 * np.add(d_loss_real, d_loss_fake)

        # 현재 배치에 대한 GAN 모델 가중치 1회 갱신 및 오차 계산
        g_loss = gan.train_on_batch(noise, true_labels)
```

```
    # 2) 중간 과정 생성되는 이미지 확인
    if (i + 1) % saving_interval == 0 or i == 0:
        print('Epoch:%d' % (i + 1),
              'd_loss:%.4f' % d_loss, ' g_loss:%.4f' % g_loss)

        # 학습된 생성자 모델을 이용하여 25개의 이미지 생성
        noise = np.random.normal(0, 1, (25, n_noise))  # 25개의 노이즈 벡터 생성
        gen_imgs = generator.predict(noise)  # 생성자를 이용한 25개의 이미지 생성

        # 이미지 픽셀값 0~1로 조정
        gen_imgs = 0.5 * gen_imgs + 0.5

        # 생성된 이미지 출력 및 저장
        fig, axs = plt.subplots(5, 5)
        count = 0
        for j in range(5):
            for k in range(5):
                axs[j, k].imshow(np.reshape(gen_imgs[count], (28, 28)))
                axs[j, k].axis('off')
                count += 1
        plt.show()
        fig.savefig("gan_results/g_mnist_%d.png" % (i + 1))
```

```
Downloading data from
https://storage.googleapis.com/tensorflow/tf-keras-datasets/mnist.npz
11493376/11490434 [==========] - 0s 0us/step
Model: "functional_13"
_________________________________________________________________
Layer (type)                 Output Shape              Param #
=================================================================
input_8 (InputLayer)         [(None, 128)]             0
_________________________________________________________________
sequential_18 (Sequential)   (None, 784)               566800
_________________________________________________________________
sequential_19 (Sequential)   (None, 1)                 201217
=================================================================
Total params: 768,017
Trainable params: 566,800
Non-trainable params: 201,217
_________________________________________________________________
```

```
Epoch Num : 1/100
Epoch:1  d_loss:0.0000  g_loss:13.2950
```

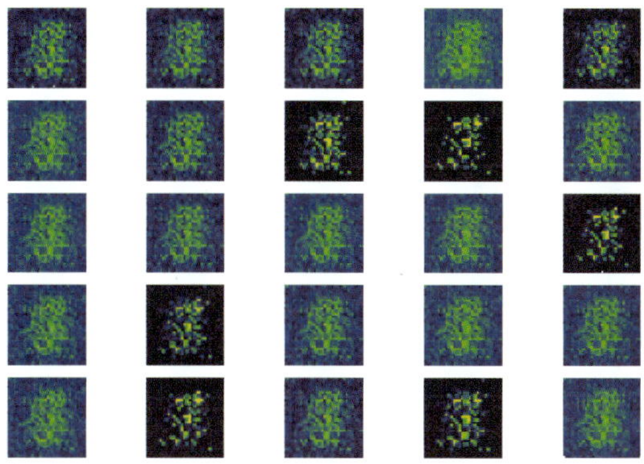

```
Epoch Num : 2/100
Epoch Num : 3/100
Epoch Num : 4/100
Epoch Num : 5/100
Epoch Num : 6/100
Epoch Num : 7/100
Epoch Num : 8/100
Epoch Num : 9/100
Epoch Num : 10/100
Epoch:10  d_loss:0.0000  g_loss:23.2082
```

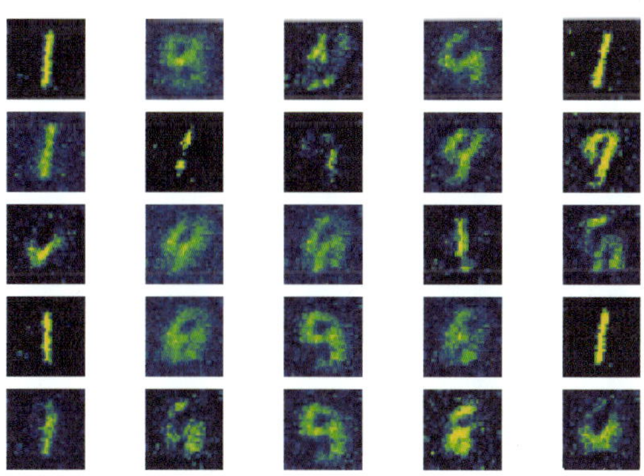

```
Epoch Num : 11/100
Epoch Num : 12/100
...(생략)....
Epoch Num : 50/100
Epoch:50  d_loss:0.4299  g_loss:1.9539
```

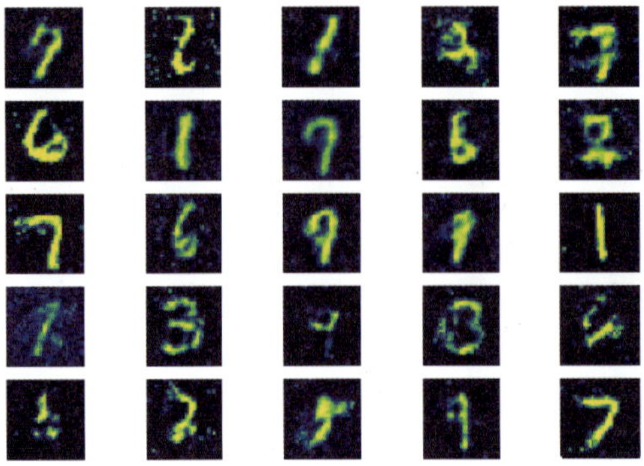

```
...(생략)....
Epoch Num : 70/100
Epoch:70  d_loss:0.5931  g_loss:1.2700
```

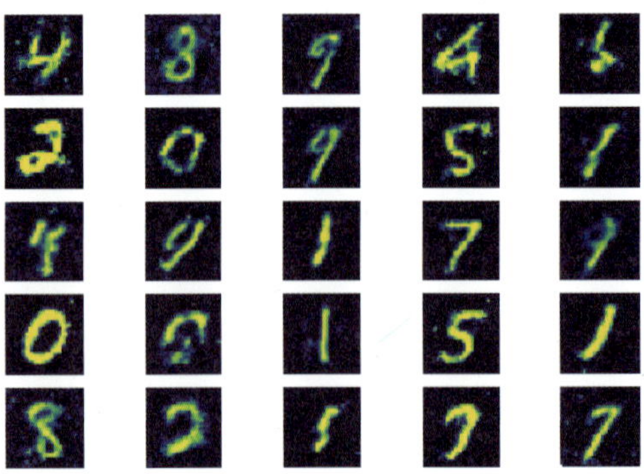

```
...(생략)....
Epoch:100  d_loss:0.5965  g_loss:1.1995
```

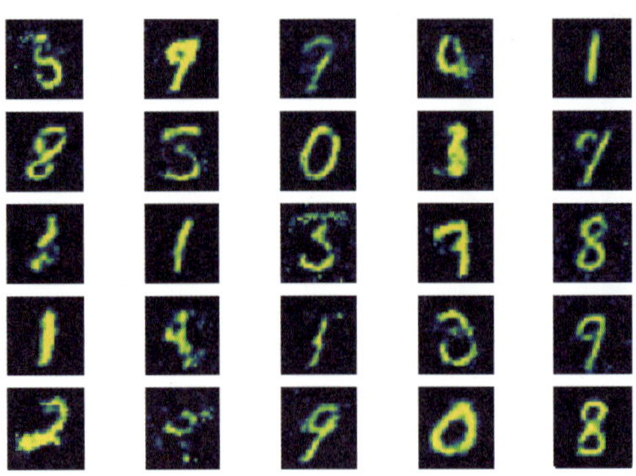

위 결과 이미지에서 보는 바와 같이 생성자에 의해서 생성된 이미지가 에폭을 반복할수록 이미지의 화질이 좋아지는 것을 관찰할 수 있으며, 100번의 에폭을 수행 완료했을 때는 진짜 손글씨 이미지와 유사한 이미지가 생성자로 부터 만들어지는 것을 확인할 수 있다.

CHAPTER 8 정리

1 GAN은 이안 굿펠로우(Ian Goodfellow)가 2014년 NeurIPS에서 발표한 논문에서 제안된 딥러닝 네트워크로 'Generative Adversarial Network'의 약자로 생성자(Generator)와 판별자(Discriminator)라는 두 신경망이 서로 경쟁하면서 더 개선된 결과물을 생성하도록 학습하게 된다.

2 GAN은 진짜에 가까운 가짜 데이터를 생성하기 위해서 생성자(Generator)는 판별자(Discriminator)를 속일 수 있는 실제 데이터와 비슷한 데이터를 생성할 수 있는 능력을 가질 수 있는 방향으로 신경망을 개선해 나갈 것이며, 판별자는 생성자가 만든 이미지를 최대한 가짜라고 구분하는 능력을 가질 수 있도록 학습한다.

3 GAN은 생성자 신경망과 판별자 신경망을 학습시켜야 하며, 판별자는 가짜 및 진짜 데이터를 가지고 학습을 수행하면 된다. 하지만 생성자의 학습은 생성자가 생성한 가짜 이미지를 판별자가 진짜 이미지라고 판단하는 방향으로 생성자 신경망은 학습되어야 하므로 생성자와 판별자 모델을 통합한 모델을 구성하고, 이를 학습에 사용하여야 한다. 이때, 주의할 점은 생성자와 학습자가 통합된 GAN 모델은 생성자를 학습시키기 위한 용도로 사용하므로 GAN 모델을 학습시킬 때는 생성자와 관련된 가중치만이 업데이트되어야 하고, 판별자의 가중치는 업데이트가 되어서는 안된다.

4 텐서플로우 케라스의 모델을 디자인하는 방법은 Sequential API와 Functional API를 기반으로 하는 방법이 존재한다.

5 Sequential API 방법은 레이어를 쌓아 구성하는 방법으로 직관적이고 사용하기 쉽다는 특징을 가진다. 하지만 이 방법은 레이어를 공유하는 구조나 다중 입력 및 출력을 사용하지 못하며 복잡한 네트워크를 구성할 때 한계가 존재한다.

6 Functional API는 Sequential API보다 더 유연하게 모델을 구성할 수 있으며 Sequential API가 가졌던 공유 레이어 및 다중 입출력을 사용하여 모델을 처리할 수 있다.

연습문제

01 연습(8-1)에서 생성자와 판별자 모델에 대하여 은닉층을 증가시켜보고 그에 따른 성능을 비교해보자.

02 연습(8-1)에서 생성자에 입력되는 랜덤 노이즈 벡터 크기를 변경해보고 그에 따른 결과를 확인해보자.

03 6장 연습문제에서 제시되었던 Fashion_MNIST 데이터셋을 사용하여 GAN을 학습시켜보고 생성되는 이미지를 관찰해보자.

04 연습(8-1)에서 연습한 생성자와 판별자 모델을 아래에 제시된 조건처럼 변경하고 결과를 확인해보자. 생성자 모델에서는 기존 모델에 은닉층을 1개 추가하고, 각 계층의 유닛 개수를 아래 표와 같이 변경해보자. 판별자 모델에서는 기존 모델에 은닉층 2개를 추가하고, 각 계층의 유닛 개수를 아래 표와 같이 변경해보자. 각 은닉층에는 공통적으로 Dropout을 적용하며, 생성자와 판별자 모델에서 출력층을 제외한 모든 은닉층의 활성화 함수로는 LeakyReLU를 사용해보자.

• 생성자 모델 구성

입력층	은닉층1	LeakyReLU	은닉층2	LeakyReLU	은닉층3	LeakyReLU	출력층
128	256	0.2	512	0.2	1024	0.2	784

• 판별자 모델 구성

입력층	은닉층1	LeakyReLU	Dropout	은닉층2	LeakyReLU	Dropout	은닉층3	LeakyReLU	Dropout	출력층
784	1024	0.2	0.3	512	0.2	0.3	256	0.2	0.3	1

- 프로그램 작성이 힘들다면, Github, https://github.com/nniceko/AI-Book/의 8-2코드를 참고해도 좋다.

참고문헌

[1] 텐서플로우 공식 홈페이지 https://www.tensorflow.org/

[2] 텐서플로우 튜토리얼 https://www.tensorflow.org/tutorials/images/cnn?hl=ko

[3] Tero Karras, Timo Aila, Samuli Laine, Jaakko Lehtinen, "Progressive Growing of GANs for Improved Quality, Stability, and Variation," In ICLR, 2018

[4] CIFAR-10 dataset, https://www.cs.toronto.edu/~kriz/cifar.html

부록

APPENDIX 1

오류 역전파(Error Backpropagation) 학습법

그림 1은 한 개의 입력층과 은닉층, 출력층으로 구성된 다층 신경망이다. 입력층과 은닉층 사이의 가중치를 $W^{(l)}$라하고, 은닉층과 출력층 사이의 가중치를 $W^{(l+1)}$라 하자. i번째 입력 노드에서 j번째 은닉 노드로 가는 에지의 가중치를 $W_{ij}^{(l)}$라고 표현하고 j번째 은닉 노드에서 k번째 출력 노드로 가는 에지의 가중치를 $W_{jk}^{(l+1)}$로 표현하자. 다층 신경망에서는 은닉층에서도 출력을 갖는다. 따라서 은닉 노드의 출력을 $z=f^{(j)}(x)$로 표현하자. 마찬가지로 출력 노드의 출력을 $o=f^{(k)}(z)$로 표현하자. $f^{(j)}()$와 $f^{(k)}()$는 은닉 노드와 출력 노드에서 사용되는 활성화 함수이다.

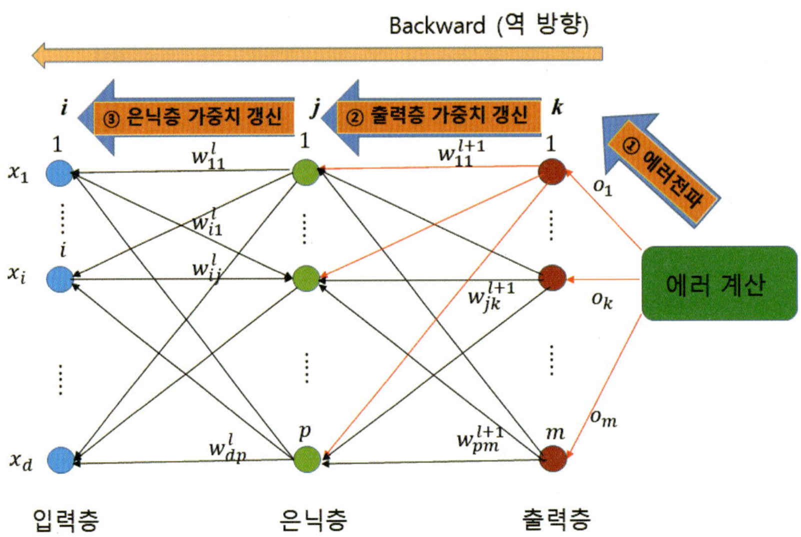

그림 1. d차원의 입력벡터와 1개의 은닉층, 1개의 출력층으로 구성된 다층 신경망에서 전방향 연산과 역방향 오류 역전파 과정

구체적으로 j번째 은닉층의 출력 값은 아래와 같이 계산할 수 있다(d는 입력 노드의 개수).

$$z_j = f^{(j)}(\sum_{i=1}^{d} x_i W_{ij}^l) \tag{1}$$

마찬가지로 k번째 출력층의 출력 값은 아래와 같이 계산할 수 있다(p는 은닉 노드의 개수).

$$o_k = f^{(k)}(\sum_{j=1}^{p} z_j W_{jk}^{l+1}) \tag{2}$$

이제 오류를 줄이기 위해 기울기 경사 하강법을 적용해 보도록 하자. 단층 신경망과 다르게 은닉층이 생겼으므로 은닉층과 출력층의 가중치 갱신은 아래와 같이 다르게 적용되어야 한다(t는 가중치 변화 회수).

$$W^l(t+1) = W^l(t) + \alpha \Delta W^l, \left(\Delta W^l \equiv -\frac{\partial E}{\partial W^l}\right) \tag{3}$$

$$W^{l+1}(t+1) = W^{l+1}(t) + \alpha \Delta W^{l+1}, \left(\Delta W^{l+1} \equiv -\frac{\partial E}{\partial W^{l+1}}\right). \tag{4}$$

수식 (3)와 (4)에서 에러를 가중치로 미분하면 기울기는 음수값을 갖는다. 이 값을 다음번 가중치에 그대로 더하면 가중치가 이전 값으로 이동함으로 기울기에 −를 취해서 +로 만들어 준다.

우선 j번째 은닉 노드와 k번째 출력 노드간의 가중치 $W_{j,k}^{l+1}(t)$를 위한 갱신 값 $\Delta W_{jk}^{l+1}\left(= \frac{\partial E}{\partial W_{jk}^{l+1}}\right)$를 계산해보자.

$$W_{jk}^{l+1}(t+1) = W_{jk}^{l+1}(t) + \alpha \frac{\partial E}{\partial W_{jk}^{l+1}} \tag{5}$$

$E_n(W) = \frac{1}{2}\sum_{k=1}^{K}(d_{nk} - o_{nk})^2$라고 정의해 보자. 에러에 $\frac{1}{2}$을 더하는 이유는 수식 (10)을 간단하게 정리하기 위해서이다.

이제 $\frac{\partial E}{\partial W_{jk}^{l+1}}$를 계산해보면

$$\frac{\partial E}{\partial W_{jk}^{l+1}} = \frac{\partial\left(\frac{1}{2}\sum_{r=1}^{m}(d_r - o_r)^2\right)}{\partial W_{jk}^{l+1}} \tag{6}$$

k출력에 대해서만 계산하면 되므로 아래와 같이 줄여 쓸 수 있다.

$$= \frac{\partial\left(\frac{1}{2}(d_k - o_k)^2\right)}{\partial W_{jk}^{l+1}} \tag{7}$$

수식 (7)을 간단히 계산하기 위해 $\frac{1}{2}(d_k - o_k)^2$를 D로 치환해보자. 이제 체인 룰(chain rule)에 의해 수식 (7)을 아래와 같이 변형해 보자.

$$= \frac{\partial(D)}{\partial(o_k)} \cdot \frac{\partial(o_k)}{\partial W_{jk}^{l+1}} \tag{8}$$

이제 D를 o_k에 대해 미분하면

$$\begin{aligned} \frac{\partial(D)}{\partial(o_k)} &= \frac{\partial}{\partial(o_k)}\left\{\frac{1}{2}(d_k^2 - 2d_k o_k + o_k^2\right\} \\ &= \frac{1}{2} - 2d_k + 2o_k \\ &= (-d_k + o_k) = -(d_k - o_k) \end{aligned} \tag{9}$$

가 된다. 따라서 수식 (9)를 수식 (8)에 대입하여 다시 정리하면

$$\frac{\partial E}{\partial W_{jk}^{l+1}} = -(d_k - o_k)\frac{\partial(o_k)}{\partial W_{jk}^{l+1}} \tag{10}$$

이 된다.

수식 10은 체인 룰(chain rule)에 의해 수식 (11)과 같이 수정할 수 있다.

$$\frac{\partial E}{\partial W_{jk}^{l+1}} = -(d_k - o_k)\frac{\partial(o_k)}{\partial(u_k)}\frac{\partial(u_k)}{\partial W_{jk}^{l+1}} \tag{11}$$

u_k를 k번째 출력 노드의 가중치 결합값이라고 한다면 $o_k = f(u_k)$로 나타낼 수 있으므로 수식 (11)에

서 $\frac{\partial(o_k)}{\partial(u_k)} = \frac{\partial(f(u_k))}{\partial(u_k)} = f'(u_k)$으로 바꿀 수 있으므로 수식 (12)로 나타낼 수 있다.

$$\frac{\partial E}{\partial W_{jk}^{l+1}} = -(d_k - o_k)f'(u_k)\frac{\partial(u_k)}{\partial W_{jk}^{l+1}} \tag{12}$$

또한 수식 (12)에서 $\frac{\partial(u_k)}{\partial W_{jk}^{l+1}}$ 항은 $\frac{\partial(u_k)}{\partial W_{jk}^{l+1}} = \frac{\partial\left(\sum z_j W_{jk}^{l+1}\right)}{\partial W_{jk}^{l+1}}$과 같으므로 약분하여 z_j로 나타낼 수 있다. 따라서 수식 (12)는 다시 수식 (13)으로 간단하게 줄일 수 있다.

$$\frac{\partial E}{\partial W_{jk}^{l+1}} = -(d_k - o_k)f'(u_k)z_j \tag{13}$$

z_j는 j번째 은닉층(이전 층)의 출력 값이다. 수식 (13)에서 f'은 활성화 함수를 1차 미분한 도함수를 나타낸다. 만약 활성화 함수로 시그모이드 함수가 사용되었다면 f'은 다음과 같이 계산할 수 있다. 먼저 시그모이드 함수는 수식 (14)와 같다.

$$f(x) = \frac{1}{1+e^{-x}} \tag{14}$$

시그모이드는 연속함수이므로 미분이 가능하다. 따라서 $\frac{\partial(f(x))}{\partial x}$를 계산하면 $f'(x)$를 구할 수 있다. 수식 (14)를 좀 더 풀어서 계산해보자. 우선 분모를 간단하게 $g(x)$로 표현해보자.

$y = \frac{1}{g(x)} => y' = -\frac{g'(x)}{g(x)^2}$의 성질이 있으므로 $f'(x) = -\frac{g'(x)}{(1+e^{-x})^2}$로 바꿀 수 있다. 분자를 풀어 계산하면 $g'(x) = (1+e^{-x})^{-1} = -1 \cdot e^{-x}$가 같음을 다시 정리하면

$$\begin{aligned} f'(x) &= \frac{e^{-x}}{(1+e^{-x})^2} \\ &= \frac{1}{1+e^{-x}} \cdot \frac{e^{-x}}{1+e^{-x}} \\ &= \frac{1}{1+e^{-x}} \cdot \frac{e^{-x}+1-1}{1+e^{-x}} \\ &= \frac{1}{1+e^{-x}} \cdot \left(1 - \frac{1}{1+e^{-x}}\right) \\ &= f(x) \cdot (1 - f(x)) \end{aligned} \tag{15}$$

와 같이 나타낼 수 있다. 결국

$$f^{'}(x) = f(x)(1 - f(x)) \tag{16}$$

수식 (16)처럼 정리할 수 있다.

이제 수식 (13)에서 은닉층의 출력 값 z_j만을 제외한 나머지 부분을 δ_k라고 표기하고 아래와 같이 정리해 보자. δ_k는 출력층 노드에 대해 오차 기울기를 계산한다.

$\delta_k = (d_k - o_k)f^{'}(u_k), 1 \leq k \leq m$ 은 수식 (16)에 의해 아래와 같이 표현할 수 있다.

$$\begin{aligned} \delta_k &= f(u_k)(1 - f(u_k)(d_k - o_k), 1 \leq k \leq m \\ \delta_k &= o_k(1 - o_k)(d_k - o_k), 1 \leq k \leq m \end{aligned} \tag{17}$$

최종적으로 구하고자 하는 출력층에서의 델타 값은 아래와 같이 간단히 표현할 수 있다.

$$\triangle W_{jk}^{l+1} = \frac{\partial E}{\partial W_{jk}^{l+1}} = \delta_k z_j,\ 0 \leq j \leq p, 1 \leq k \leq m \tag{18}$$

수식 (18)로부터 우리는 출력층의 가중치 갱신 델타 값($\triangle W_{jk}^{l+1}$)을 구하기 위해서는 **에러 항과 출력층의 출력 값, 출력층으로 들어오는 은닉층의 출력 값** 등이 필요하다는 것을 알았다.

이제는 은닉층의 가중치 갱신 델타 값($\triangle W_{ij}^{l}$)을 구해보도록 하자. 식 (6)과 같은 방법으로 미분을 해 보면

$$\frac{\partial E}{\partial W_{ij}^{l}} = \frac{\partial\left(\frac{1}{2}\sum_{k=1}^{m}(d_k - o_k)^2\right)}{\partial W_{ij}^{l}} \tag{19}$$

$$= -\sum_{k=1}^{m}(d_k - o_k)\frac{\partial(o_k)}{\partial W_{ij}^{l}} \tag{20}$$

체인 룰(chain rule)에 의해 아래와 같이 수정할 수 있다.

$$= -\sum_{k=1}^{m}(d_k - o_k)\frac{\partial(o_k)}{\partial(u_k)}\frac{\partial(u_k)}{\partial W_{ij}^{l}} \tag{21}$$

$$=-\sum_{k=1}^{m}(d_k-o_k)\frac{\partial(o_k)}{\partial(u_k)}\frac{\partial(u_k)}{\partial(z_j)}\frac{\partial(z_j)}{\partial W_{ij}^{l}} \tag{22}$$

여기서 $\frac{\partial(u_k)}{\partial(z_j)}=\frac{\partial(\sum z_j W_{jk}^{l+1})}{\partial(z_j)}$ 이므로

$$=-\sum_{k=1}^{m}(d_k-o_k)f'(u_k)W_{jk}^{l+1}\frac{\partial(z_j)}{\partial W_{ij}^{l}} \tag{23}$$

과 같고 $\frac{\partial(z_j)}{\partial W_{ij}^{l}}$ 는 체인 룰에 의해 $\frac{\partial(z_j)}{\partial W_{ij}^{l}}=\frac{\partial(z_j)}{\partial(u_j)}\cdot\frac{\partial(u_j=\sum W_{ij}x_{ij})}{\partial(W_{ij})}=x_i$로 간단하게 표현 할 수 있으므로 수식 (23)은 (24)로 표현할 수 있다.

$$=-\sum_{k=1}^{m}(d_k-o_k)f'(u_k)W_{jk}^{l+1}f'(u_j)x_i \tag{24}$$

공통 k를 갖는 항을 $(d_k-o_k)f'(u_k)=>\delta_k$ 로 치환하면

$$=-\sum_{k=1}^{m}\delta_k W_{jk}^{l+1}f'(u_j)x_i \tag{25}$$

수식 (25)에서 k와 상관없는 항을 앞쪽 항으로 분리하여 다음과 같이 표현하자. η_j는 은닉층 노드에 대해 오차 기울기를 계산한다(x_i는 입력이므로 따로 떼어두자).

$$\eta_j=f'(u_j)\sum_{k=1}^{m}\delta_k W_{jk}^{l+1},\ 1\le j\le p \tag{26}$$

수식 (16)에 의해

$$\eta_j=f(u_j)(1-f(u_j))\sum_{k=1}^{m}\delta_k W_{jk}^{l+1},\ 1\le j\le p \tag{27}$$

로 바꿀 수 있고, 이것을 다시 간단하게 표현하면, 수식 (28)과 같다.

$$\eta_j=z_j(1-z_j)\sum_{k=1}^{m}\delta_k W_{jk}^{l+1} \tag{28}$$

최종적으로 구하고자 하는 은닉층에서의 델타 값은 아래와 같이 정리할 수 있다.

$$\triangle W_{ij}^{l} = \frac{\partial E}{\partial W_{ij}^{l}} = \eta_j x_i,\ 0 \le i \le d, 1 \le j \le p \qquad (29)$$

이제 지금까지 전개해 본 오류 역전파 기반 다층 퍼셉트론 가중치 변화 수식들을 알고리즘으로 정리해 보자.

알고리즘 오류 역전파를 이용한 다층 퍼셉트론 학습과정[1)]

훈련 집합 $X = \{(x_1, d_1), (x_2, d_2), ..., (x_N, d_N)\}$, 학습률 α 설정

❶ 가중치, W_{ij}^{l}, W_{jk}^{l+1}를 임의의 값으로 초기화 [−0.5 ~ +0.5]

❷ 바이어스(bias)값을 임의의 값으로 초기화
- 보통 1의 값을 부여

❸ 활성화 단계: 한 개의 데이터에 대해 입력 벡터와 $\mathrm{x} = (x_1, x_{2,...,} x_d)^T$, 출력 노드의 목표 값 $\mathrm{d} = (d_1, d_{2,...,} d_m)^T$을 가져옴

// 입력 값, 가중치, 시그모이드 함수를 이용한 전방(feed-forward)계산

for(j=1; j<=p; j++) $z_j = f^{(j)}(\sum_{i=1}^{d} x_i W_{ij}^{l})$ (1)

for (j=1; j<=p; p++, k=1; k<=m; k++) $o_k = f^{(k)}(\sum_{j=1}^{p} z_j W_{jk}^{l+1})$ (2)

❹ 가중치 학습: 출력 노드에서 계산된 오차를 역방향으로 역전파 시키면서 출력층과 은닉층의 가중치를 갱신

// 출력층 노드에 대한 오차 기울기 계산

for(k=1; k<=m; k++) $\delta_k = o_k(1 - o_k)(d_k - o_k)$ (17)

// 갱신될 가중치 보정 값 (delta) 계산

for(j=1; j<=p; j++, k=1; k<=m; k++) $\triangle W_{jk}^{l+1} = \alpha \delta_k z_j$ (18)

// 출력 노드의 가중치 갱신

for(j=1; j<=p; j++, k=1; k<=m; k++) $W_{jk}^{l+1}(t+1) = W_{jk}^{l+1}(t) + \triangle W_{jk}^{l+1}$ (4)

// 은닉층 노드에 대한 오차 기울기 계산

for(j=1; j<=p; j++) $\eta_j = z_j(1 - z_j) \sum_{k=1}^{m} \delta_k W_{jk}^{l+1}$ (28)

// 갱신될 가중치 보정 값 (delta) 계산

for(i=1; i<=d; i++, j=1; j<p; j++) $\triangle W_{ij}^{l} = \eta_j x_i$ (29)

1) 고병철, 영상처리기반의 인공지능 입문, 도서출판그린, 2018

// 은닉 노드의 가중치 갱신

for(i=1; i<=d; i++, j=1; j<p; j++) $W_{ij}^{l}(t+1) = W_{ij}^{l}(t) + \triangle W_{ij}^{l}$ (3)

❺ 오차기준을 만족했는가? 만족하지 못했으면 단계 3으로 이동.

만족했으면 종료하고 W_{ij}^{l}, W_{jk}^{l+1}를 저장.

APPENDIX 2

플립러닝 실습문제

1 플립 러닝 1차시 문제

4장 본문 연습 (4-3)을 참고하여 3차함수 형태의 비선형회귀식을 프로그래밍 해보자. 3차함수 식은 아래와 같이 쓸 수 있다.

$$f(x) = a_0 + a_1 x + a_2 x^2 + a_3 x^3$$

① 입력값 X, Y는 임의의 값을 넣도록 한다. 특정 범위 안의 랜덤값을 넣어도 된다.

② GradientDescentOptimizer, SGD, Adam의 3가지 최적화 방법을 모두 적용해 보고 그 결과를 비교해 보자.

● 해결할 문제

1) 회귀함수 Y=a0+a1*X+a2*X^2+a3*X^3 코드 작성하기

2) 입력 데이터

```
X = tf.constant([-0.7,-0.5, -0.2, -0.3, 0, 0.5, 1.0, 1.5, 2.0, 2.5, 2.8])
Y = tf.constant([0.5, 0.3, 0.2, 0.5, 0.3, 1.9, 2.4, 4.1, 6.8, 7.9, 7.7])
```

3) 파라미터는 tf.random.uniform과 tf.random.normal 두 가지로 각각 초기화 하도록 코드 작성
(실제 동작시에는 하나는 #으로 막음)

4) # 그래프 그리기 위해 새로운 X값을 입력

```
new_X = tf.range(-1, 3, 0.05)
```

5) GradientDescentOptimizer,SGD, Adam 3가지 최적화 함수 모두 사용
(실제 동작시에는 하나만 동작하게 하고 나머지는 #으로 막음)

2 플립 러닝 2차시 문제

연습 (5-6) 실습 코드의 ① 네트워크 구조를 아래와 같이 변경해 보고 ② 은닉층의 활성화 함수를 ‘relu’,‘sigmoid’, ‘tanh’ 별로 입력하여 그 결과를 비교해 보자. 어떤 활성화 함수가 가장 효율적으로 학습이 되었는지 비교해보자(최종 출력 레이어는 동일하게 softmax). ③ 최적화 방법을 Adam, SGD, 경사하강법 순서대로 비교해 보고 어느 최적화 방법이 가장 좋은 성능을 보여주는지 알아보자. ④ 가장 좋은 성능을 내는 최적화 방법과 활성화 함수를 선택하고 학습과정을 epoch회수에 따른 loss와 accuracy그래프로 표현해 보자.

입력층	1번 은닉층	2번 은닉층	3번 은닉층	출력 층
2개 노드+1개 바이어스	10개 노드	7개 노드	5개 노드,	3개

- **해결할 문제**

① 네트워크 구조를 변경 코드 기술

② 은닉층의 활성화 함수를 ‘relu’,‘sigmoid’, ‘tanh’ 별로 다르게 입력하여 그 결과를 비교(최적화는 Adam으로 고정시켜 테스트)

③ 최적화 방법을 Adam, SGD, 경사하강법 순서대로 비교해 보고 어느 최적화 방법이 가장 좋은 성능을 보여주는지 설명(2번에서 찾은 가장 좋은 활성화 함수로 고정시키고 테스트)

④ 가장 좋은 성능을 내는 최적화 방법과 활성화 함수를 선택하고 학습과정을 epoch회수에 따른 loss와 accuracy그래프로 표현

3 플립 러닝 3차시 문제

입력벡터의 차원이 4이고, 학습데이터가 121개인 Iris 학습데이터 세트와 30개의 데이터로 구성된 Iris 테스트 데이터를 콜랩 코드에 마운트 시켜서 학습과 테스트에 사용한다.

① 초기 가중치로만 학습데이터 세트를 오픈해서 테스트 해보고 정확도를 측정해보자.

② 학습 후에 전체 모델과 가중치를 h5파일로 저장하고, h5를 다시 호출해서 테스트 데이터 세트에 대해 적용하여 정확성을 검증해 보자.

③ 모델의 구조는 다음과 같다.

● 해결할 문제

입력층	1번 은닉층	2번 은닉층	3번 은닉층	4번째 은닉층	출력층
4개 노드	10개 노드	20개 노드	10개 노드,	5개	3개

① 네트워크 구조 코드 기술

② 은닉층의 활성화 함수를 'relu'로 사용, 출력층은 소프트맥스 사용(최적화는 Adam으로 고정시켜 테스트)

③ epoch=100회, 배치사이즈는 10으로 설정.

출력은: 1) 학습과정을 loss와 accuracy그래프로 표현

2) 테스트 데이터를 읽어와 복원된 모델의 정확도를 표현

④ 제출문에는

- 전체 코드
- loss, accuracy그래프
- 테스트 데이터에 대해 "복원된 모델의 정확도"

4 플립 러닝 4차시 문제

Fashion_MNIST 데이터를 load하여 아래 구조를 갖는 심층 인공신경망을 학습하고 테스트 결과를 화면에 출력하자.

① Fashion_MNIST 데이터를 아래와 같이 오픈한다.

```
(train_images, train_labels), (test_images, test_labels) =
tf.keras.datasets.fashion_mnist.load_data()
```

② 각 클래스에 대한 label을 아래와 같이 입력해 준다.

```
class_names = ['T-shirt/top', 'Trouser', 'Pullover', 'Dress', 'Coat',
               'Sandal', 'Shirt', 'Sneaker', 'Bag', 'Ankle boot']
```

출력결과를 plot으로 그릴 때 그림위에 클래스 번호 대신 클래스 이름이 들어가도록 하자.

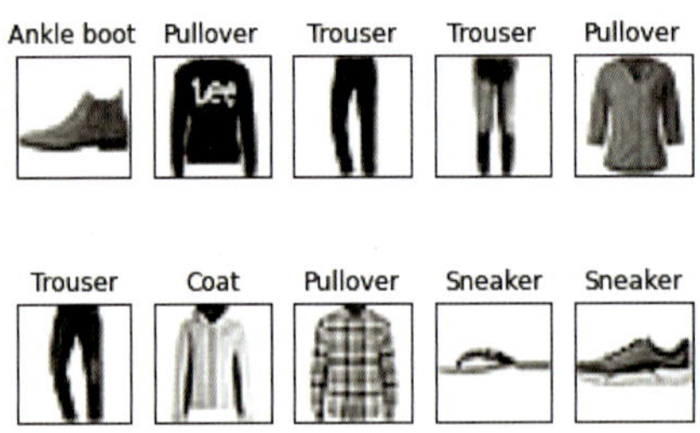

③ 모델의 구조는 다음과 같다.

은닉층의 활성화 함수를 'relu'로 사용, 출력층은 소프트맥스 사용(최적화는 Adam으로 고정시켜 테스트)

입력층	1번 은닉층	2번 은닉층	3번 은닉층	출력층
784개 노드	110개 노드	60개 노드	30개 노드,	10개

● **해결할 문제**

① 각 레이어별로 드롭아웃(dropout)을 설정하고 어느정도의 값을 사용했을 때 가장 결과가 가장 좋은지 알아보자.

② epoch의 회수와 배치 사이즈를 변화 시켜 가면서 어떤 경우가 성능이 가장 좋은지 알아보자.

③ 아래 내용

- 전체 코드,
- loss, accuracy그래프
- 테스트 데이터에 대해 결과 및 결과 그림(15개 출력)

5 플립 러닝 5차시 문제

Fashion_MNIST 데이터를 load하여 아래 구조를 갖는 심층 인공신경망을 학습하고 테스트 결과를 화면에 출력하자.

① 플립러닝 4차에 사용한 Fashion_MNIST 데이터를 오픈한다.

② 각 클래스에 대한 label을 아래와 같이 입력해 준다.

```
class_names = ['T-shirt/top', 'Trouser', 'Pullover', 'Dress', 'Coat',
               'Sandal', 'Shirt', 'Sneaker', 'Bag', 'Ankle boot']
```

출력결과를 plot으로 그릴 때 그림위에 클래스 번호 대신 클래스 이름이 들어가도록 하자.

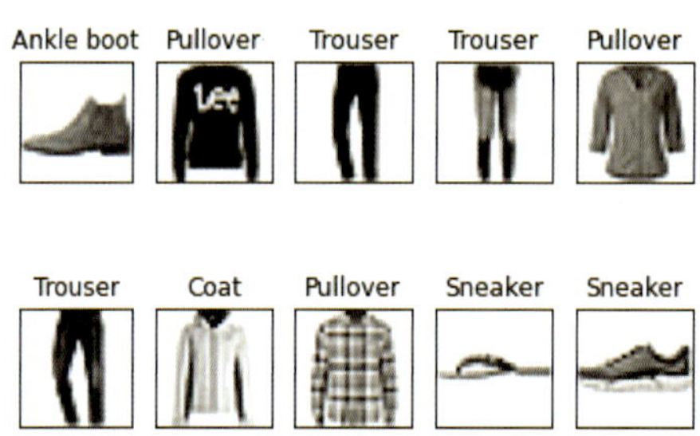

③ 모델의 구조는 다음과 같다.

은닉층의 활성화 함수를 'relu'로 사용, 출력층은 소프트맥스 사용(최적화는 Adam으로 고정시켜 테스트)

입력층	1번 은닉층	2번 은닉층	3번 은닉층	출력층
784개 노드	110개 노드	60개 노드	30개 노드,	10개

④ Batch Normalization를 각 은닉층마다 적용해보자.

● 해결할 문제

① 플립러닝 4에서 구한 최적의 드롭아웃%과 Batch Normalization를 동일한 신경망에 적용하여, 두 가지 방법론의 결과를 비교 분석해 보자.

② 손실함수를 계산하기 위해 크로스 엔트로피 중 'categorical_crossentropy'를 사용하였다. 하지만 인터넷을 검색하다 보면 MNIST 분류를 위한 손실함수로서 'sparse_categorical_crossentropy'를 많이 사용하는 것을 볼 수 있다. sparse_categorical_crossentropy로 코드를 수정하여 보자.

==> sparse_categorical_crossentropy는 다중 클래스 분류문제에서 클래스를 0,1로 표현하는 categorical_crossentropy(범주형 교차 엔트로피) 대신 원래 클래스의 번호를 그대로 사용하는 방식.

a) #one_hot_train_labels = to_categorical(train_labels, 10) <==필요 없음

b) model.compile에서 loss를 수정

c) history = model.fit(train_images, train_labels, epochs=5, batch_size=10)와 같이 수정

d) 테스트도 마찬가지

③ 보고서에 포함될 내용

- Batch normalization 적용된 전체 코드
- Dropout과 Batch Normalization의 accuracy 비교
- Batch Normalization의 loss, accuracy 그래프
- 테스트 데이터에 대해 결과 및 결과 그림(15개 출력)

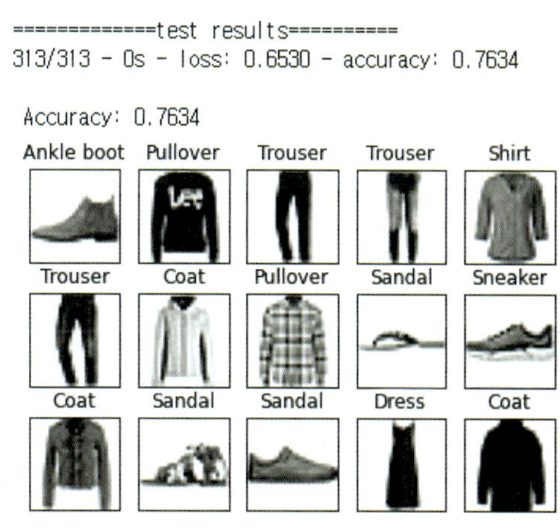

- sparse_categorical_crossentropy가 적용된 부분만 코드 copy해서 보고서에 paste

④ 결론: 문제 해결과정에서 느낀점, 배운점, 아쉬웠던 점에 관한 기술

6 플립 러닝 6차시 문제

Fashion_MNIST 데이터를 load하여 아래 구조를 갖는 심층 인공신경망을 학습하고 테스트 결과를 화면에 출력하자.

① 플립러닝 4차에 사용한 Fashion_MNIST 데이터를 오픈한다.

② 각 클래스에 대한 label을 아래와 같이 입력해 준다.

```
class_names = ['T-shirt/top', 'Trouser', 'Pullover', 'Dress', 'Coat',
               'Sandal', 'Shirt', 'Sneaker', 'Bag', 'Ankle boot']
```

출력결과를 plot으로 그릴 때 그림위에 클래스 번호 대신 클래스 이름이 들어가도록 하자.

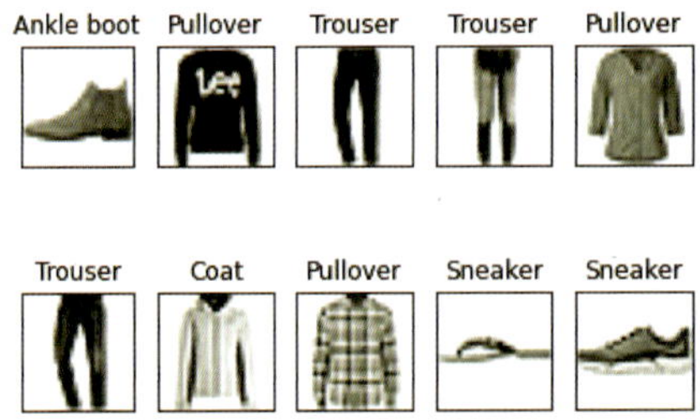

③ 모델의 구조는 다음과 같다.

은닉층의 활성화 함수를 'relu'로 사용, 출력층은 소프트맥스 사용(최적화는 Adam으로 고정시켜 테스트)

입력층	1번 은닉층	2번 은닉층	3번 은닉층	출력층
784개 노드	110개 노드	60개 노드	30개 노드,	10개

④ Batch Normalization를 각 은닉층마다 적용해보자.

● **해결할 문제**

① 플립러닝 4에서 구한 최적의 드롭아웃%과 Batch Normalization를 동일한 신경망에 적용하여, 두 가지 방법론의 결과를 비교 분석해 보자.

② 손실함수를 계산하기 위해 크로스 엔트로피 중 'categorical_crossentropy'를 사용하였다. 하지만 인터넷을 검색하다 보면 MNIST 분류를 위한 손실함수로서 'sparse_categorical_crossentropy'를 많이 사용하는 것을 볼 수 있다. sparse_categorical_crossentropy로 코드를 수정하여 보자.

==> sparse_categorical_crossentropy는 다중 클래스 분류문제에서 클래스를 0,1로 표현하는 categorical_crossentropy(범주형 교차 엔트로피) 대신 원래 클래스의 번호를 그대로 사용하는 방식.

a) #one_hot_train_labels = to_categorical(train_labels, 10) <==필요 없음

b) model.compile에서 loss를 수정

c) history = model.fit(train_images, train_labels, epochs=5, batch_size=10)와 같이 수정

d) 테스트도 마찬가지

③ 보고서에 포함될 내용

- Batch normalization 적용된 전체 코드
- Dropout과 Batch Normalization의 accuracy 비교
- Batch Normalization의 loss, accuracy그래프
- 테스트 데이터에 대해 결과 및 결과 그림(15개 출력)

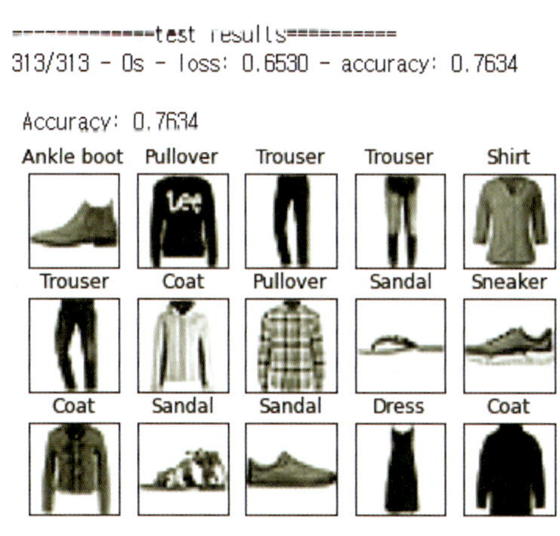

- sparse_categorical_crossentropy가 적용된 부분만 코드 copy해서 보고서에 paste

④ 결론: 문제 해결과정에서 느낀점, 배운점, 아쉬웠던 점에 관한 기술

7 플립 러닝 7차시 문제

CIFAR-10 데이터를 load하여 CNN과 LSTM을 결합한 아래 구조를 갖는 심층 인공신경망을 학습하고 테스트 결과를 화면에 출력하자. CIFAR-10 데이터는 아래와 같이 10개 클래스로 구성된다. 자세한 클래스 구성은 다음과 같다.

- 학습데이터: 50,000개, 32×32 크기의 RGB영상(3채널)
- 테스트데이터: 10,000개, 32×32크기의 RGB영상(3채널)

https://www.cs.toronto.edu/~kriz/cifar.html

① CIFAR-10 데이터를 아래와 같이 오픈한다.

```
(train_images, train_labels), (test_images, test_labels) =
tf.keras.datasets.cifar10.load_data()
```

② 각 클래스에 대한 label을 아래와 같이 입력해 준다.

```
class_names = ['airplane', 'automobile', 'bird', 'cat', 'deer', 'dog', 'frog', 'horse',
               'ship', 'truck']
```

출력결과를 plot으로 그릴 때 그림위에 클래스 번호 대신 클래스 이름이 들어가도록 하자.

③ CNN 모델의 구조는 다음과 같다.

은닉층의 활성화 함수를 'relu'로 사용, 출력층은 소프트맥스 사용(최적화는 Adam으로 고정시켜 테스트)

입력층	Conv1	maxpooling	dropout	Conv2	maxpooling	Reshape
32×32,3	3×3×32		0.25	3×3×16		reshape (16, 13*13)

- padding, strides, activation 함수는 본인 마음대로
- epoch은 5회, 배치사이즈는 10
- 최적화 함수는 Adam, 학습율은 0.001
- loss는 sparse_categorical_crossentropy를 사용

④ LSTM 모델의 구조는 다음과 같다.

은닉층의 활성화 함수를 'relu'로 사용, 출력층은 소프트맥스 사용(최적화는 Adam으로 고정시켜 테스트)

입력층	LSTM 1	return_sequences	Flatten	Dense
169, 16	30	True		10(softmax)

● 해결할 문제

- 전체 코드 완성
- loss, accuracy 그래프 도출
- 테스트 데이터에 대해 결과 및 결과 그림(15개 출력)

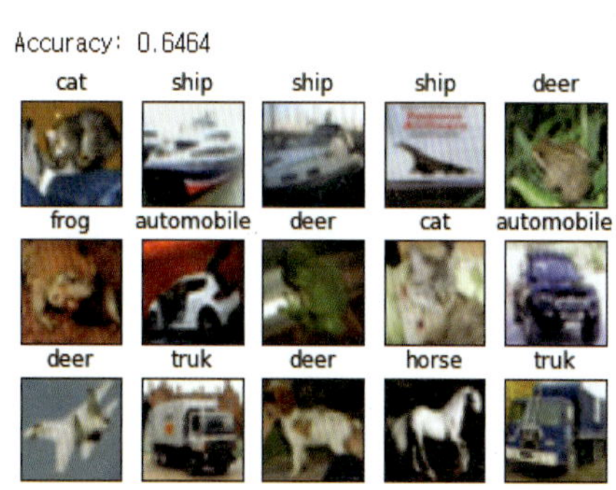

- 결론: 문제 해결 과정에서 느낀점, 배운점, 아쉬웠던 점에 관한 기술

연습문제 해답

CHAPTER 2

5번

```
>>> import tensorflow as tf
2019-12-29 18:39:37.326960:
W tensorflow/stream_executor/platform/default/dso_loader.cc:55] Could not load dynamic
library 'cudart64_100.dll'; dlerror: cudart64_100.dll not found
```

이는 tensorflow가 cudart64_100.dll를 요구하는데 이를 찾지 못해서 발생하는 오류이다.
이를 해결하기 위해서는 nvidia에서 cudart64_100.dll를 다운받아야 한다.
그리고 다운받은 cudart64_100.dll을
"C:\Program Files\NVIDIA GPU Computing Toolkit\CUDA\v10.1\bin" 경로에 붙여넣고 다시 실행하면 오류가 발생하지 않는다.
이 에러는 첫 번째로 GPU 사용을 돕는 라이브러리인 CUDA가 설치되어있지 않아 발생하거나 두 번째로는 환경변수를 설정하지 않았을 경우, 마지막으로는 CUDA 10.0보다 상위버전을 설치한 탓에 CUDA 10.0 이하에 있을 cudart64_100.dll이 없는 경우에 발생한다.

CHAPTER 3

3번

Broadcasting
행렬 x는 2x3 행렬이고 w는 3x1 행렬이다. x*w를 하면 2*1 행렬이 나온다.
문제는 +b 인데, b는 1*1 행렬이다. 행렬의 덧셈과 뺄셈은 차원이 맞아야 하는데, 이 경우 더하고자 하는 대상은 2*1, 더하려는 b는 1*1로 행렬의 차원이 다르다. 그런데 어떻게 덧셈이 될까?
이 개념이 브로드 캐스팅이라는 개념인데, 위에서는 1*1인 b행렬을 더하는 대상에 맞게 2*1 행렬로 자동으로 늘려서 (stretch) 계산한다.
브로드 캐스팅은 행렬 연산(덧셈, 빼셈, 곱셈)에서 차원이 맞지 않을때, 행렬을 자동으로 늘려줘서(Stretch) 차원을 맞춰주는 개념으로 늘리는 것은 가능하지만 줄이는 것은 불가능하다.

4번

```
import tensorflow as tf
import numpy as np
import matplotlib.pyplot as plt

x_data = np.arange(-2.0, 2.0, 0.1)
y_data = []
W = tf.Variable(0.3)
b = tf.Variable(0.1)

y_data =  W*x_data*x_data*x_data+b

import matplotlib.pyplot as plt
print(x_data)
print(y_data)

plt.plot(x_data,y_data,'ro',label='1st degree') # 'ro'는 red circle
plt.ylim([0.0,0.7])
plt.xlim([-2.0,2.0])
plt.xlabel('x')
plt.ylabel('y')
plt.plot(x_data,y_data)
plt.legend()
plt.show()
```

CHAPTER 4

3번

```
import tensorflow as tf
import matplotlib.pyplot as plt

X = tf.constant([-0.7,-0.5, -0.2, -0.3, 0, 0.5, 1.0, 1.5, 2.0, 2.5, 2.8])
Y = tf.constant([0.5, 0.3, 0.2, 0.5, 0.3, 1.9, 2.4, 4.1, 6.8, 7.9, 7.7])
# a0 = tf.Variable(tf.random.uniform([1], -1.0, 1.0))
# a1 = tf.Variable(tf.random.uniform([1], -1.0, 1.0))
# a2 = tf.Variable(tf.random.uniform([1], -1.0, 1.0))
# a3 = tf.Variable(tf.random.uniform([1], -1.0, 1.0))

a0 = tf.Variable(tf.random.normal([1], 0, 1))
a1 = tf.Variable(tf.random.normal([1], 0, 1))
```

```
a2 = tf.Variable(tf.random.normal([1], 0, 1))
a3 = tf.Variable(tf.random.normal([1], 0, 1))

optimizer = tf.compat.v1.train.GradientDescentOptimizer(learning_rate=0.01)
# optimizer = tf.optimizers.Adam(learning_rate=0.07, beta_1=0.9, beta_2=0.999,
# epsilon = 1e-08, amsgrad=False, name='Adam')
# optimizer = tf.optimizers.SGD(learning_rate=0.01)
# optimizer = tf.optimizers.RMSprop(learning_rate=0.01)

@tf.function()
def cost_eval():
   # y = a0+a1*x+a2*x^2+a3*x^3(3차함수)
   # W와 X가 행렬이 아니므로 tf.matmul 이 아니라 기본 곱셈 기호를 사용
    hypothesis = a0+a1*X+(a2*(X**2))+(a3*(X**3))
    cost = tf.reduce_mean(tf.square(hypothesis - Y))
    return cost

print("epoch    a0         a1            a2        a3        cost")
 # 최적화를 10번 수행
for epoch in range(0,10, 1):
        # 손실함수를 작성
        # mean(h - Y)^2 : 예측값과 실제값의 거리를 비용(손실) 함수로 계산.

        # 텐서플로우에 기본적으로 포함되어 있는 함수를 이용해 최적화를 수행
        # 비용을 최소화 하는 것이 최종 목표
        optimizer.minimize(cost_eval, var_list=[a0,a1,a2, a3])
        # 손실, 가중치, 편향을 출력
        print(epoch, a0.numpy(), a1.numpy(), a2.numpy(),a3.numpy(), cost_eval().numpy())
# 최적화가 완료된 모델에 테스트 값을 넣고 결과가 잘 나오는지 확인.
print("\n=== Test ===")
x=5.
print('X:', x, 'Y:', (a0+a1*x+(a2*(x**2))+(a3*(x**3))).numpy())
x=2.5
print('X:', x, 'Y:', (a0+a1*x+(a2*(x**2))+(a3*(x**3))).numpy())
# 그래프 그리기 위해 새로운 X값을 입력
new_X = tf.range(-1, 3, 0.05)
# 선형 회귀직선을 이용하여 예측 Y값 계산
new_Y = a0+a1*new_X+(a2*(new_X**2))+(a3*(new_X**3))
```

```
plt.plot(X,Y,'ro', label='Sample Data') # 'ro'는 red circle
plt.plot(new_X, new_Y,'b-')
plt.xlabel('X')
plt.ylabel('Y')
plt.legend()
plt.show()
```

CHAPTER 5

5번

```
# SepalLength    SepalWidth    PetalLength        PetalWidth를 특징으로 갖고
# Iris-setosa    Iris-versicolor     Iris-virginica의 클래스로 분류하는 Iris.csv 데이터셋 사용
import tensorflow as tf
import numpy as np
from tensorflow.keras.models import Sequential
from tensorflow.keras.layers import Dense
from tensorflow import keras

data = np.loadtxt('/content/gdrive/My Drive/Colab Notebooks/Iris-training.csv', delim-
iter=',', skiprows=1, unpack=True, dtype=np.float32)
x_data = np.transpose(data[1:5]) # 인덱스 1에서 5까지(5제외)
y_data = np.transpose(data[5:])  # 인덱스 5에서 마지막까지
print('x', x data)
print('y', y_data)

model = tf.keras.Sequential()
model.add(Dense(input_dim=4, units=10, activation='relu'))
model.add(Dense( units=20, activation='relu'))
model.add(Dense( units=10, activation='relu'))
model.add(Dense(units=5, activation='relu'))
# 3개의 출력 유닛을 가진 소프트맥스 층을 추가
model.add(Dense(units=3, activation='softmax'))

model.compile(optimizer=tf.optimizers.Adam(learning_rate=0.01),   loss='categorical_cross-
entropy', metrics=['accuracy'])

model.summary()
history = model.fit(x_data, y_data, epochs=100, batch_size=10)
```

```
# 전체 모델을 HDF5 파일로 저장합니다
model.save("/content/gdrive/My Drive/Colab Notebooks/my_model.h5")

# 가중치와 옵티마이저를 포함하여 정확히 동일한 모델을 다시 생성합니다
new_model = keras.models.load_model("/content/gdrive/My Drive/Colab Notebooks/my_model.h5")
data = np.loadtxt('/content/gdrive/My Drive/Colab Notebooks/Iris-test.csv', delimiter=',',
skiprows=1, unpack=True, dtype=np.float32)
x_data = np.transpose(data[1:5]) # 1번째 행부터 5번째행
y_data = np.transpose(data[5:])  # 4번째 행부터 마지막 행까지
print('x', x_data)
print('y', y_data)

loss, acc = new_model.evaluate(x_data,  y_data, verbose=2)
print("복원된 모델의 정확도: {:5.2f}%".format(100*acc))
```

CHAPTER 6

3번 one-hot형식의 범주형이 아니라 클래스 그대로의 레이블 사용하는 방법

```
# one_hot_train_labels = to_categorical(train_labels, 10)
# one_hot_test_labels = to_categorical(test_labels, 10) <==이부분 막고

아래와 같이 수정
model.compile(optimizer=tf.optimizers.Adam(learning_rate=0.01),        loss='sparse_catego-
rical_crossentropy', metrics=['accuracy'])

model.summary()
history = model.fit(train_images, train_labels, epochs=5, batch_size=10)
```

5번

```
import tensorflow as tf
import numpy as np
from tensorflow.keras.models import Sequential
from tensorflow.keras.layers import Dense

# MNIST 데이터셋을 로드하여 준비. 샘플 값을 정수에서 부동소수로 변환

(train_images, train_labels), (test_images, test_labels) = tf.keras.datasets.fashion_mnist.-
load_data()
```

```
class_names = ['T-shirt/top', 'Trouser', 'Pullover', 'Dress', 'Coat',
               'Sandal', 'Shirt', 'Sneaker', 'Bag', 'Ankle boot']

import matplotlib.pylab as plt

plt.figure(figsize=(6, 1))
for i in range(36):
    plt.subplot(3, 12, i+1)
    plt.imshow(train_images[i], cmap="gray")
    plt.axis("off")
plt.show()

train_images = train_images.reshape((60000, 28*28))
test_images = test_images.reshape((10000, 28*28))
train_images, test_images = train_images / 255.0, test_images / 255.0

print(train_labels[:10])

from tensorflow.keras.utils import to_categorical

# one_hot_train_labels = to_categorical(train_labels, 10)
# one_hot_test_labels = to_categorical(test_labels, 10)
# print(one_hot_train_labels[:10])

# 층을 차례대로 쌓아 tf.keras.Sequential 모델을 만든다..
# 훈련에 사용할 옵티마이저(optimizer)와 손실 함수를 선택:
model = tf.keras.models.Sequential()
model.add(tf.keras.layers.Dense(input_dim=784, units=128))
# 배치 정규화 시행
model.add(tf.keras.layers.BatchNormalization())
# 정규화된 결과값에 relu 활성화 함수 적용
model.add(tf.keras.layers.Activation('relu'))
model.add(tf.keras.layers.Dense(units=110))
# 배치 정규화 시행
model.add(tf.keras.layers.BatchNormalization())
# 정규화된 결과값에 relu 활성화 함수 적용
model.add(tf.keras.layers.Activation('relu'))
model.add(tf.keras.layers.Dense(units=60))
```

```
# 배치 정규화 시행
model.add(tf.keras.layers.BatchNormalization())
# 정규화된 결과값에 relu 활성화 함수 적용
model.add(tf.keras.layers.Activation('relu'))
model.add(tf.keras.layers.Dense(units=30))
# 배치 정규화 시행
model.add(tf.keras.layers.BatchNormalization())
# 정규화된 결과값에 relu 활성화 함수 적용
model.add(tf.keras.layers.Activation('relu'))
model.add(tf.keras.layers.Dense(units=10, activation='softmax'))

model.compile(optimizer=tf.optimizers.Adam(learning_rate=0.01),        loss='sparse_catego-
rical_crossentropy', metrics=['accuracy'])

model.summary()
history = model.fit(train_images, train_labels, epochs=5, batch_size=10)

plt.figure(figsize=(12,4))     # 그래프의 가로세로 비율
plt.subplot(1,1,1)             # 1행1열의 첫 번째 위치
plt.plot(history.history['loss'], 'b--', label='loss') # loss는 파란색 점선
plt.plot(history.history['accuracy'], 'g-', label='Accuracy') # accuracy는 녹색실선
plt.xlabel('Epoch')
plt.legend()
plt.show()
print('최적화 완료!')

print("\n=============test results==========")
labels=model.predict(test_images)
# verbose=2로 설정하여 진행 막대(progress bar)가 나오지 않도록 설정한다.
print("\n Accuracy: %.4f" % (model.evaluate(test_images, test_labels, verbose=2)[1]))
# [0]: loss, [1]: accuracy

fig = plt.figure()
for i in range(15):
    subplot = fig.add_subplot(3, 5, i+1)
    subplot.set_xticks([])
    subplot.set_yticks([])
    subplot.set_title('%s' %class_names[np.argmax(labels[i])])
```

```
    subplot.imshow(test_images[i].reshape((28, 28)), cmap=plt.cm.gray_r)
plt.show()

print("===================================")
```

6번

```
import tensorflow as tf
import numpy as np
from tensorflow.keras.models import Sequential
from tensorflow.keras.layers import Dense

# MNIST 데이터셋을 로드하여 준비. 샘플 값을 정수에서 부동소수로 변환

# (train_images, train_labels), (test_images, test_labels) = tf.keras.datasets.mnist.load_data()

(train_images, train_labels), (test_images, test_labels) = tf.keras.datasets.cifar10.load_data()

class_names = ['airplane', 'automobile', 'bird', 'cat', 'deer', 'dog', 'frog', 'horse', 'ship', 'truk']

import matplotlib.pylab as plt

plt.figure(figsize=(6, 1))
for i in range(36):
    plt.subplot(3, 12, i+1)
    plt.imshow(train_images[i], cmap="brg")
    plt.axis("off")
plt.show()

# 학습: 32x32차원의 벡터가 50000개 채널은 3개 / 테스트: 32x32차원의 벡터가 10000개 채널은 3개
train_images = train_images.reshape((50000, 32,32,3))
test_images = test_images.reshape((10000, 32,32,3))
train_images, test_images = train_images / 255.0, test_images / 255.0

from tensorflow.keras.utils import to_categorical

# one_hot_train_labels = to_categorical(train_labels, 10)
# one_hot_test_labels = to_categorical(test_labels, 10)
# print(one_hot_train_labels[:10])
```

```
# 층을 차례대로 쌓아 tf.keras.Sequential 모델을 만든다.
# 훈련에 사용할 옵티마이저(optimizer)와 손실 함수를 선택:
model = tf.keras.models.Sequential()
model.add(tf.keras.layers.Conv2D(32, (3, 3), activation='relu', padding='valid', strides=(1, 1),
input_shape=(32, 32, 3)))
model.add(tf.keras.layers.MaxPooling2D((2, 2)))
model.add(tf.keras.layers.Dropout(0.25))
model.add(tf.keras.layers.Conv2D(64, (3, 3), activation='relu'))
model.add(tf.keras.layers.MaxPooling2D((2, 2)))
model.add(tf.keras.layers.Dropout(0.25))
model.add(tf.keras.layers.Conv2D(128, (3, 3), activation='relu'))
model.add(tf.keras.layers.MaxPooling2D((2, 2)))
model.add(tf.keras.layers.Dropout(0.25))
model.add(tf.keras.layers.Flatten())
model.add(tf.keras.layers.Dense(64, activation='relu'))
model.add(tf.keras.layers.Dropout(0.25))
model.add(tf.keras.layers.Dense(10, activation='softmax'))


model.compile(optimizer=tf.optimizers.Adam(learning_rate=0.001),        loss='sparse_catego-
rical_crossentropy', metrics=['accuracy'])

model.summary()
history = model.fit(train_images, train_labels, epochs=5, batch_size=10)
plt.figure(figsize=(12,4))    # 그래프의 가로세로 비율
plt.subplot(1,1,1)            # 1행1열의 첫 번째 위치
plt.plot(history.history['loss'], 'b--', label='loss') # loss는 파란색 점선
plt.plot(history.history['accuracy'], 'g-', label='Accuracy') # accuracy는 녹색실선
plt.xlabel('Epoch')
plt.legend()
plt.show()
print('최적화 완료!')

print("\n=============test results==========")
labels=model.predict(test_images)
# verbose=2로 설정하여 진행 막대(progress bar)가 나오지 않도록 설정한다.
# [0]: loss, [1]: accuracy
print("\n Accuracy: %.4f" % (model.evaluate(test_images, test_labels, verbose=2)[1]))
```

```
fig = plt.figure()
for i in range(15):
    subplot = fig.add_subplot(3, 5, i+1)
    subplot.set_xticks([])
    subplot.set_yticks([])
    subplot.set_title('%s' %class_names[np.argmax(labels[i])])
    subplot.imshow(test_images[i].reshape((32, 32,3)),
                    cmap=plt.cm.brg)
plt.show()

print("===================================")
```

CHAPTER 7

2번

```
model = Sequential()
model.add(SimpleRNN(units=64,return_sequences=True,input_shape=(28,28)))
model.add(SimpleRNN(units=64,return_sequences=True))
model.add(SimpleRNN(units=32,return_sequences=True))
model.add(Flatten())
model.add(Dense(32,activation='relu'))
model.add(Dense(10,activation='softmax'))
```

CHAPTER 8

3번

```
import tensorflow as tf
from tensorflow.keras.datasets import fashion_mnist
from tensorflow.keras.layers import Input, Dense
from tensorflow.keras.models import Sequential, Model
from tensorflow.keras.optimizers import Adam
import numpy as np
import matplotlib.pyplot as plt

n_output = 784   # 28×28 이미지 크기
n_noise = 128    # 랜덤 노이즈 벡터 크기

# 생성자 모델 정의
# 128차원의 랜덤 노이즈 벡터를 입력받아서 784차원의 벡터(28×28)이미지를 출력
generator = Sequential()
generator.add(Dense(units=256 , input_dim=n_noise, activation='relu'))
generator.add(Dense(units=512, activation='relu'))
generator.add(Dense(units=n_output, activation='tanh'))

# 판별자 모델 정의
discriminator = Sequential()
discriminator.add(Dense(256, input_dim=n_output, activation='relu'))
discriminator.add(Dense(1, activation='sigmoid'))

# 생성자와 판별자 모델을 통합한 GAN 모델 구현
g_input = Input(shape=(n_noise,))
g_output = discriminator(generator(g_input))
gan = Model(g_input, g_output)

# 판별자 모델 학습을 위한 최적화 함수 및 손실 함수 설정
discriminator.trainable = True
discriminator.compile(loss='binary_crossentropy', optimizer='adam')

# GAN 모델 학습을 위한 최적화 함수 및 손실 함수 설정
# GAN 모델에 대한 학습은 오직 생성자에 대한 가중치 업데이트가 수행되어야 하므로 판별자 모
델의 학습 여부를 False로 설정함
discriminator.trainable = False
gan.compile(loss='binary_crossentropy', optimizer='adam')

# GAN 모델 구조 출력
gan.summary()

# 모델 학습
n_epoch = 101
batch_size = 128
saving_interval = 10

# MNIST 데이터 불러오기
```

```
# 모델 학습을 위해서는 훈련 이미지만 사용할 것이기 때문에 train_images만 로드
(train_images, _), (_, _) = fashion_mnist.load_data()

buffer_size = len(train_images)
train_images = train_images.reshape((buffer_size, 784)) # 28x28

# 이미지 픽셀값을 [-1~1]로 정규화
train_images = (train_images - 127.5) / 127.5

train_dataset =
tf.data.Dataset.from_tensor_slices(train_images).shuffle(buffer_size).batch(batch
_size)

for i in range(n_epoch):
    print('Epoch Num : {}/{}'.format(i, n_epoch))

    # 1) 미니-배치별 모델 가중치 갱신 및 오차 계산
    for image_batch in train_dataset:    # 미니-배치별 가중치 갱신
        # 현재 배치 크기만큼 진짜 및 가짜 레이블 배열 생성
        n_bt_imgs = len(image_batch)
        true_labels = np.ones((n_bt_imgs, 1))  # 진짜 레이블(1) 생성
        fake_labels = np.zeros((n_bt_imgs, 1)) # 가짜 레이블(0) 생성

        # 판별자 모델의 가중치 갱신 및 오차 계산
        # 진짜 이미지에 대한 판별자 모델 가중치 갱신 및 오차 계산
        d_loss_real = discriminator.train_on_batch(image_batch, true_labels)
        # 가짜 이미지에 대한 판별자 모델 가중치 갱신 및 오차 계산
        noise = np.random.normal(0, 1, (n_bt_imgs , n_noise))
        gen_imgs = generator.predict(noise)
        d_loss_fake = discriminator.train_on_batch(gen_imgs, fake_labels)
        d_loss = 0.5 * np.add(d_loss_real, d_loss_fake)

        # GAN 모델 가중치 갱신 및 오차 계산
        g_loss = gan.train_on_batch(noise, true_labels)

    # 2) 중간 과정 생성되는 이미지 확인
    if i % saving_interval == 0:
        print('Epoch:%d' % i, ' d_loss:%.4f' % d_loss, ' g_loss:%.4f' % g_loss)

        # 학습된 생성자 모델을 이용하여 25개의 이미지 생성
        noise = np.random.normal(0, 1, (25, n_noise))  # 25개의 노이즈 벡터 생성
        gen_imgs = generator.predict(noise)  # 생성자를 이용한 25개의 이미지 생성

        # 이미지 픽셀값 0~1로 조정
        gen_imgs = 0.5 * gen_imgs + 0.5

        # 생성된 이미지 출력 및 저장
        fig, axs = plt.subplots(5, 5)
        count = 0
```

```
        for j in range(5):
            for k in range(5):
                axs[j, k].imshow(np.reshape(gen_imgs[count], (28, 28)), cmap='gray')
                axs[j, k].axis('off')
                count += 1
        plt.show()
        # fig.savefig("gan_results/g_mnist_%d.png" % i)
```

```
Model: "functional"
_________________________________________________________________
Layer (type)                 Output Shape              Param #
=================================================================
input_3 (InputLayer)         [(None, 128)]             0
_________________________________________________________________
sequential_4 (Sequential)    (None, 784)               566800
_________________________________________________________________
sequential_5 (Sequential)    (None, 1)                 201217
=================================================================
Total params: 768,017
Trainable params: 566,800
Non-trainable params: 201,217
_________________________________________________________________
Epoch Num : 0/101
Epoch:0  d_loss:0.0367  g_loss:5.5938
```

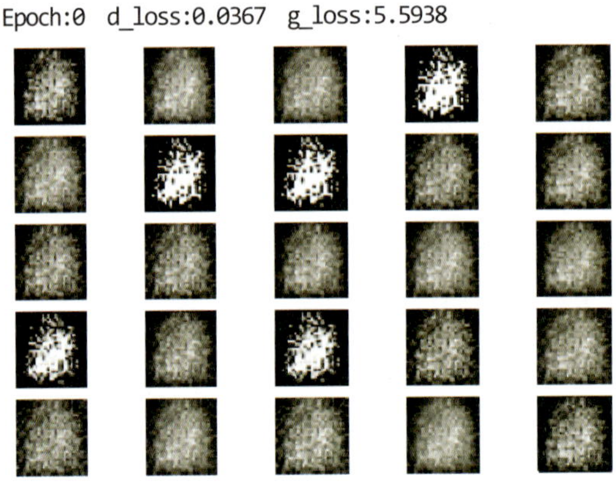

```
Epoch Num : 1/101
Epoch Num : 2/101
Epoch Num : 3/101
Epoch Num : 4/101
Epoch Num : 5/101
Epoch Num : 6/101
Epoch Num : 7/101
Epoch Num : 8/101
Epoch Num : 9/101
Epoch Num : 10/101
Epoch:10  d_loss:0.1788  g_loss:6.2464
```

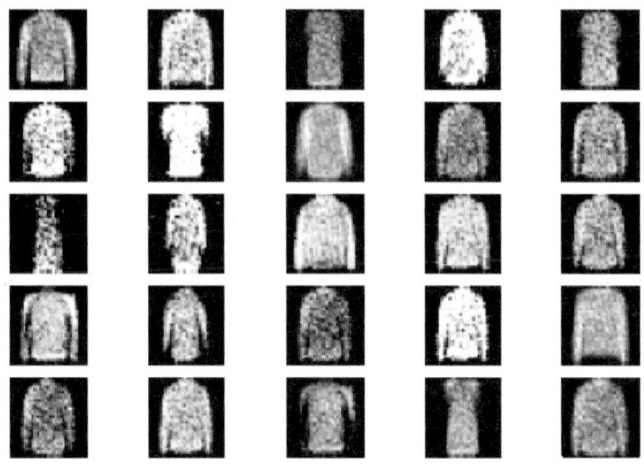

```
...(생략)...
Epoch:50  d_loss:0.4559  g_loss:1.8439
```

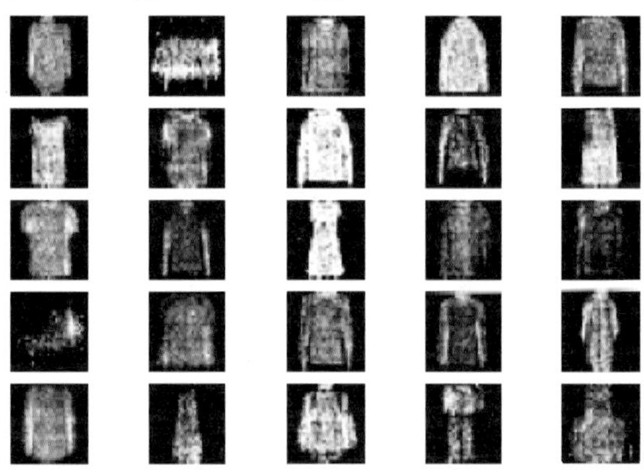

```
..(생략)...
Epoch:100  d_loss:0.4748  g_loss:1.2924
```

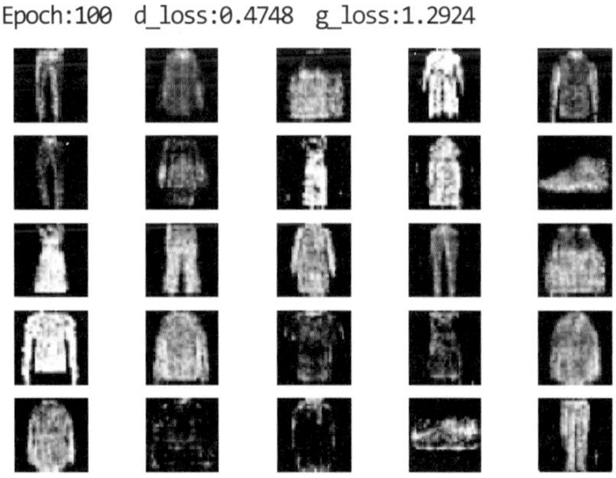

찾아보기

G

H

I

J

K

L

M

N

O

P

R

S

T